PSICOLOGIA DAS MULTIDÕES DIGITAIS

Blucher

PSICOLOGIA DAS MULTIDÕES DIGITAIS

As fake news na pandemia

Marina Bialer

Psicologia das multidões digitais: as fake news na pandemia
© 2024 Marina Bialer
Editora Edgard Blücher Ltda.

Publisher Edgard Blücher
Editor Eduardo Blücher
Coordenador editorial Rafael Fulanetti
Coordenação de produção Andressa Lira
Produção editorial Helena Miranda
Preparação de texto Ariana Corrêa
Diagramação Roberta Pereira de Paula
Revisão de texto Juliana Morais
Capa Laércio Flenic
Imagem da capa iStockphoto

Blucher

Rua Pedroso Alvarenga, 1245, 4º andar
04531-934 – São Paulo – SP – Brasil
Tel.: 55 11 3078-5366
contato@blucher.com.br
www.blucher.com.br

Segundo o Novo Acordo Ortográfico, conforme 6. ed. do *Vocabulário Ortográfico da Língua Portuguesa*, Academia Brasileira de Letras, julho de 2021.

Dados Internacionais de Catalogação na Publicação (CIP)
Angélica Ilacqua CRB-8/7057

Bialer, Marina
Psicologia das multidões digitais: as fake news na pandemia/Marina Bialer. – São Paulo: Blucher, 2024.
372 p.: il.

ISBN 978-85-212-2149-4

1. Fake news 2. Veracidade e falsidade 3. Pandemia – Fake news I. Título

23-5799 CDD 302.23

Índices para catálogo sistemático:
1. Fake News

Agradecimentos

A Marcelo Buzato, pela generosidade com que acolheu minha busca de um interlocutor. Pelas trocas delicadas e divertidas, mesmo diante de todas as dificuldades de fazer caber a vida no tempo.

A Jô Gondar, por tão gentilmente ter acolhido meu convite para escrever a apresentação e pela leitura crítica que tanto me abriu horizontes e me ajudou a avançar as questões debatidas neste livro.

A Nelson Coelho Jr., por ter me ensinado tanto ao longo dos anos. Mas, sobretudo, obrigada pelo carinho, pela presença sempre tão empática, pelo ouvido amigo, pela orientação acolhedora mesmo em mares por vezes tão revoltos.

Ao Grupo de Pesquisa Psicanálise Experimental – Nelson Ernesto Coelho Jr., Amanda Watson, Bruna Zerbinatti, Daniel Schor, Douglas Pereira, Eugênio Dal Molin, Fabio Vargas, Florencia Guglielmo, Gisele Senne Moraes, Jô Gondar e Sérgio Gomes. Agradeço pela parceria, pelas críticas construtivas, pelas indicações de leituras e pelas generosas contribuições. A participação de vocês foi não somente enriquecedora como indispensável para a escrita deste livro.

Aos mestres que se tornaram parceiros e interlocutores privilegiados: Nelson Coelho Jr., Cristina Kupfer, Rinaldo Voltolini e Michele Roman Faria.

À minha turma da graduação/Psicologia – USP, especialmente ao trio que tanto marcou e marca a minha vida – Lilian, Clá e Rita. Aos amigos psi que, entre bate-papos e conversas acadêmicas, fazem parte do estofo biográfico e bibliográfico que ancorou este livro: Pablo, pelas conversas sempre lúcidas; Chris, que virou artista *full-time*; Flá Fiorini, Flá Abu Jamra de Oliveira, Tereza, Gabi Penatti, Tadeu, Patricia e Marisa, grupinho tão gostoso da psico; Cláudia, Helder, Zé, Sandra e Jú, por terem transformado minha primeira experiência profissional em um tempo-espaço de trocas tão ricas; Mira, que me introduziu ao mundo das psicopatologias na infância; Rinalda Duarte, por ter cuidado com tanto amor dos meus pequenos; Renata Bottura e Edri, amigas que surgiram dos encontros institucionais; Fê Duarte, com quem compartilhei momentos tão parceiros; Elza Furuta, querida amiga que tanto me motiva; Patty Yumi e Laís, que me permitiram apostar que era possível se interessar pela clínica lacaniana sem perder a delicadeza; o querido Luciano Valle; as amigas que vieram do Sedes – Milena, Silvia Ribes, Denise Cardelini; as queridas colegas do Sedes que no começo pandêmico toparam mudar a temática de nosso grupo de estudos para compartilhar angústias e elaborações – Silvia, Marta, Cris Barcinzki, Heidi, Danielle e Selma; o grupo de estudos do Mario Eduardo – Eva, Dani, Cris e Helena. Aos que encontrei na pós da USP e que ficaram: Vitor e Ivy. A David Calderoni, Helena Lima, Paulo Sérgio de Souza Jr., Cristina Kupfer, Leda Bernardino e Renata Cromberg, pois, como me transmitiu Helena, a psicanálise se faz entre amigos.

Ao Conselho Editorial da Revista Percurso – Cleusa Pavan, Cida Aidar, Eugênio Canesin Dal Molin, Marcia Bozon, Lila Vidigal, Lourdes Costa, Luciana Cartocci – com quem compartilho os desafios e prazeres da tessitura de uma revista psicanalítica. Agradeço ainda a Cláudia Liberi Damatta, que nos ajuda com tanta presteza e que me dedica sempre tamanha gentileza e cuidado.

A Celso, passa o tempo e volto a te dizer o mesmo: obrigada por ser meu porto seguro, sempre.

Pela amizade de décadas que sempre se renova – Zé Moreira de Mello, Lu Galves, Mi, Dani, Aninha e Raquel.

A Alex, Ana Silvia, Julia, Amanda e Guga, obrigada por fazerem parte da minha vida.

A Ricardo Goldenberg, pelo encontro que mudou (e ainda transforma) os rumos da minha vida.

Prefácio

Marcelo Buzato[1]

A pandemia não acabou, nem vai acabar tão cedo, já cansaram de advertir os sanitaristas comprometidos verdadeiramente com a vida. No entanto, desde que entrou na vida dos humanos, esse pedaço de sequência informacional envolvido em uma capa de lipídios chamado SARS-CoV-2 vem nos dando a grande oportunidade de entender que é preciso repensar, não só quem somos, para além de nossa arrogância antropocêntrica e tecnoutópica, como também quem achávamos que já não éramos, mas ainda somos.

A teórica literária (especializada em ficção científica) e pesquisadora em química Nancy Katherine Hayles explicou, na virada do século XXI, que estava em curso uma transformação ontológica e conceitual na subjetividade humana assinalada pelo termo "pós-humano" –, num sentido filosófico, não o da criatura meio humana meio máquina de Hollywood, mas o de um ser fadado a produzir e interpretar o mundo e a si mesmo como uma dialética

---

1 Linguista e professor livre-docente da Universidade Estadual de Campinas (Unicamp).

entre materialidade e informação sem corpo, e, consequentemente, presença e ausência, reprodução e replicação.

Grosso modo, um vírus não é mais do que informação (no sentido técnico): um trecho de código "escrito" na forma de segmentos de aminoácidos (cujos formatos carregam informação no sentido matemático), comparável a um pequeno programa de computador. Como um programa de computador, o vírus tem agência, mas não é exatamente vivo; não tem corpo propriamente dito (não é uma célula), mas funciona e se replica nos corpos (células vivas, no caso do vírus; computadores e celulares, no caso dos programas) que atravessa. Reprodução e replicação aparecem emaranhadas nos dois casos, pois se o código se replica mediante a infecção do corpo, os corpos (as mídias técnicas) provêm suporte para que o vírus (biológico ou informático) se espalhe na escala mais ampla dos corpos associados e conectados em comunidades (redes) e sociedades (redes de redes como a Internet).

Dizer que a pandemia nos faz considerar nossa pós-humanidade implica muita coisa, mais do que se pode discutir neste singelo prefácio, mas, pensando na pandemia, salta aos olhos o fato de que nós fomos chamados a assumir, ou recusar, o papel de corpos/mídias que agiam (e agem) para ampliar ou restringir a replicação do SARS-CoV-2, pela forma de conduzir nossa materialidade entre presença e ausência (física) em relação aos corpos dos outros. Aos que optaram por se recolher, restou o alento de usar a replicação informacional das telas para manter laços à distância; aos negacionistas – me refiro aos recalcitrantes ideológicos, não aos obrigados a trabalhar por dever de ofício ou pelo desespero da fome – restou a ilusão de conhecerem uma verdade oculta sobre o vírus que só eles conheciam e a obrigação (ou gozo?) de replicar falsas notícias e narrativas conspiratórias que, elas também, podem ser vistas como replicação sem materialidade (em termos epistemológicos). Os que se retiraram, confiaram nos cientistas; os recalcitrantes, agiram como pequenos códigos a replicar a palavra do seu líder supremo, sempre na rua, dando o exemplo. A pergunta, ou melhor, as perguntas que este livro nos ajuda a responder são, entre outras: como isso pôde acontecer? Como o que vínhamos chamando de "sociedade em rede", "sociedade do conhecimento", "comunidade virtual" etc., cedeu a tal grau de esquismogênese sustentada em bolhas de mídia social? Como conseguimos conviver, na mesma família, muitas vezes, entre diagramas de Big Data que rastreavam o espalhamento do vírus em tempo real e "notícias falsas" de WhatsApp dando conta de que a vacina contra a covid-19 instalaria um chip chinês no corpo do vacinado; ou com memes que ridicularizavam o negacionismo dos governantes perante tantos formulários eletrônicos em sítios do governo para prescrição de fármacos falsamente protetores? Especialmente, como os recalcitrantes haviam se tornado tão refratários a qualquer contraevidência, tão irracionais e violentos diante de máscaras que os outros usavam para protegê-los de si, tão fanaticamente devotados a espalhar cada nova inverdade propalada pelo grande líder? Dito de forma mais radical: de onde saiu essa versão brasileira e contemporânea, turbinada pela internet, daquilo que Umberto Eco chamou de "fascismo eterno"? E como foi possível a esse fascismo, de maneira tão rápida e abrangente, inflamar corpos contra corpos usando a replicação em rede de significantes vazios de substância, cintilando em telas de computador e celular?

Em um outro trabalho de Marina, um artigo científico sobre a linguagem no autismo,[2] li que a escrita ajuda a pessoa autista porque ela serve como intervenção de um sujeito em um trabalho para encontrar soluções para seu próprio mal-estar e permite ao terapeuta se balizar no saber do sujeito autista para se relacionar com ele ou ela, para ajudar o autista a sair do quadro de retraimento em

---

2 Bialer, M. (2017). A linguagem no autismo. *Psicologia em Estudo*, *22*(4), 587-595.

direção a uma abertura para o laço social. Não pretendo propor aqui nenhuma analogia rasa ou indevida, mas quero destacar que este livro me parece ter uma função parecida com relação ao que podemos chamar de "sociedade brasileira", isto é, nós, como o autista, precisamos superar bloqueios e déficits de comunicação e interação social com "os outros" e superar padrões de comportamento, interesse e relação com o conhecimento que geram profundo mal-estar coletivo.

Marina oferece diversas ferramentas de pensamento muito úteis para esse propósito. Ela retoma uma longa tradição de estudos psicoanalíticos e sociológicos sobre o conceito de "massa", conceito que nos ajuda a entender por que, ao baterem boca na internet, bolsonaristas e antibolsonaristas não estão nem um pouco mais próximos de mudar suas crenças ou atitudes reciprocamente, seja lá qual for o referente concreto dessa diglossia. Marina revê e potencializa o conceito tradicional de massa, o qual, de fato, não pode ser simplesmente transposto para o contexto atual. Não se trata mais de pensar meios de difusão massivos associados a uma indústria cultural padronizadora e grandes encontros nas ruas (embora ainda os haja), mas de meios de sociabilidade e veiculação de influência em rede, numa sociedade em que agregados sociais se constituem em "espaços de afinidade" online e se mobilizam como milícias digitais, sequestradores de hashtags e *flash mobs* transmitidos ao vivo pelo Facebook.

Essa massa digital, é claro, não é o sujeito para um digital que lhe é contexto externo, mas, como agregado pós-humano, se constitui nas traduções e sobrepassagens entre corpos, dados e signos. Marina explica a maneira como essa massa é dadificada, organizada e manipulada, em sua atenção, em seus discursos e em suas "escolhas" de interlocução e de acesso ao (des)conhecimento, com a ajuda de algoritmos, esses seres imateriais, herméticos e extremamente valiosos economicamente que não são nem bons, nem ruins, mas muito menos neutros (parafraseando o historiador da tecnologia, Melvin Kranzberg).

É nesse aglomerado cibernético, no sentido amplo, que inclui humanos, máquinas e natureza, que o sujeito coletivo pós-humano vivencia seu mal-estar e sua incapacidade de comunicar algo que seja novo ou contraditório de si mesmo, justamente porque seu corpo (seu comportamento, suas emoções) tornam-se nós de um circuito complexo que o percorre, mas que ele, sujeito, precisa fazer algum esforço adicional para compreender e, eventualmente, des-re-conectar para constituir outro território. Nem tudo é impotência e bloqueio na ação desse sujeito, é claro. Ele encontra meios de reproduzir (com desvios, mutações, marcas da experiência material), e não simplesmente replicar, aquilo que lê e escuta por meio dos signos cintilantes das telas. Marina mostra muito bem como isso acontece no caso dos memes de resistência às narrativas negacionistas durante a pandemia.

Ao mesmo tempo que explica como as dinâmicas meméticas e do remix constituem uma infraestrutura semiótica que nos dá esperança de romper os bloqueios de comunicação e ao menos "cutucar" as massas reacionárias pelo humor, e não pela agressividade verbal inútil. Marina analisa com profundidade o fenômeno das fake news na pandemia, o outro lado dessa dinâmica corpo-informação-sentido, em que a reprodução fica suspensa pela replicação acrítica do texto mentiroso, impulsionada por "botões emocionais" que só são acionados no sujeito certo, no momento certo, graças à dadificação e aos algoritmos que identificam como "relevante" para o usuário aquilo que lhe é agradável ou que confirma seus vieses e medos, por mais estapafúrdios que sejam (para o algoritmo, todos queremos e fazemos o que sempre quisemos e fizemos).

Concluo este prefácio ressaltando uma das grandes qualidades desta obra que ainda não mencionei: o modo como Marina escapa tanto ao superficialismo quanto ao fechamento disciplinar de outros trabalhos sobre o tema, promovendo um importante diálogo interdisciplinar entre autores dos estudos de psicologia e psicanálise e estudiosos das ciências sociais, da ciência política, da linguística aplicada, entre outros. Qualquer profissional de quaisquer dessas áreas terá facilidade em acompanhar os argumentos de Marina no atravessamento dessas disciplinas e ganhará novos *insights* para pensar suas próprias angústias epistemológicas e de cidadão. Mais importante, porém, é que o mesmo vale para qualquer brasileiro que se dê a oportunidade de, nesse momento (não exatamente) pós-pandêmico, querer "encontrar soluções para seu mal-estar" que não sejam nem a aniquilação do recalcitrante manipulado, nem a fantasia de que a informação é vida ou de que vida não precisa de corpo e/ou laços entre corpos.

Conteúdo

Apresentação
Outros futuros para a psicanálise

Jô Gondar[1]

Em 2021, o texto freudiano sobre a *Psicologia das massas e a análise do Eu* fez 100 anos, o que deu ensejo a diversas comemorações e comentários no meio psi. Entre as muitas considerações sobre a obra, duas posturas predominaram: uma acreditava que a psicologia das massas poderia ser, ainda hoje, a mesma teorizada por Freud; a outra, lamentava as transformações que a tecnologia, aliada a interesses econômicos e políticos, estaria imprimindo às massas. As duas atitudes pareciam opostas, mas, de fato, recaíam no mesmo Leito de Procusto: tudo aquilo que não se encaixava na teorização freudiana, deveria ser considerado, no campo do sujeito coletivo, tóxico ou irrelevante.

Marina Bialer recusa essas duas posições, ambas dão as costas para o nosso tempo. Sua proposta é revisitar a psicologia freudiana das massas sem subserviência às palavras do mestre, estando disposta a aprender tanto com os pensadores mais contemporâneos

1 Psicanalista do Círculo Psicanalítico do Rio de Janeiro (CPRJ) e professora titular da Universidade Federal do Estado do Rio de Janeiro (UNIRIO).

do fenômeno das multidões, quanto com os pesquisadores das tecnologias digitais, das redes sociais e da vigilância algorítmica. Acrescentando uma investigação sobre a produção e o modo de compartilhamento das fake news e das bolhas digitais, sem descuidar da outra dimensão oferecida pelas multidões digitais: o net-ativismo e as práticas criativas de resistência ao poder digital, como os memes. Assim, Marina se mostra mais fiel ao gesto criador de Freud do que às ideias defendidas há 100 anos. Com seus interesses alargados, ela também é capaz de perceber aquilo que "relampeja no momento de um perigo", para usar uma imagem de Walter Benjamin (1940/1985, p. 224).

O livro que o leitor tem nas mãos apresenta, de maneira acessível para quem não conhece bem a lógica do ambiente digital, uma análise crítica das novas práticas subjetivas e sociais que emergem com a expansão rizomática da vida digitalizada. Mostra que quanto mais nos recusamos a entender os algoritmos e os avanços tecnológicos, mais submetidos e manipuláveis ficamos diante deles. Sem qualquer tecnofobia, Marina nos faz entender essa nova lógica. Mas o faz sem descuidar de uma argumentação crítica e questionadora, levando em conta que a sofisticação tecnológica é solidária à produção do ódio nas redes sociais, das fake news e da cultura do cancelamento.

Durante a pandemia, a resistência dos analistas foi vencida quanto ao atendimento online. Tudo indica, porém, que temos ainda um olhar ingênuo – ou arrogante – sobre a sessão virtual, como se os computadores e celulares fossem apenas instrumentos, mediadores neutros de uma relação. É preciso considerar que a tecnologia não é boa nem má, porém, tampouco é neutra. Jacques Derrida já tinha nos advertido que os instrumentos técnicos não transformam apenas a forma de comunicação, mas também o próprio conteúdo do que vai ser comunicado. Nesse caso, a própria psicanálise não teria sido o que foi, se determinadas tecnologias tivessem existido no passado. E no futuro não será mais o que é, a partir do surgimento das novas tecnologias. Isso, certamente, não poderia ter sido levado em conta na época em que Freud escreveu *Psicologia das massas e análise do Eu* (1921/2011). O problema está em não ser levado em conta hoje. Não se vive da mesma maneira aquilo que não é comunicado da mesma maneira.

O "não querer saber" ou "não querer entender" o universo digital implica, como a própria psicanálise nos mostra, nossa dificuldade em fazer o luto por um objeto perdido. Dada a irreversibilidade da presença do digital em nossas vidas, o que se perdeu para nós não foi simplesmente a atualidade de um texto escrito por Freud há 100 anos. Foi algo mais profundo, cuja perda tem nos conduzido à despossessão do que acreditávamos ser. É a resistência a admiti-la que se encontra na raiz da tecnofobia. Pois o mais difícil no luto não é a perda do objeto, e sim daquilo que éramos a partir daquele objeto, ou do lugar ao qual ele nos alçava. Esse objeto, como sabemos, pode ser alguém, mas também pode ser uma crença, um ideal ou uma condição. A perda que nos é imposta pelo universo digital, e a partir da qual não sabemos mais quem somos, refere-se ao privilégio humano que caracterizou a modernidade. Essa condição – da qual a psicanálise partiu, mesmo que fosse para criticá-la –, deixou de se sustentar.

Como muitos pensadores modernos, Freud acreditava que as máquinas eram uma possibilidade de extensão e de superação dos limites dos órgãos humanos. Escreve em *O mal-estar na cultura* (1930/2010) que, a partir de aparatos técnicos, o homem recria seus próprios órgãos ou amplia os limites de seu funcionamento. No início do século XX, o homem podia orgulhar-se pelo fato de superar tantos limites por meio de instrumentos que eram, eles próprios, criações sua. Com a invenção dos navios e dos aviões, nem a água nem o ar foram capazes de limitar seus movimentos. Com microscópios e telescópios, o infinitamente pequeno e o infinitamente grande se encontravam agora ao seu alcance. Com isso, o homem estaria se tornando uma espécie de "Deus de prótese". É curioso que Freud tenha apontado e promovido o descentramento humano em tantos setores, mas não o tenha feito em relação à tecnologia. Nesse quesito, ele foi apenas um homem de seu tempo, acreditou num futuro no qual os avanços da ciência e da técnica seriam capazes de aumentar a semelhança do homem com Deus.

Essa pretensão tem sido seriamente questionada pela própria tecnologia e pela maneira como ela atravessa as nossas vidas hoje. Mais do que uma amplificação dos nossos corpos, o que experimentamos atualmente é uma hibridação das máquinas com eles: implantes, transplantes, enxertos e próteses que fazem parte de nossa constituição corporal. Temos órgãos artificiais e não sabemos mais onde ficam os limites entre reprodução artificial e reprodução natural. Somos, então, obrigados a reconsiderar nossa humanidade e seu privilégio.

Ao dizer que o *eu* não era mais o senhor de sua própria casa, Freud questionou a centralidade do sujeito consigo mesmo, mas não o fato de que se tratava de um sujeito humano. Esse era ainda seu ponto de partida. Hoje vivemos uma condição pós-humana, que nos leva a rever não apenas a separação entre natureza e cultura, mas a separação entre o homem e os aparatos maquínicos construídos por ele. A arrogância do "Deus de prótese" é desacreditada ainda mais quando consideramos as relações de poder entre os homens e a inteligência artificial. A potência conferida aos homens pelas máquinas se transforma, cada vez mais, no poder das máquinas sobre o homem.

Marina Bialer nos ajuda a enfrentar essas questões e nos indica até onde elas podem ir. Qual o impacto dos algoritmos na psicologia das massas? De que maneira eles instauram novas formas de manipulação? Como funcionam as bolhas digitais? Transitando entre diferentes saberes, somos apresentados a uma psicanálise engajada no seu tempo, capaz de escutar sujeitos que interagem com as tecnologias e que transcendem uma condição simplesmente humana.

A lógica da produção das fake news e sua relação com o universo digital merece todo um capítulo deste livro. Foucault disse uma vez que o que importa é o modo como os discursos afetam o sujeito, e não o fato de que eles sejam verdadeiros ou falsos. O que a psicanálise nos ensina não é muito diferente disso: nossas verdades são produzidas, e o que nelas têm valor é sua capacidade de nos afetar. As fake news, contudo, extrapolam a relatividade e o modo de afetação das verdades. Trata-se agora de discursos falsos, conscientemente produzidos, visando à manipulação coletiva. Os afetos que as fake news põem em jogo, compartilhando-os e expandindo-os, não são apenas aqueles que expõem nossa vulnerabilidade ao próprio desejo, mas, principalmente, os que são produzidos como instrumentos de domínio sobre os outros. Marina mostra como as fake news se tornaram, durante a pandemia, um experimento de controle das massas que, embora não fosse inaugurado nesse momento, jamais havia se exercido de forma tão ampla e tão explícita – tão cínica, talvez.

Ainda que denuncie o perigo do controle das massas pelo império do algoritmo, ela não o faz a partir de uma atitude pessimista, lamentando um mundo em declínio ou um mundo que se foi. Alguns psicanalistas recusam-se a fazer o luto por essa condição perdida e se veem enredados numa cilada melancólica, lastimando o fracasso da civilização humana diante da destrutividade e do ódio ao outro.

Essa posição declinológica não é a da autora deste livro. Se, como ela mesma diz, os *Big Data* são fenômenos sociais, há que se vislumbrar uma reapropriação da tecnologia contemporânea sob uma forma distinta da que produz a vigilância algorítmica, os ódios e as fake news. Marina a enxerga no humor dos memes e em outras produções culturais que funcionam como formas de resistência à manipulação digital. A autora dedica um capítulo com muitas charges espirituosas às narrativas alternativas e à linguagem memética. As massas não são apenas instrumento de manobra. Elas também configuram multidões digitais, capazes de resistir com as mesmas armas, brincar com o domínio, criar com o poder de disseminação.

Ao revisitar a psicologia das massas a partir das multidões digitais, Marina ativa nossa inteligência crítica, mas também nossa capacidade de vislumbrar outros presentes e outros futuros tecnológicos possíveis. Entendo seu convite como um desafio para levar a psicanálise adiante, usando seus próprios instrumentos para fazer o luto do antropocentrismo presente em seu surgimento.

Uma psicanálise atenta ao universo digital e ao mundo pós-humano, não significa uma psicanálise mecanizada, ao contrário, significa apenas que ela pode acolher a diversidade do mundo que compõe cada um de nós. É justamente ao questionar seu antropocentrismo que a psicanálise pode atingir um conhecimento mais profundo sobre aquilo que nos liga e faz laço. Ao reconhecer o quanto dependemos de outros seres, humanos e não humanos, podemos alargar a nossa escuta e cultivar, como Marina nos mostra muito bem, uma visão mais larga e mais generosa.

Introdução

Recentemente, recebi no meu WhatsApp uma charge sobre tecnologias digitais: nela vemos um grupo de militares em torno de uma mesa, cada um desviando o olhar da sua tela de computador ou da sua planilha para observar passivamente a decolagem de quatro mísseis, projetada nos grandes telões da sala em que se encontram. Na imagem há dois balões de diálogo: um grande, em que se lê – "*No, Alexa… I said order lunch*"; e outro balão, em frente de um minúsculo dispositivo tecnológico na mesa, com os dizeres – "*Sorry*".[1]

Além do fato de a charge tratar dos tempos sombrios em que vivemos, cada vez mais assombrados por políticos e figuras públicas que nos ameaçam a todo tempo com atitudes bélicas de consequências potencialmente catastróficas, gosto dessa charge por retratar um elemento que me parece crucial quando lidamos com as

---

1 Uma primeira versão dessa introdução foi publicada na Seção Debate da revista *Percurso*: Bialer, M. (Dezembro, 2021). Desejos, Algoritmos e o Outro digital. *Percurso, volume 67*. Disponível em Sociedade Civil Percurso - NP (revistapercurso.com.br).

tecnologias. Para Alexa,[2] não há nenhuma diferença entre ser comandada a pedir o almoço (*lunch*) ou ordenar um ataque nuclear (*launch*). Seria o caso de concluir que as tecnologias deveriam ser excluídas do planeta? Do meu ponto de vista, não. Mas cada vez mais percebemos que, enquanto pensarmos que os algoritmos são caixas pretas das quais nada queremos saber, ficaremos sujeitos a assistir passivos ao uso dos avanços tecnológicos para manipular todos nós.

Embora a tecnologia digital, especialmente a internet, tenha ganhado inicialmente fama de oásis da democracia, vale lembrar que a internet surgiu de decisões estratégicas do exército americano para criar uma rede descentralizada que permitisse que laboratórios, em diferentes locais do país, pudessem ter acesso a supercomputadores em outros locais, de modo a se defender no caso de um ataque ao território americano. Desde então, a internet se tornou uma grande rede de relações sociais, de conexão de saberes. Mas a leitura da tecnologia neutra e da internet como senha de entrada para a melhor versão da humanidade, em que todos teriam acesso à rede interconectada de redes mundiais, dando origem a um estado democrático de igualdade, parece uma visão utópica, irreal, e mesmo quase surreal, para todos nós que presenciamos cotidianamente os efeitos da exclusão digital, do ódio nas redes sociais, das fake news, da cultura do cancelamento.

Por meio da inteligência artificial e da aprendizagem de máquina, os algoritmos e modelos estatísticos viabilizam que as tecnologias capturem algo do humano. No entanto, computadores não sentem emoção, mas processam informações[3] com base na massa de dados, a partir de padrões detectados. Existe uma forte

---

2 Alexa é uma assistente virtual da empresa Amazon.

3 Inclusive uma área importante nas ciências da computação é a computação afetiva, que abarca justamente a análise de sentimentos, detecção de emoções

tendência a pensar esses dados – Big Data – como moralmente neutros, mas eles são práticas sociais.[4] E comportamentos de massas são cada vez mais mobilizados pela política dos algoritmos, pelo Big Data, pelas fake news. Isso, além de novas formas de controle governamental e corporativo, dando origem a movimentos mais ou menos deliberados de manipulação da massa, explorando especialmente o campo emocional/comportamental a partir dos algoritmos sociais. Nesse cenário, parece-me urgente refletirmos acerca dos inúmeros efeitos da dadificação de nossas interações sociais e da busca pela apreensão de informações que tangenciam as experiências subjetivas.

O algoritmo lê na humanidade algo que escapa do olhar direto dela. Voltemos ao exemplo inicial da Alexa. Quando a Alexa confunde *lunch/launch*, quanto isso pode falar o quê, de fato, essas tecnologias nos revelam dos desejos dos envolvidos e da destrutividade humana? Li recentemente *Does the Internet Have an Unconscious?* [A Internet tem um inconsciente?], no qual Burnham (2020) se debruça sobre os vários modelos metapsicológicos do inconsciente para explorar o que é a internet, como ela se estrutura e qual o seu papel. O livro levanta a seguinte problemática: já que é na internet que encontramos tudo o que esquecemos e o saber que não se sabe que se possui, a maneira como a internet se estrutura nos fala do nosso inconsciente e ecoa a maneira como ele funciona no nosso mundo contemporâneo.[5]

De todo modo, se de uma parte, para a Alexa é indiferente qual comando deve ser realizado, de outra, não há nada neutro

e persuasão emocional. Para um panorama sintético, pode ser consultado *Introduction to Affective Computing* (Calvo, D'Mello; Gratch & Kappas, 2018).

4 Buzato, 2018a, 2018b, 2018c.

5 O argumento do livro vai mais longe, questionando se poderíamos dizer que a internet tem um inconsciente ou é o nosso próprio inconsciente.

nem na maneira como se concebe esse ou outro dispositivo tecnológico, nem a dadificação da vida de seus usuários em que ela se baseia. Trata-se de algoritmos mineradores, que captam automaticamente dados, que a maior parte de nós trata como caixas pretas incompreensíveis. Mas para sairmos desse panorama em que assistimos de modo passivo à manipulação de dados, é preciso superar eventuais tecnofobias. Queiramos ou não, os efeitos da dadificação de todos nós impacta cada vez mais o estofo da vida social. O impacto avassalador das fake news no desenrolar da pandemia da covid-19 tem nos convocado a refletir sobre as dinâmicas das redes sociais. Afinal, o que ocorreu no mundo e de que maneira se fortaleceram as bolhas ideológicas negacionistas a ponto de colocar em risco a própria sobrevivência da humanidade? Nesse panorama, podemos nos colocar a seguinte questão: estamos diante de uma "psicologia das massas digitais"? (Dunker, 2019, 2022).

Um dos meus objetivos no presente livro é transmitir um panorama das pesquisas que considerei elucidativas para compreender o "efeito bolha" na pandemia, avançando o que me parece indispensável para estudar os fenômenos da psicologia das massas na atualidade: a dinâmica e a arquitetura das redes sociais.[6] Imagino que o leitor, especialmente o da área da psicanálise e da psicologia, estranhe as referências bibliográficas que encontrará a seguir. São vários os autores oriundos do campo da linguística e/ou da análise das redes sociais. Isso certamente revela meu próprio percurso no estudo das tecnologias digitais. Logo após a defesa do meu doutorado sobre o diagnóstico psicopatológico diferencial entre autismo e esquizofrenia, centrando-me para isso na teoria psicanalítica lacaniana, comecei a frequentar o grupo de

---

6 Recorro ao termo de Rede Social para designar bem mais do que os tradicionais Facebook, Instagram e TikTok. Penso que no transcorrer dos capítulos ficará nítido ao leitor o fio em comum de várias outras redes como WhatsApp, Twitter e YouTube concebidas como redes sociais digitais.

pesquisa da educadora e docente da Escola de Comunicação e Artes da Universidade de São Paulo (ECA-USP), Lucilene Cury, que despertou em mim a paixão por todas as aberturas viabilizadas pela internet. Alicerçada em Paulo Freire e Edgar Morin, Lucilene havia criado o Cibernética Pedagógica – Laboratório de Linguagens Digitais, para o qual fui convidada a participar como pesquisadora.[7] Sou imensamente grata pelo período em que participei daquele espaço tão rico de trocas intelectuais e afetivas, foi um ambiente extremamente relevante para a minha formação e determinante para me inspirar a querer investigar as tecnologias digitais a partir da perspectiva "psi" em diálogo com outros saberes.

No Cibernética Pedagógica, um dos colegas me sugeriu conhecer o trabalho do linguista e professor da Unicamp, Marcelo Buzato. E, tão logo li a tese de doutoramento de Marcelo, encontrei nesse autor e em suas referências um dos eixos privilegiados da minha reflexão acerca da internet, especialmente sobre os impactos das redes sociais na subjetividade contemporânea. Atualmente, participo do Grupo de Pesquisa Psicanálise Experimental na USP[8] e tenho debatido, nesse rico (e acolhedor) espaço de interlocução, vários questionamentos oriundos do campo da tecnologia, especialmente indagações acerca da pandemia e das redes sociais, e como isso me fez repensar as psicologias das massas na atualidade. O leitor encontrará na minha escrita as marcas desse percurso.

---

[7] Em paralelo, nessa época, iniciei um pós-doutoramento, sob orientação de Rinaldo Voltolini, com objetivo de estudar as tecnologias digitais a partir da perspectiva psicanalítica.

[8] O Grupo de Pesquisa Psicanálise Experimental (USP) é orientado pelo psicanalista Nelson Coelho Junior. Em sua atual composição, o grupo é formado por Amanda Watson, Bruna Zerbinatti, Daniel Schor, Douglas Pereira, Eugênio Dal Molin, Fabio Vargas, Florencia Guglielmo, Gisele Senne Moraes, Jô Gondar e Sérgio Gomes.

No Capítulo 1, realizo uma síntese das psicologias das massas e uma introdução às especificidades das massas em tempos digitais, para a seguir – no Capítulo 2 – apresentar e discutir pesquisas centradas no estudo das relações entre a estrutura das redes sociais e a dinâmica da propagação das fake news na pandemia. Já nos Capítulos 3 e 4, analiso o discurso governamental acerca da covid-19 e seu impacto na propagação das fake news, o que contraponho a uma narrativa de resistência alicerçada em memes e outras remixagens. Em um bloco final, no Capítulo 5, retomo a discussão acerca da psicologia das massas, avançando sobre a perspectiva de massas e multidões digitais, no debate pautado justamente em manifestações atuais, como o espalhamento das fake news e todos os efeitos de bolhas, ódio digital, mas também de respostas como o net-ativismo e as invenções da cultura popular, como os memes. Assim, no transcorrer do livro, aproximo-me das discussões contemporâneas a respeito da psicologia freudiana das massas revisitada em tempos digitais, procurando evidenciar os efeitos estruturais da arquitetura das redes da internet para a modalidade de reverberação viral das fake news na pandemia, além de aprofundar o debate massas/multidões digitais.

Vi inúmeras *lives* comemorativas do aniversário do texto freudiano sobre a psicologia das massas e, embora tenha achado várias delas muito interessantes, notei uma atitude predominante de se afirmar que a psicologia das massas é ainda aquela teorizada por Freud. Ainda considero extremamente relevante a releitura desse e de outros textos freudianos, no entanto me parece que podemos aprender muito ao ler também o que tem sido desenvolvido por pesquisadores engajados no campo das tecnologias digitais. É em diálogo com essa perspectiva que me dedico a pensar o fenômeno das fake news e das massas digitais neste livro, buscando me embasar em um olhar multidisciplinar em humanidades digitais (Buzato, 2018a, 2018b, 2018c) que não seja só uma aplicação das humanas sobre o digital, mas uma escuta do nosso tempo, de uma condição pós-humana, e que retrate uma psicanálise engajada em seu tempo.

1. A psicologia das massas

A psicologia das multidões em Le Bon

Mas afinal, o que é psicologia das massas? E por que falar em psicologia das massas digitais ou das multidões? Uma das principais teses que desenvolvo neste livro é a de que estudar a psicologia das massas nos tempos atuais abrange investigar fenômenos contemporâneos como o ódio digital e o espalhamento das fake news, para o que me parece indispensável estudar a estrutura das redes digitais. Proponho começarmos essa discussão retomando os fundamentos da psicologia das massas & multidões de modo a melhor delimitarmos nosso campo de investigação.

O clássico *Psicologia das multidões*, de Le Bon (1895/2018), é um dos principais pilares para a construção da psicologia freudiana das massas. Na teorização leboniana, a era das multidões é um retrato da mudança da civilização decorrente da destruição ou do enfraquecimento das crenças (religiosas, sociais e políticas) e do fortalecimento das ciências modernas e da indústria. É nesse cenário de instabilidade de lugares e de caos, que Le Bon enfocará o deslocamento do poder centrado no Estado para o poder da multidão. É, assim, procurando escutar a voz do povo em um período de transformação, que o autor situará a psicologia das multidões como um elemento-chave para a investigação e compreensão de sua época.

Essa concepção de Le Bon é influenciada por uma posição dicotômica entre indivíduo e sociedade, e em muito impactada pelo clima de temor diante de movimentos de rebelião do povo. É para abranger certo clima social e pavor diante do povo em revolta que surge o ímpeto de conceitualizar as multidões (Penna, 2014). A relação indivíduo-sociedade, eu-nós, está sempre em movimento, mudando, aberta a transformações nos diferentes períodos históricos. Le Bon se dedica justamente a teorizar a multidão em um momento histórico, em que essa modalidade de agrupamento ganha relevância. Ou seja, antes podia haver o equivalente a grandes aglomerações, mas é a partir desse momento que as multidões são criadas conceitualmente, relacionadas à industrialização e ao crescimento da cidade.

A inquietação diante do proletariado, do que poderia ser feito irracionalmente por ele e quão incontrolável era (Penna, 2014) se articula à valorização social de uma maior contenção dos impulsos perante o temor do selvagem e do irracional. Aliás, em algumas passagens, a descrição de Le Bon ganha ares catastróficos quando aventa o medo diante do destino da era das multidões: movidas sem razão e sem a condução do governante da aristocracia, a multidão caminharia para a desordem e a destruição. É nesse contexto, que podemos notar como o lugar do líder ganha relevância: Le Bon (2018) acentua, com pertinência, que grandes líderes como Napoleão eram sagazes psicólogos da alma da multidão.

> *Em sentido comum, a palavra multidão representa uma reunião de indivíduos quaisquer, independentemente de sua nacionalidade, sua profissão ou seu sexo, independentemente também dos acasos que os aproximam.*
>
> *Do ponto de vista psicológico, a expressão multidão adquire um significado totalmente diverso. Em certas circunstâncias específicas, e somente nessas circunstâncias, uma aglomeração de homens possui características novas muito diferentes daquelas de cada indivíduo que a compõe. A personalidade consciente desaparece, os sentimentos e as ideias de todas as unidades orientam-se numa mesma direção. Forma-se uma alma coletiva, sem dúvida transitória, mas que apresenta características muito nítidas. A coletividade torna-se então o que, na falta de uma expressão melhor, eu chamaria uma multidão organizada ou, se preferirmos, uma multidão psicológica. Ela forma um único ser e encontra-se submetida à* lei da unidade mental das multidões. *(p. 29, grifo do autor)*

A linha disruptiva entre mentalidade individual-multidão, será atenuada ou mesmo apagada por outros teóricos da massa. No entanto, em Le Bon, há uma ênfase significativa nessa distinção, da multidão que se assemelha à selvageria, ao primitivo, à impulsividade instintual que o homem abandonou, ao longo do processo civilizatório, e que ressurge revigorado tão somente quando o homem forma massa.

É digno de nota que Le Bon já observara que não era preciso que os indivíduos estivessem juntos no mesmo local para que os homens formassem a multidão psicológica. A condição para a formação desse estado psíquico coletivo era uma reunião de pessoas que, levadas pelo inconsciente, agem, sentem, pensam de modo diferente de como faziam individualmente. Na teoria leboniana, quando há uma reunião sem coesão e sem as características supracitadas, trata-se de uma aglomeração.

É determinante para a formação da multidão o surgimento de novos traços comuns a todos, o que ancora a alma coletiva. Isso faz com que se deixe de lado o bom senso, tomando atitudes insensatas, acreditando em ideias absurdas. Assim, o indivíduo é acometido pelo sentimento de ser invencível, irresponsável, enquanto a personalidade individual é dissolvida no anonimato da multidão. Na multidão prevalece a instabilidade: a labilidade de humor que faz com que, em rompantes, a multidão possa expressar os mais diversos sentimentos, ações contraditórias sem premeditação, sendo marcante um contínuo furor.

> *A multidão não é somente impulsiva e instável. Como o selvagem, não admite obstáculo entre seu desejo e a realização desse desejo, ainda mais que o número lhe proporciona uma sensação de poder irresistível. Para o indivíduo na multidão, a noção de impossibilidade desaparece. O homem isolado reconhece que sozinho não pode incendiar um palácio, pilhar uma loja; portanto, essa tentação não se lhe apresenta ao espírito. Ao fazer parte de uma multidão, toma consciência do poder que o número lhe confere e, diante da primeira sugestão de assassinato e pilhagem, cederá imediatamente. Qualquer obstáculo inesperado será freneticamente rompido. (Le Bon, 1895/2018, p. 41)*

O funcionamento da multidão é, em grande medida, determinado por um modo de contágio mental (não exige que os indivíduos estejam geograficamente próximos), e faz com que se propague rapidamente afetos e comportamentos. Um dos efeitos desse contágio se faz evidente na sugestionabilidade da massa, apta a obedecer impetuosamente ao outro como se estivesse hipnotizada. Há um efeito de retroalimentação, pois um membro da multidão sugestiona o outro e vice-versa, aumentando o efeito da sugestão, estimulando a rápida precipitação em atos de sentimentos e ideias (alheia ao espírito crítico e à razão).

Aqui, a multidão mostra toda sua faceta impressionável diante de oradores que recorrem à repetição e ao contágio para respaldarem suas afirmações, sem qualquer cuidado em comprová-las de modo racional:

> *quanto mais concisa, desprovida de provas e de demonstração for a afirmação, mais autoridade ela terá (...).;"a coisa repetida acaba por se incrustar nas regiões profundas do inconsciente onde as motivações de nossas ações são elaboradas. Ao cabo de algum tempo, esquecendo quem é o autor da asserção repetida, acabamos por acreditar nela. (Le Bon, 1895/2018, p. 117)*

A imagem ofertada pelo líder é fascinante para a multidão, mas o que se mostra crucial é a capacidade do líder de afetar a multidão pelo discurso. Dessa perspectiva, o papel daquele que ocupa o lugar de mestre da multidão é iludir, "criar a fé, quer se trate de fé religiosa, política ou social, de fé numa obra, numa pessoa ou numa ideia, é esse sobretudo o papel dos grandes líderes" (Le Bon, 1895/2018, p. 113).

Mais do que um ideal em comum, Le Bon realça o desejo da multidão de se submeter a um líder e de ser conduzida cegamente: a multidão é assim movida pela própria atração, pelo despotismo e autoritarismo do líder.

A sugestionabilidade extrema predispõe a multidão aos maiores absurdos. Assim, uma "credulidade excessiva" (Le Bon, 1895/2018, p. 41) faz com que se aceitem certas narrativas como verdades e ideias como dogmas – que serão obedecidas cegamente –, como ocorre muitas vezes em relação ao credo religioso, por exemplo, na reverência aos mandamentos, na necessidade de se realizar certos rituais. Essa crença pode levar tanto a intensos sacrifícios e atos de heroísmo quanto a atos criminosos: ambos são propiciados pelo contágio, por crenças, muitas vezes ilógicas, e não por decisões individuais que tenham passado pelo senso crítico.

> *Os sentimentos, bons ou maus, manifestados pela multidão, apresentam a dupla característica de serem muito simples e muito exagerados. Sob esse aspecto, como sob tantos outros, o indivíduo em multidão aproxima-se dos seres primitivos. Insensível às nuances, vê todas as coisas em bloco e não conhece as transições. Na multidão, o exagero de um sentimento é fortalecido pelo fato de que, propagando-se muito rapidamente mediante sugestão e contágio, a aprovação de que se torna objeto aumenta sua força consideravelmente. (Le Bon, 1895/2018, p. 51)*

Movida por paixões e ódios, a multidão atua, cega perante os dogmas que incorporou, obedecendo a seus líderes/ídolos/crenças, considerando inimigo qualquer um que divirja da alma coletiva. É assim que o indivíduo, imbuído do sentimento de poder, de invencibilidade, de anonimato, de fazer parte do ser-multidão, é tomado por intensos ódios que rapidamente se transformam em atos, com o sentimento de impunidade e de falta de responsabilidade. E é o estudo dessa psicologia da multidão, desse ser coletivo, e da questão de quanto e como se difere do individual, que levou vários intelectuais, depois de Le Bon, a se dedicarem ao tema, avançando as contribuições lebonianas.

A psicologia freudiana das massas

Cem anos depois da publicação de *Psicologia das massas e análise do Eu* (1921/2020), o texto voltou ao centro de vários debates[1] do campo psicanalítico. No Brasil, 2021 era o auge da pandemia, do negacionismo e do bolsonarismo, e, mais do que nunca, parecia imprescindível compreender a psicologia das massas e das multidões para pensar os fenômenos sociais contemporâneos.

Mas antes de adentrar as questões pandêmicas e pandemônicas, proponho revisitarmos como se deu a teorização freudiana. Em uma época de ascensão dos totalitarismos, Freud retoma Le Bon e como ele elaborou a maneira como os homens fazem multidão: uma perspectiva conservadora que teoriza esses agrupamentos sociais como volúveis, suscetíveis, perigosos, irracionais,

---

1 Cf. Fuks, B. B. (2021, nov. 15). *Psicologia das massas e análise do eu em outros tempos sombrios.* [Vídeo]. YouTube. https://www.youtube.com/watch?v=dngzXpto2sg; Ab'Saber, T. (2021, nov. 16). *Psicologia das massas e análise do eu: história e política.* [Vídeo]. YouTube. https://www.youtube.com/watch?v=T6k_OZBU3Ac; Quinet, P., & Rea, S. (2021, jun. 12). *100 anos - Psicologia das Massas e Análise do Eu.* [Vídeo]. YouTube. https://www.youtube.com/watch?v=rBqgvCk9Q94; Starnino, A., & Perez, D. (2021, set. 29). *Psicologia das Massas: leituras psicanalíticas.* [Vídeo]. YouTube. https://www.youtube.com/watch?v=nDL-xDOIBtM.

regredidos, sem autonomia, desejosos de submissão pela figura autoritária do líder (Ab'Saber, 2021).

Na apropriação por Freud da teoria leboniana, há a passagem do conceito de multidão para o de massa, o que é de extrema relevância para a construção da teorização freudiana. Mais do que uma mera opção de tradução, Penna (2014) frisa o papel não só de Freud, mas também da Escola de Frankfurt e da teoria marxista num novo enfoque no estudo do comportamento das multidões, com destaque para o papel da liderança e a importância de controlar e dominar as massas. Não que não houvesse essa busca de controle em Le Bon – a própria Carla Penna salienta a posição conservadora do autor e como ele teorizava o temor da elite perante o povo, o proletariado, e quanto sua psicologia da multidão vai no sentido de tentar compreendê-la para melhor gerir e impedir sua selvageria, seu descontrole. Para avançarmos nessa linha investigativa, precisamos ter em mente que é a partir do conhecimento do inconsciente da psicologia da multidão que líderes – inclusive os totalitários – obtinham uma nova expertise de como melhor seduzir e controlar. Enquanto de um lado a obra de Le Bon influenciou vários líderes democratas, de outro, também teve grande impacto tanto para Mussolini quanto para Hitler (Penna, 2014).

É nesse cenário político-social que a atenção se centra na massa organizada em torno da figura do líder: a massa o toma como ideal, e é manipulada e controlada por ele; deixa-se seduzir pelo seu carisma e o obedece acriticamente. A modalidade de multidão aqui não é mais tanto aquela feroz, fora de controle, mas a da multidão que se submete, escraviza-se voluntariamente, cega diante de seu líder. E, nesse cenário, é preciso considerar a mudança produzida pelos desdobramentos dos nacionalismos que culminaram nas duas guerras mundiais e nos genocídios em massa (Penna, 2014).

Embora Freud reconheça na multidão várias das características descritas por Le Bon,

> *a partir da ótica freudiana, as massas passaram a ser peças fundamentais na constituição dos laços sociais, sendo o berço das transformações narcísicas exigidas para a vida em civilização e tendo o líder como seu condutor e principal fator agregador.* (Penna, 2014, p. 196)

Um dos pilares da teoria freudiana das massas é a tese de que toda psicologia é psicologia social. Ao contrário de Le Bon, Freud não enxerga a distinção entre o psiquismo coletivo e o individual como tão radical. Assim, recorrendo ao conceitual psicanalítico, a ênfase freudiana será nos fatores inconscientes determinantes das massas. Ao comentar a obra leboniana, Freud realça algumas questões cruciais abordadas no texto original: quais alterações psíquicas são impostas para que o indivíduo faça parte da massa psicológica?; o que é uma massa?; e como uma massa pode influenciar desse modo tão decisivo o psiquismo individual?

Em *Psicologia das massas e análise do Eu*, Freud apresenta, de modo minucioso, a conceituação leboniana das multidões. Proponho, a seguir, abordar como essa leitura de multidão se articula na teorização freudiana. Freud (1921/2020) reproduz Le Bon:

> *O fato mais notável apresentado por uma massa psicológica é o seguinte: não importa quem sejam os indivíduos que a compõem, se seu modo de vida, sua ocupação, seu caráter ou sua inteligência sejam semelhantes ou dessemelhantes, o simples fato de que eles sejam transformados em massa os dota de uma espécie de alma coletiva. Essa alma os faz sentir, pensar e agir de uma*

> *maneira completamente diferente de como cada um deles sentiria, pensaria e agiria isoladamente. Certas ideias, certos sentimentos só surgem ou só se convertem em atos nos indivíduos ligados à massa. (p. 140)*

O texto freudiano continua a exposição da teoria leboniana: "a massa é impulsiva, mutável e excitável. Ela é guiada quase que exclusivamente pelo inconsciente . . . A massa é extraordinariamente influenciável e crédula; é acrítica, o improvável não existe para ela" (Freud, 1921/2020, p. 146). Há um enfraquecimento da racionalidade, da individualidade, das inibições, paralelo ao desaparecimento da consciência moral e do sentimento de responsabilidade. Em contrapartida, ganham força os processos inconscientes – a selvageria primitiva, o sentimento de ser invencível, onipotente – e uma homogeneização grupal na massa anônima. De acordo com Freud (1921/2020), "Os sentimentos da massa são sempre muito simples e muito exagerados. A massa não conhece, portanto, nem a dúvida nem a incerteza" (p. 147). A ilusão é um dos principais alicerces da massa: "as massas nunca conheceram a sede pela verdade. Elas exigem ilusões, a que não podem renunciar. Para elas, o irreal sempre predomina sobre o real; o inverídico as influencia quase tão fortemente quanto o verdadeiro" (Freud, 1921/2020, p. 150).

Freud segue reproduzindo trechos do livro de Le Bon, tentando caracterizar esse estado psicológico em que rapidamente se criam certezas, que por sua vez podem desembocar em fortes paixões e ódios inexplicáveis. É nesse estado psicológico, em que a massa é altamente sugestionável, que ela é mais facilmente impactada por ideias sem qualquer racionalidade, desde que apresentadas com uma retórica específica, com argumentos simples, exagerados e repetitivos, e com uma estética que evoque emoções fortes.

Um ponto em que Freud insiste fazer uma diferenciação que não existe no texto de Le Bon é em relação ao contágio e à sugestão, ambos articulados ao estado hipnotizado no qual permanece o indivíduo quando faz parte de uma massa, um no eixo horizontal e outro no vertical.

> *o contágio e a alta sugestionabilidade, não são evidentemente da mesma natureza, pois o contágio parece ser uma entre as manifestações da sugestionabilidade . . . Talvez possamos interpretar melhor a sua declaração [de Le Bon] se relacionarmos o contágio com o efeito que cada um dos membros da massa exerce sobre os outros, enquanto os fenômenos de sugestão na massa, equiparados aos fenômenos da influência hipnótica, remetem a outra fonte. Mas que fonte?. (Freud, 1921/2020, p. 145)*

A resposta a essa indagação será um dos pilares da teorização freudiana da psicologia das massas: o líder, que exerce uma influência similar ao hipnotizador. De outra parte, outro aspecto assinalado por Le Bon – acerca da sugestão em grupo e quanto ela é potencializada pelo efeito contagioso dentre membros – será destacado por Freud, que identifica, assim, como a sugestão é reforçada. No trecho reproduzido a seguir, em que Freud retoma Le Bon, podemos notar como Freud esboça paulatinamente a teorização de um lugar de exceção que será ocupado pelo líder (Penna, 2014).

> *Como a massa não tem dúvidas sobre o que é verdadeiro ou falso, e ao mesmo tempo tem consciência de sua grande força, ela é tanto intolerante quanto crente na autoridade. Ela respeita a força e só se deixa influenciar*

> *moderadamente pela bondade, que, para ela, significa uma espécie de fraqueza. O que ela exige de seus heróis é a força, até mesmo a violência. Ela quer ser dominada e reprimida e temer seu mestre. No fundo inteiramente conservadora, ela tem uma profunda aversão por todas as inovações e progresso e um respeito ilimitado pela tradição. (Freud, 1921/2020, p. 148)*

Trata-se de uma teoria da psicologia das massas pensada em uma época marcada pelo fortalecimento de movimentos totalitários, do fascismo, do nazismo, e que tenta compreender o que leva a massa a se submeter cegamente ao líder e a realizar atrocidades em nome de ideais da massa. Para avançar os dilemas de seu tempo, Freud se debruça justamente sobre como os indivíduos obedecem ao líder, que ocupa o lugar de um ideal, e em nome do qual realizam as ações mais violentas ou as mais altruístas e nobres.[2] É novamente recorrendo a Le Bon que o pai da psicanálise reforça o impulso de servidão da massa: "a massa é um rebanho obediente, que nunca saberia viver sem um senhor. Ela tem uma tal sede de obedecer que se submete instintivamente a qualquer um que se designe seu senhor" (Freud, 1921/2020, p. 150).

Embora tanto Le Bon quanto Freud assinalem uma sede de submissão ao outro, em Freud são especificadas, progressivamente, algumas características que tornariam alguém mais propício a se tornar o líder da massa. Ou seja, se haveria por parte da massa uma propensão a se submeter ao líder, alguém para ser reconhecido como líder deveria ter algumas características que favoreceriam sua força de dominação, seu poder de admiração. Haveria o

---

2 Muito brevemente Freud caracteriza a massa como lugar da linguagem, da criação da música popular, da narrativa folclórica, assinalando uma massa que não é somente temida, mas fonte de grandes criações.

estrato da influência sugestiva que faz com que os membros do grupo se influenciem reciprocamente, induzindo certos afetos em comum, e haveria o estrato do prestígio/fascínio do líder enquanto elemento central da psicologia das massas. Para elucidar essa dinâmica psíquica, Freud se utiliza de sua conceituação da libido: é por amor que a massa se submete ao líder e que se deixa sugestionar pelos outros.

Freud se interessa pelo modo de funcionamento em aglomerados sociais (massas), cuja estruturação interna é centrada no vínculo libidinal vertical de amor em torno do líder. O líder, amado e que amaria a todos os membros do grupo, é elemento central, pois os iludidos se identificam entre si no eixo horizontal, alicerçados na ilusão de que todos são amados igualmente (Penna, 2014). Assim ocorre uma homogeneização grupal, uma indiferenciação dos membros em torno de um ideal, do líder, e da ilusão que os conecta uns aos outros e em torno desse ideal. Nesse novo prisma, as massas são concebidas como importantes atores sociais civilizatórios que favorecem laços amorosos com o líder, a união coletiva em torno de ideais comuns, a limitação das gratificações impulsivas em nome desses ideais e dos laços identificatórios (Penna, 2014).

Todavia, se de um lado são os laços, horizontal e vertical, que em grande parte restringem a liberdade do indivíduo no coletivo, de outro, se a massa se desintegra, surge o pânico, um medo desorganizador em situações antes enfrentadas sem qualquer receio. Assim, essa ilusão e o vínculo grupal protegem a massa de seu próprio desamparo: porque sem ela o indivíduo se sente mais desprotegido diante dos perigos que deve enfrentar sozinho.

Após essas análises centradas em Le Bon, Freud recorre brevemente a outro teórico – McDougall – para pensar as massas mais organizadas e diferenciá-las de multidões que não teriam nenhuma organização. No entanto, Freud comenta que o próprio autor constatou que para que as pessoas se agrupassem era preciso que houvesse algo em comum ou uma certa afetividade compartilhada, o que tornaria os membros, em ambos os casos, suscetíveis de se influenciarem mutuamente e de se dissolverem na massa. Esses elementos favoreceriam uma homogeneidade que poderia ancorar a alma da massa. Nesse sentido,

> *teríamos de partir da constatação de que uma simples multidão de seres humanos ainda não é nenhuma massa enquanto aquelas ligações não tiverem se estabelecido nela, mas teríamos de admitir que em qualquer multidão de seres humanos manifesta-se com facilidade a tendência à formação de uma massa psicológica. (Freud, 1921/2020, pp. 172-173)*

É nesse momento que Freud diferencia modalidades opostas de massa segundo a formação: primitivas e estruturadas; efêmeras e duradouras; homogêneas e não homogêneas; sem líder e com líder; naturais e artificiais. Essa última modalidade de massa é a que será mais longamente tematizada, abordando especialmente Igreja e Exército como modalidades de massas artificiais duradouras e altamente organizadas. A coação externa é o que assegura que uma massa artificial não seja dissolvida, e é essa força que restringe ou inibe mudanças na estrutura desse tipo de coletivo. Isso dá origem a uma pressão social, mesmo uma perseguição contra qualquer um que queira sair dessa massa ou que queira alterá-la. Assim, nota-se como Freud se aproxima cada vez mais de massas em que os membros se fusionam de forma mais homogênea, porque nelas é ainda mais evidente o lugar do líder: Cristo e o general/chefe do exército. Pela ilusão de que todos são amados igualmente, o vínculo libidinal vertical de amor ao líder e pelo líder se torna um elemento-chave da massa. O laço vertical e o horizontal dependem dessa ilusão amorosa ancorada na figura do líder como substituto paterno: pelo amor de Cristo e pelo chefe no Exército que todos se mantêm ligados, sendo que o vínculo libidinal, o amor que os une, é inconsciente.

Vale notar que Freud explicita que a perda do líder não é necessariamente por sua morte ou remoção, pode ser pela perda de confiança em sua autoridade. Além de articular o que faz uma massa se desintegrar, Freud conclui que as massas podem se formar sem um líder quando uma ideia substitui o lugar desocupado/ausente de liderança. O ódio contra o outro – não membro do grupo, outra instituição ou uma pessoa – também poderia ser um pilar da massa, um elemento que assegura sua coesão, com efeito unificante de ligação libidinal entre seus membros. É ainda ao ódio que Freud dá um papel de relevância quando comenta tanto a tendência ambivalente de amor-ódio em relações com pessoas próximas, queridas, quanto a aversão e repulsa à aproximação de estranhos. É justamente pelo deslocamento desse ódio para fora, quando o homem forma massa, que essa aversão ao outro desaparece dentro da massa: todos se igualam, dando origem à massa homogênea.

Para pensar qual o tipo de ligação que une amorosamente os membros da massa, Freud recorre à conceituação da identificação como um mecanismo de ligação afetiva que mantém a massa coesa. A identificação será então teorizada como um dos principais pilares da formação de grupos: os membros do grupo se identificam com um líder que é colocado no lugar de Ideal (do Eu). E, assim, ao investir amorosa e libidinalmente no líder/ideal, cria-se uma coesão grupal.

As massas giram em torno do líder, substituto do pai, a quem se submetem cegamente nos moldes da relação de amor entre hipnotizador-hipnotizado. Contudo, enquanto na hipnose haveria uma formação de massa a dois – com o hipnotizador no lugar do

Ideal do Eu –, na massa, o lugar do Ideal seria ocupado pelo líder. E a coesão da massa ocorre por meio desses processos identificatórios e libidinais dentre os quais a identificação com o líder que ocupa o lugar de Ideal (do Eu) entre os membros do grupo. É pelo amor a esse líder com quem se identificam que os membros da massa apagam suas singularidades, suas diferenças, dando origem à homogenia grupal: todos estão unidos em torno do líder. E o líder surge na esteira do pai totêmico, símbolo da autoridade e de um lugar de exceção, cujo poder está no âmago da construção do estrato comum da sociedade.

Na teorização freudiana, o pai mítico é a figura toda poderosa que é assassinada deixando marcas na horda primitiva, e a partir de então se organiza em uma comunidade fraternal. Assim, Freud elabora uma reatualização do lugar do homem poderoso – exceção no meio dos irmãos iludidos de serem amados pelo líder onipotente, que no fundo só ama a si mesmo. Na horda primitiva, os membros se sentiam perseguidos pelo chefe, e se uniam no temor ao pai totêmico. De todo modo, o que se expressa é a sede de submissão: "o líder da massa continua sendo o temido pai primevo, a massa continua querendo ser dominada por um poder irrestrito; em grau extremo, ela é ávida por autoridade" (Freud, 1921/2020, p. 206). Na massa, o indivíduo renuncia a seu Ideal do Eu e o substitui pelo Ideal coletivo, personificado no líder/ideal. Assim, o líder expressa características que os membros do grupo possuem, mas que se manifestam no líder revestido de poder, com uma ilusão de força e de vigor superiores. Dessa maneira, o indivíduo espelha naquele líder onipotente o que sempre desejou ser. É assim que cada vez mais se revela que o liderado (a massa) se satisfaz na violência, no autoritarismo, no poder do líder.

O fascismo na massa: uma breve introdução às contribuições de Adorno

Na Seção "A psicologia freudiana das massas", abordei como a organização das massas em torno do líder é um dos pilares da psicologia das massas freudiana. Agora, a chave de leitura em torno da submissão ao líder será retomada e reelaborada por outras vertentes de investigação da psicologia das massas, notadamente aquelas que se dedicaram a investigar o fascismo e outros movimentos totalitários. É nesse cenário que ganharam destaque os estudos acerca do autoritarismo tendo como elemento central o poder do líder, tema que será aprofundado pela Escola de Frankfurt (Penna, 2014).

O que faz com que os homens se submetam cegamente aos líderes e quais as condições sociais envolvidas nessa modalidade de submissão à autoridade? Há o esboço de algumas respostas a essas questões na elaboração freudiana, mas esse eixo de análise será adensado ao se tornar um dos temas centrais investigados pelos frankfurtianos. Além de buscar compreender os fatores inconscientes, procurava-se levar em conta outras dimensões, com destaque para as especificidades das condições históricas, econômicas e sociais como indispensáveis para compreender a psicologia das massas.

Impactado pela pertinência da teoria freudiana das massas para pensar toda a dinâmica fascista, guerras mundiais, nazismo e Hitler, Adorno avança essa discussão quando redige, em 1951, "A teoria freudiana e o padrão da propaganda fascista".[3] Já na introdução do texto, Adorno realça que as estratégias de marketing (na época realizadas por meio de panfletos) recorriam a cálculos psicológicos para promover uma disposição à violência de parte da população. Não se declaravam objetivos extremistas, mas se

3 O original foi publicado em *Psychoanalysis and the Social Sciences.*

criava um clima sugestionável e agressivo, promovendo uma atitude antidemocrática. O ódio era disseminado a partir de estratégias sistematizadas, seguindo a tese de que não se conquista/seduz a massa por meio de argumentos racionais, mas pela retórica reduzida, simples e repetitiva. O que é mobilizado na massa é o psicológico, notadamente "processos irracionais, inconscientes e regressivos" (Adorno, 1951/2018).

Além de acentuar que em Freud a massa não é vista com o desprezo que havia em Le Bon, a leitura adorniana retrata como o *Psicologia das massas e análise do Eu* freudiano antecipa todo o totalitarismo alemão. Adorno revelou a perspicácia de Freud em detectar a disponibilidade para se submeter ao poder do líder, retomando os passos freudianos em sua investigação de como indivíduos modernos, liberais, independentes, que viviam em uma sociedade individualista, competitiva, mudavam de postura, entregando-se àqueles discursos irracionais. Ou seja, ele reitera a indagação freudiana: "o que transforma as massas em massas?" (Adorno, 1951/2018); ou ainda, o que une a massa?

Nesse sentido, Adorno (1951/2018) sublinha como "o demagogo fascista, que tem de obter o apoio de milhões de pessoas para objetivos altamente incompatíveis com seu próprio auto-interesse racional" estará o tempo todo caçando os pontos em que pode manipular os indivíduos e criar massa para poder melhor conduzi-los coletivamente para os objetivos fascistas. Desse modo, é retratado o percurso pelo qual Freud identificou que as condições em que o homem formava massa favoreciam que ele expressasse impulsos inconscientes, usualmente reprimidos, e que havia uma satisfação nessa entrega de si à massa e um prazer obtido no vínculo libidinal estabelecido com os demais integrantes.

O vínculo amoroso entre os membros da massa permanece inconsciente: o líder com perfil fascista, como Hitler, não menciona esse laço de amor e, além disso, encarna uma autoridade ameaçadora. Mas é esse vínculo libidinal, esse amor não explicitado, que seria utilizado pela mente fascista, sendo moldado para virar obediência. Dessa forma, toda a pedagogia fascista se direciona a favorecer o estado infantil da criança que obedece aos pais, a fim de melhor manipular as massas. Nesse estado regressivo, o líder do grupo atualiza o pai da horda primitiva ao qual todos se submetem por temor, e também pelo desejo de ser governado com força, pela admiração ao poder absoluto que essa figura paterna de exceção, onipotente, expressa.

A massa se forma movida pelo vínculo libidinal de amor e pela sede de se submeter ao outro, a obedecer ao líder (ideal do grupo). É isso que leva a massa a se deixar manipular à vontade pelo outro, mesmo quando vai contra tudo o que acredita racionalmente. Assim, o que impulsiona alguém a se submeter a um líder (especialmente o fascista) é o quanto esse líder representa para o sujeito "a ampliação da própria personalidade . . . uma projeção coletiva de si" (Adorno, 1951/2018). Desse modo, ao se identificar àquele líder vociferante, onipotente, que "como um ato de *devorar*, de tornar o objeto amado parte de si mesmo" (Adorno, 1951/2018, grifo do original), o sujeito se satisfaz em massa e goza por meio do líder.

Retomando a conceituação freudiana do narcisismo, Adorno argumenta que, na adoração do líder, o sujeito busca nesse ideal a satisfação da qual se sentia privado, e obtida narcisicamente a partir da identificação com esse ideal – no caso, representado pelo líder fascista. Todos os seguidores amam o líder coletivamente e transferem para ele parte da sua libido narcísica, que será gratificada pelas realizações todo-poderosas do líder, realizações que seus seguidores nunca se permitiram satisfazer na vida cotidiana regrada pela racionalidade e pela contenção da expressão instintiva.

A imagem do líder narcisista poderoso se fortalece por meio da projeção de características do pai primitivo ameaçador. Nesse ponto, Adorno destaca quanto o pai primitivo da horda se aproxima da figura de Hitler (o que é extensível a outros líderes fascistas). Todavia, "mostrando-se como um super-homem, o líder deve ao mesmo tempo realizar o milagre de aparecer como uma pessoa comum, da mesma maneira como Hitler se apresentou como uma mistura de King Kong e barbeiro de subúrbio" (Adorno, 1951/2018). Nesse sentido, Adorno sublinha a perspicácia de Freud ao notar que esse traço de homem comum era importante para satisfazer a parte libidinal do súdito que não foi investida no líder – eu sou como meu líder, ele é alguém simples e comum como eu:

> *mesmo os impressionantes sintomas de inferioridade do líder fascista, sua semelhança com atores canastrões e psicopatas insociais são assim antecipados por Freud . . . . A imagem do líder satisfaz o duplo desejo do seguidor de se submeter à autoridade e de ser ele próprio a autoridade". (Adorno, 1951/2018)*

Adorno (1951/2018) retoma a tendência sadomasoquista observada por Freud nas massas, ilustrada pela fórmula de Hitler:

> *responsabilidade para com os de cima, autoridade para com os de baixo . . . . A tendência a pisar nos de baixo, que se manifesta tão desastrosamente na perseguição a minorias fracas e desamparadas, é tão franca quanto o ódio contra os de fora. Na prática, ambas as tendências frequentemente ocorrem juntas. A teoria*

> *de Freud joga luz sobre a distinção disseminada e rígida entre o amado* in-group *e o rejeitado* out-group. *(grifos do original)*

Na tendência da massa em desembocar em afetos e crenças extremos, toma-se atitudes que são contrárias ao que seus membros pensam racionalmente. E, assim, o progresso da civilização não desemboca na tolerância ao diferente e na redução da violência contra quem não pertence ao grupo. Freud já problematizara o motivo pelo qual as pessoas amam o que é semelhante a elas e odeiam o que é diferente. Essa lógica também justifica a virulência com que as massas fascistas são tão dogmáticas: no fundo aqueles mesmos membros fanáticos sabem inconscientemente que é tudo uma ilusão e que amam acima de tudo a performance (fictícia) do líder. E essa mesma lógica de funcionamento se encontra nas religiões, amando seus membros e dirigindo o ódio para os que não têm a mesma fé e não são membros daquele grupo. Nesse âmbito, há uma tese de Adorno que gostaria de destacar: se aparentemente parece haver menos intolerância religiosa, não é pelo fato de as pessoas terem se tornado mais tolerantes à diferença, mas pela fé religiosa ter se enfraquecido. E, assim, ele sugere que outras crenças que surjam e em torno das quais se estabeleçam fortes laços grupais – semelhantes ao padrão que ocorria em relação à religião – demonstrarão a mesma intolerância em relação aos de fora, o mesmo impulso destrutivo para eliminar os estrangeiros ao grupo. Há uma estrutura divisória que se reproduz entre os de dentro e os de fora; e, mais ainda, entre os crentes e os não crentes. Nesse contexto, Adorno assinala como podem emergir grupos unidos em torno do ódio dirigido aos outros. Para pensar esse ódio dirigido contra o diferente, o autor assinala que é o amor-próprio (narcisismo) que impulsiona o ataque ao divergente, ao estrangeiro. E a propaganda fascista[4] reforça essa tendência narcísica de amar a si mesmo, de modo que aqueles que participam do grupo se sentem superiores aos outros, e uma crítica ao líder é vivida como uma perda narcísica e pode dar origem à fúria. O líder não é, no fundo, diferente dos membros do grupo, e por isso ele tem facilidade em manejar os desejos latentes deles, expressando sem inibições os desejos latentes da massa, sendo frequente a tática fascista de projetar nos outros, supostos prazeres proibidos, interdições transgredidas. As pequenas diferenças em relação aos outros grupos são potencializadas, em contrapartida, a intolerância na relação interna entre membros da massa desaparece; assim todos agem como se fossem iguais, uniformes (a coesão coletiva se solidifica, projetando os ciúmes e a hostilidade nos diferentes).

Todavia, a perspectiva adorniana é a de que nem Le Bon nem Freud enfocaram as diferenças do fascismo em relação às outras massas, pois embora o que esteja em jogo seja a mobilização do campo irracional, inconsciente, dos processos regressivos, há especificidades dos "movimentos de massa ultrarreacionários [que] usam a 'psicologia das massas' num grau muito maior do que movimentos que mostram mais fé nas massas". Ou seja, que movimentos como o fascismo usam de todo esse saber sobre a psicologia das massas para melhor manipulá-las ativamente. Que não se preocupam em recorrer a argumentações racionais, investindo sobretudo nos aspectos irracionais e da sua manipulação por meio de estratégias como a retórica. Nesse âmbito, falas que podem parecer bobagens ditas por um líder populista são oriundas de "técnicas racionalmente calculadas" e podem ser extremamente eficazes para mobilizar a "economia pulsional" pela "manipulação do

---

4 Nessa passagem, Adorno aproxima a estratégia de propaganda fascista a outras estratégias de marketing na área de negócios: o que valia era o que seduzia a massa, o que a estimulava a se identificar com o discurso fascista.

inconsciente". Assim, "a psicologia das massas foi controlada por seus líderes e transformada em meio para sua dominação" (Adorno, 1951/2018). Apropriando-se da massa, os opressores se utilizam da psicologia coletiva para melhor dominá-la, o que ficará mais evidente nos líderes autoritários fascistas e nazistas.

De modo a apresentar mais algumas contribuições adornianas[5] pertinentes ao tema, gostaria de mencionar os traços que caracterizam a personalidade autoritária: "convencionalismo, submissão à autoridade, agressividade, anti-intelectualismo, antissentimentalismo, superstição e estereotipia, preocupação com poder e força, destrutividade e cinismo, projeção e preocupação exagerada com sexo" (Dunker, 2015, p. 31). Outros aspectos se referem mais especificamente à retórica e às técnicas discursivas autoritárias:

> *o pequeno grande homem, a promessa indeterminada, a sobriedade cínica associada à "intoxicação psicológica", a apresentação estilizada, a economia da gratidão, o rebaixamento calculado de inibições, a imitação de sentimentos, a revelação e abandono temporário às emoções, o truque do testemunho, assim como o reforço imaginário de "nós" e da comunidade contra os inimigos fabricados. (Dunker, 2015, p. 36)*

De acordo com Adorno (2015, p. 188), o que se notaria seria uma "performance" de massa, que mais do que (se) identificar, performa. E, mais do que tudo, coloca em ato o desejo de se submeter ao outro. Por se tratar de uma massa em uma época de "átomos sociais", as pessoas se mobilizam, mas no fundo elas sabem que aquilo é uma ficção, que o inimigo maquiavélico, construído na

---

5 Adorno, 2015.

retórica fascista, não existe. E é para se proteger da perda dessa ilusão que os homens se juntam em "multidões fascistas tão impiedosas e inalcançáveis".

Sob essa perspectiva, o que estaria em jogo, no caso do líder fascista, seria uma manipulação deliberada, consciente, pautada em uma "sobriedade cínica" (Adorno, 2015, p. 401). No entanto, o autor não restringe esse cinismo ao líder, mas o estende ao manipulado. Isso faz com que Adorno questione a ideia de uma passividade total nessa submissão, e destaque o desejo daquele que se submete ao líder fascista e que faz as maiores atrocidades em nome do fascismo. Não obstante, o líder fascista manipula o que já havia em cada um de seus seguidores individual; é assim que ele não faz nada, além de fermentar todo o potencial autoritário e fascista que já existia em todos. Em outras palavras, o líder autoritário coloca em cena sem inibição aquilo que a massa se interditava fazer e dizer; agora declarado, "a imagem do líder satisfaz o duplo desejo do seguidor em se submeter à autoridade e ser ele mesmo a autoridade" (Adorno, 2015, p. 172).

O líder e os responsáveis por disseminar o ponto de vista fascista fazem um direcionamento personalizado, adotam uma postura como se estivessem abrindo suas intimidades. Assim, o líder atua como se compartilhasse fragilidades ou cotidianidades com seus ouvintes. Essa abordagem é privilegiada em detrimento de argumentos ou proposições de ordem mais racional. Desse modo, o líder performa a imagem de homem comum – pequeno homem – e de líder –, herói. Mostra-se como igual aos outros, com os mesmos problemas, ao mesmo tempo que oferece a performance de que juntos todos podem obter um destino glorioso. Por meio do discurso de renascimento (da pátria, dos valores tradicionais), reitera-se a imagem de invencível do líder fascista. Aliás, Adorno (2015) menciona que os líderes com personalidade autoritária gostam de "se vangloriar de terem sido heróis atléticos em sua juventude" (p. 145).

Há o reforço de uma lógica dicotômica de nós/eles, amigos/inimigos, para a qual se recorre a estratégias como difamação e o uso de denúncias das mais infundadas, muitas das quais não passam de insinuação. Predomina um repertório reduzido, repetitivo, simplificado, com traços ritualísticos, pois não se quer convencer pelos argumentos, mas pela manipulação emocional. A imagem do líder se fortalece, reatualizando aquela do pai de horda onipotente e ameaçador, evocando e reanimando o desejo da massa de se submeter à autoridade. Assim, os seguidores formarão a massa ancorados não em uma pauta, em um argumento racional, mas alicerçados na identificação com o brutal pai narcísico arcaico. E, desse modo, quando o líder poderoso se torna o ideal do sujeito, seus seguidores também se engrandecem.

No entanto, por trás da imagem gloriosa do fascista, há destruição e morte, pois, ao ter a "destrutividade como fundamento psicológico do espírito fascista" (Adorno, 2015, p. 152), o líder fascista conduz a massa tanto para o aniquilamento do suposto inimigo quanto para sua autodestruição. Nesse cenário, o líder e seus apoiadores buscam criar uma "atmosfera de agressividade emocional e irracional" (Adorno, 2015, p. 154) propensa à violência, ao "*pogrom*". A massa fascista se fortalece a partir da ação deliberada de incitadores de ódio, que, mais do que uma causa específica, buscam criar esse clima de revolta, de agressividade, de massa. Esse ódio é dirigido ao que Freud designou *out-group*. Aqui, Adorno enfatiza como o progresso da civilização não se mostrou capaz de produzir automaticamente uma diminuição dessa violência e intolerância. Aliás, o autor salienta quão frequentes se tornaram as manifestações de violência e destruição não somente contra quem está fora da massa, mas também contra aqueles da própria massa que estão embaixo, muitas vezes minorias desamparadas: ao se unir contra o inimigo, o coletivo se edifica, tendo como solo comum a pulsão de destrutividade.

Em um texto clássico, Umberto Eco (2019) propõe o fascismo como uma forma de totalitarismo que não tem a mesma coesão ideológica que outras modalidades totalitárias, como é o caso do nazismo. Para ele, "O fascismo não era uma ideologia monolítica, mas antes uma colagem de diversas ideias políticas e filosóficas, um alveário de contradições" (p. 32). Mais do que uma filosofia fascista, o que se faz relevante é uma retórica marcada pelo empobrecimento léxico, o uso de uma sintaxe elementar, evitando formas mais complexas de raciocínio. Eco elenca, então, alguns pilares do fascismo (que tem muitas semelhanças com a caracterização adorniana): "o *culto da tradição*" (2019, p. 44, grifo do autor) em detrimento dos valores racionais, sendo reiteradas as acusações contra liberais, revolucionários, modernos que abandonam os valores tradicionais; o estímulo à ação em detrimento da reflexão, muitas vezes desembocando em guerras e/ou atitudes bélicas incessantes, mobilizadas por visões deturpadas de quem é o outro/inimigo (sempre visto, ao mesmo tempo, como forte/fraco demais); a falta de permeabilidade às críticas ("o desacordo é traição") (Eco, 2019, p. 49); a intensificação do medo da diferença, procurando excluir a diversidade, fortalecendo-se no movimento de eliminar os intrusos que pensam/são diferentes (o fascismo "é, portanto, racista por definição") (Eco, 2019, p. 50); o fascismo se energiza da frustração de seus membros e, muitas vezes, se torna mais atrativo para as pessoas que vivenciam momentos de grande crise econômica, situações de humilhação social; e também atrai aqueles sem identidade social, que encontram no nacionalismo, no patriotismo uma forma de pertença, de reconhecimento, em grande parte constituída a partir do ataque aos inimigos, baseado em teorias da conspiração muitas vezes centradas na xenofobia contra o estrangeiro ou contra aquele designado diferente dentro da própria nação; predomina um "elitismo popular" da massa, em que "todos os cidadãos pertencem ao melhor povo do mundo, os membros do partido são os melhores cidadãos" (Eco, 2019, p. 53); por outro lado, o líder fascista é aquele que sabe que governa pelo poder, pela força e se sustenta ao manter o povo no lugar dos fracos que precisam ser dominados pelo líder; o herói fascista tem fortes ligações com a morte (seja pelo culto da própria morte, como ser excepcional que tudo enfrenta e nada o atinge, seja pela posição de provocar a morte de todos os outros); é frequente o fascista menosprezar as mulheres, ser intolerante com todas as diversidades sexuais, compensando usualmente as suas dificuldades ao usar instrumentos bélicos como fálicos; o líder fascista ataca todos os representantes (inclusive parlamentares), colocando-se como a única voz do povo, podendo recorrer para isso a tecnologias, como a TV ou a internet.

Para concluir essa parte da discussão, gostaria de salientar quanto encontramos nesses teóricos a ênfase em uma manipulação deliberada das massas, torna-se nítido o risco de líderes que, cientes da psicodinâmica das massas, a utilizam para fins escusos. Nesse ecossistema complexo, a psicologia das massas se torna um entre outros elementos de um sistema mais amplo de dominação e opressão. Embora seja possível traçar um fio que une as diversas figuras fascistas/autoritárias ao longo da história – incluindo os atuais políticos com características fascistas –, autores como Adorno (2020) delimitam o fascismo às contingências históricas e a um certo estado do capitalismo. Nesse mesmo sentido, a psicologia das massas concebida por Adorno é ancorada sócio-historicamente. Todavia, penso que vários trechos apresentados nesta e nas outras seções acerca das psicologias das massas investigadas em outras épocas são extremamente pertinentes para compreendermos fenômenos atuais como o negacionismo e o bolsonarismo, que no presente livro são abordados pelo eixo das fake news na pandemia. Essa discussão será retomada mais adiante nas seções em que abordo mais detalhadamente a psicologia das massas & multidões digitais, pois a seguir apresento mais algumas contribuições ao estudo dos fenômenos de massa.

Dogmatismo, fundamentalismo e fanatismo das massas: algumas contribuições de Lifton

Robert Jay Lifton dedicou grande parte da sua vida ao estudo dos processos psíquicos envolvidos em várias modalidades de totalitarismos, o que ele aproxima de toda uma gama de fanatismos e cultos. Foi a partir dessa bagagem clínica-teórica que Lifton se tornou um grande crítico de novos políticos autoritários como Trump, e foi nesse cenário que ele retoma seus estudos prévios para investigar como esse perfil de líder chega ao poder.

Quando Lifton (2018) pensa fenômenos contemporâneos como a emergência e o fortalecimento do trumpismo[6] (ocorrência que tem tantas proximidades com o Bolsonarismo), salienta que Trump não tem uma ideologia consistente (como observou no totalitarismo), mas cria uma narrativa consistente – a do salvador que fará os Estados Unidos grandioso novamente, que combaterá aqueles que desvirtuaram os valores do país. No entanto, mais do que fundar uma verdade alternativa, o que ocorreu foi a destruição da verdade, aproximando-se da pós-verdade. E, nesse sentido, ele enfatiza que, mesmo com a saída de Trump do poder, haveria algo do ataque à verdade e ao solo democrático comum que seria traumático e não facilmente apagado. É com o termo "fatiga da

---

[6] Cf. artigo de Robert Jay Lifton: https://www.dissentmagazine.org/online_articles/assault-on-reality-robert-lifton-trump.

realidade" que ele nomeia o cansaço de todos os que se deparam com incontáveis desinformações que continuam circulando com força, a despeito de todos os argumentos e evidências que provam sua falsidade.

Nesse cenário, o autor alerta para o risco de uma "normalidade maligna" tomar lugar – lembrando que ele havia investigado os médicos nazistas que se habituaram a matar judeus, no lugar de salvar vidas. É nesse contexto que Lifton realça a importância das formas de resistência ao movimento destrutivo das bases da democracia. Uma das principais questões levantadas por Lifton (2018) é o que leva as pessoas a rejeitar uma realidade fatual sem serem psicóticas, sem apresentarem alucinações da realidade? Para responder a essa pergunta, ele enfatiza o papel central do líder na construção dessa narrativa negacionista, e de uma realidade moldada pelo seu ponto de vista. Apoiado nessa argumentação, Lifton aproxima cada vez mais o totalitarismo do fanatismo/cultismo centrado em um guru.

Em pesquisas anteriores, o autor chegou a entrevistar nazistas para investigar as razões que os levaram a endossar o nazismo. Tratando de uma dessas entrevistas, ele menciona um médico que havia se filiado ao partido logo após uma palestra em que um líder afirmava que o nazismo era nada mais do que uma missão de purificação da raça, que se tratava de uma purificação biológica, que deveria, para isso, eliminar os impuros (contaminados por questões éticas, raciais ou políticas). Nessa lógica de purificação, todos os seguidores deveriam se tornar "clones" (Lifton, 2018, p. 7) do líder/guru: aqueles que lutariam para evitar o desastre apocalíptico que foi construído em sua mitologia. Lifton assinala que, dentre os médicos nazistas que participaram de Auschwitz, não havia (predominantemente) extremistas. Estamos diante de uma burocratização, já teorizada por Hanna Arendt como a banalização do mal. É determinante o papel do líder (e seus seguidores/influenciadores) na construção da realidade compartilhada: são essas vozes que solidificam certas narrativas – de que Deus existe, e de que não existe; que democracia é um valor desejável ou um péssimo sistema político; que é preciso um líder que guie a todos. No entanto, Lifton acrescenta que, além desse elemento de construção da realidade moldada por líderes e grupos (influenciadores), há dados da realidade imediata, que ele chama fatual, e que são contestados e enviesados nos totalitarismos, nos cultos, nos fanatismos.

Um dos pilares das investigações de Lifton é o estudo da manipulação psíquica de uma quantidade grande de pessoas, a tal ponto que essas pessoas não reconhecem mais que há algo de distorcido na percepção delas da realidade, ou não percebem o efeito de condicionamento, de formatação vindo de fora – do guru, da ideologia, do líder. Ao constatar esse efeito massivo, extensivo, Lifton comenta sua sensação de que o mundo parece ter enlouquecido. Mas, mais do que pensar em termos de uma psicopatologia, de traços distorcidos na personalidade do seguidor, o autor teoriza que esse cenário expressa a versão mais extrema de uma tendência humana presente em todos nós.

Por vezes usa-se *brainwashing* para caracterizar fenômenos sociais massivos, como a reforma de pensamento imposta pelo Partido Comunista Chinês, mas Lifton critica a ideia de que haja algo mágico nesse processo. Do seu ponto de vista, seriam, sim, estratégias eficazes e deliberadas de manipulação psicológica das massas: a busca para obter o controle da mente dos seguidores, de transformá-los em influenciados, submetidos à ideologia dominadora. E, embora, em maior escala, isso não é distinto do que ocorreu em outras formas de imposição de dogma, como inquisições e conversões religiosas massivas ao longo da história; o que Lifton salienta como ponto diferencial do totalitarismo é um uso mais metódico, que recorre a técnicas psicológicas aplicadas de modo organizado.

Lifton comenta que pode haver estratégias usadas com violência em uma prisão, mas que há modalidades mais insidiosas, por exemplo, moldar o valor de uma nova ética, de um novo cidadão, em uma narrativa que começa a ser incorporada, as pessoas introjetam essa narrativa como a sua mitologia, como seus valores etc. E assim se molda uma mente coletiva, formatada de acordo com a narrativa totalitária, afetando a forma de se pensar, de ver a realidade, de sentir (as paixões).

É interessante como na abordagem liftoniana há uma expansão da concepção da transformação psíquica, somos desafiados a pensar transformações psíquicas feitas por coerção, por manipulação, que se utilizam do conhecimento do funcionamento psicológico. Em cenários nos quais não se busca uma emancipação, mas reitera e intensifica uma tendência à servidão voluntária, há um uso metódico do desejo de submissão, de ser dominado por uma autoridade, que remete ao modelo infantil de submissão aos pais e seus representantes. E em situações sociais mais instáveis, há uma maior permeabilidade à retomada da posição infantil.

Não obstante, tanto no totalitarismo quanto no cultismo/fanatismo, há momentos em que ressurgem expressões de dissonância, de pessoas/grupos que expressam não concordar inteiramente com aquela ideologia, discordando da forma como algo é conduzido. Em relação aos cultos, o autor nomeia de segundo *self* a personalidade que existia antes da incorporação das crenças totalitárias, comenta que, muitas vezes, quando o culto era desfeito ou alguém saía dele, era usual a revelação de que o antigo *self* ainda estava lá. Assim, rapidamente, podia haver uma reversão para esse antigo *self* – frequentemente com conflitos em relação às ideologias que haviam sido adotadas pelo *self* formatado pelos cultos. No caso do médico nazista que, de maneira totalmente contrária aos valores de base da formação médica, dedicava-se a efetivar a morte nas câmaras de gás nos campos de concentração do modo mais eficaz possível, ele pode retomar seu antigo *self* ao sair daquele contexto: um médico dedicado a salvar, e não a matar. Diante do fenômeno social de médicos que, no coletivo, cometiam atrocidades que individualmente nunca haviam cometido e muito provavelmente nunca fariam fora de contextos coletivos similares, Lifton comenta que os médicos nazistas não eram particularmente psicopatológicos, psicopatas, pessoas más ou sádicas, mas pessoas comuns que se identificavam com uma narrativa nazista. É assim que, em reação ao caos e à desmoralização pós Primeira Guerra Mundial, ganham força o nazismo, o líder Hitler e seus representantes. A despeito de alguns médicos alemães que resistiram e recusaram a se tornar assassinos na máquina nazista, na medicina como um todo, inseriram-se no sistema - deixaram-se conduzir por esse novo sistema moral, por essa narrativa em que a cura para a doença que acometia a raça ariana era o assassinato sistemático do povo judeu. Como sabemos, o assassinato em massa não se restringiu aos judeus e englobou todos os ditos "degenerados" - aqueles incondizentes com o padrão ideal da raça ariana, o que incluía pessoas com deficiência, igualmente mortos seguindo procedimentos médicos burocratizados.

Outra tese liftoniana é que a sedução por sistemas de certezas irrefutáveis - a despeito da prova da realidade - é especialmente atrativa diante dessas grandes crises culturais, de perda de coerência. E isso valeria tanto para a inclinação ao culto/fanatismo/fundamentalismo quanto ao totalitarismo. Nesses movimentos, argumenta o autor, há uma mistura de revolução, de proposta de mudança radical, com a volta de valores tradicionais, em especial, o retorno a modelos de estrutura de autoridade com destaque para padrões fascistas. É nesse ponto que Lifton articula a eleição de líderes políticos autoritários na atualidade, mencionando que, no caso de Trump, ele não era alguém que tinha adotado um sistema totalitário de pensamento, e que mostrava uma fluidez de crenças, mas que sua posição de líder se assemelhava àquela relação estabelecida entre dominados/seguidores e seus líderes totalitários/gurus de seitas fanáticas. O trumpismo tem como pilar movimentos fanáticos como o QAnon – uma teoria da conspiração que reúne pessoas que acreditam cegamente em um cenário apocalíptico em que o salvador, Trump, os protegeria de um golpe de Estado orquestrado pelos Clinton, Obama e Soros, os quais estão ligados a uma rede de tráfico de prostituição infantil. Sem adentrar toda a análise que Lifton realizou de Trump e do trumpismo, me atenho a frisar a observação de como, a despeito de não ter convicções firmes como as encontradas tipicamente em líderes fascistas e populistas de outrora, Trump conseguiu construir uma narrativa em torno da ideia de fazer os Estados Unidos ser novamente grande, forte, capaz de se livrar das forças estrangeiras que abusaram dos americanos, enganaram e manipularam os verdadeiros valores estadunidenses. O lugar de Trump nessa narrativa é o do herói – o líder que devolverá o passado glorioso que havia sido prometido aos americanos – e, para sustentá-la, ele rompe sistematicamente com as noções do que é verdadeiro e do que é falso, tornando o conceito de verdade irrelevante.

Na lógica das massas analisada por Lifton, a base de apoio de Trump também funciona de maneira similar a um culto, pois o poder de líderes políticos depende de saber como manipular sua massa. Isso inclui ser o líder que oferece direcionamentos para uma massa que busca servir voluntária e cegamente seu líder, que quer direções, mesmo que dadas por fake news. E, nesse cenário, usar as redes sociais para solidificar sua narrativa e moldar sua versão da realidade para seus seguidores se mostra um elemento-chave para o fortalecimento dessas novas versões de totalitarismo e seus alicerces em novas formas de aglomerados sociais – eixo que será retomado e aprofundado nos capítulos seguintes.

As massas segundo Elias Canetti

De que maneira entender como os homens transformam-se em massa na atualidade? Dentre os vários intelectuais que já teorizaram a formação de massa, proponho nos debruçarmos sobre os estudos de Canetti, pois considero que o modelo canettiano de massas espontâneas se revela útil para pensarmos manifestações contemporâneas de massas abertas, instáveis demais para que se mantenha unidade, formadas por indivíduos que nem sempre possuem o mesmo objetivo; massas de formação rápida, desorganizadas. Além disso, apresentarei suas considerações acerca dos modos de funcionamento psíquico do coletivo diante de situações de grande ameaça – como a que vivemos na pandemia de covid-19, mas também tipicamente característica de períodos de grandes mudanças sociais, como vivemos em tempos digitais.

Uma das principais teses de Canetti é a de que uma das tendências mais fortes em todo ser humano é ter medo do estranho. A massa surge como uma contratendência a aversão ao outro, como um antídoto que transforma o outro (diferente) em um igual, uma parte indiferenciada de si. Desse ponto de vista, é somente na massa que se anula esse temor de contato, justamente por se dissolverem as diferenças, as fronteiras entre as pessoas (tanto físicas quanto psicológicas e identitárias).

A distinção entre massa aberta e massa fechada proposta por Canetti é de relevância, especialmente para a articulação que proponho: utilizar sua conceituação de massa aberta, espontânea, para pensarmos o funcionamento das redes sociais e seu impacto nas formas atuais de coletivos. A massa aberta se refere à reunião de pessoas que se aglomeram espontaneamente (sem que seja preciso uma concentração geográfica) criando um "corpo" em comum, uma massa indiferenciada:

> *um fenômeno tão enigmático quanto universal é o da massa que repentinamente se forma onde, antes, não havia nada. Umas poucas pessoas se juntam - cinco, dez ou doze, no máximo. Nada foi anunciado; nada é aguardado. De repente, o local preteja de gente. As pessoas afluem, provindas de todos os lados, e é como se as ruas tivessem uma única direção. Muitos não sabem o que aconteceu e, se perguntados, nada têm a responder; no entanto, têm pressa de estar onde a maioria está. (Canetti,1995, p. 14)*

Sugiro uma pequena pausa para refletir sobre o que diz Canetti: há um elemento inesperado, imprevisível na formação das massas. De outra parte, o autor considera que os poucos agentes iniciais (esses cinco a doze iniciais) seriam aqueles que teriam uma certa intencionalidade, que buscariam criar aquela massa ou produzir um movimento social em certa direção específica. A partir desse movimento debutante, haveria uma lógica da própria massa, no sentido de aumentar seu "corpo" de aglomerados. Com a evolução da massa, ela ganharia mais densidade, cada vez mais se dirigindo para o próprio crescimento, o mais rápido possível. Em contrapartida, a massa se desintegraria quando não crescesse mais; e essa desintegração poderia ser tão súbita quanto seu processo de formação. Da ameaça de desintegrar-se, sempre à espreita, surgiria um temor: ao saber-se aberta, saberia estar sujeita a se desintegrar. Assim, a abertura que promovia o crescimento rápido também seria a fonte do perigo da morte iminente.

Já a massa fechada seria aquela cuja origem se dá em fronteiras fechadas, muitas vezes ligada a instituições religiosas. O adensamento se fortaleceria contra os *outsiders*, aqueles que ficam do lado de fora da massa; essa delimitação, por outro lado, impediria o crescimento infinito, desordenado, o que dificultaria o movimento de desintegração. Geralmente, a massa fechada se edifica em torno de certos rituais e/ou de estar situado em um mesmo local que representariam a continuidade dela, e que buscaria justamente preservá-la, prevenindo sua dissolução. Aqui massa é teorizada como os portos seguros onde obter segurança diante da hostilidade, do estrangeiro, do incerto. É interessante que o autor articule o enfraquecimento das massas fechadas cristalizadas em instituições – como as igrejas – ao rápido crescimento populacional, à maior circulação das pessoas nas cidades, o que levou ao aumento da formação de novas massas, maiores e espontâneas.[7]

A massa fechada limita seu próprio crescimento e teria por base um movimento mais lento, muitas vezes com um objetivo comum e inatingível a curto prazo, por exemplo, a vida eterna; o reino dos céus. Sob essa perspectiva, o papel de instituições como as igrejas é de colocar as pessoas em um estado mais brando de massa, em que permanecem unidas pela fé e pela religião, em que buscam assegurar uma duração à instituição – que não seria possível no modo de funcionamento de massa aberta. Por isso, em momentos de ruptura dessa formação religiosa, regida por leis internas e cerimoniais, o autor sublinha quão recorrente pode ser a

---

[7] Mesmo nas religiões cristalizadas em instituições fechadas, Canetti (1995) assinala o movimento disruptivo, transformativo, que surge quando emergem movimentos expansionistas que retomam o movimento de massa de crescimento, como as Cruzadas, em que a massa fechada se transforma em aberta, movimentando-se com maior liberdade. Além disso, historicamente o autor situa a partir da Revolução Francesa, um ponto de mudança em que as erupções que formam massa se tornam mais frequentes e amplas (expandindo-se muito além de causas religiosas). Já instituições como o exército, e também certas instituições religiosas, são abordadas como "cristais de massa" (p. 17) cujo tamanho nunca se altera, que se apresentam publicamente com a vestimenta de soldado, de monge etc., mas não aprofundarei a distinção feita pelo autor entre a massa fechada e a do cristal.

explosão de estados violentos, de selvageria, salientando o papel social civilizatório dessas massas.

Na teorização canettiana "a massa natural é a massa *aberta*: fronteira alguma impõe-se ao seu crescimento" (Canetti, 1995, p. 15, grifo do autor). E quando a massa está crescendo, há uma busca insaciável de atrair o maior número possível de novos membros, pois, assim, com mais aglomerados, a massa ganha mais força, fica invencível e evita sua desintegração. Para designar o momento crucial da formação das massas, Canetti (1995) recorre ao termo de descarga: "trata-se do momento em que todos os que a compõem desvencilham-se de suas diferenças e passam a sentir-se *iguais*" (p. 16). Por que, para Canetti, é somente após a descarga que se forma a massa? Porque segundo ele massa = dissolução de diferenças, dissolução de fronteiras, constituição de um único corpo, denso, como um aglomerado de pessoas (iguais entre si). Nesse cenário, o autor dá destaque especial à dissolução das diferenças hierárquicas das posições sociais, mas ele também considera que se apagam diferenças sexuais. Todavia, no cerne da massa há "uma ilusão básica: embora sintam-se subitamente iguais, os homens não o são de fato, nem o são para sempre" (Canetti, 1995, p. 17). O autor exemplifica que alguém que se transforma em massa encontra, quando volta para casa, os antigos laços, não abre mão de seu próprio nome etc. Sempre coexistem momentos em que o homem faz massa, e outros momentos em que o homem mantém sua individualidade e não se dissolve nela. Sob essa perspectiva, para se contrapor à força desse modo de funcionamento no qual prevalece a existência individual separada da massa, seria preciso ter novas pessoas se juntando a ela a todo momento. Ao mesmo tempo, seria essa busca de se projetar além de si e de dissolver as fronteiras, o que compeliria os membros da massa a irem adiante. Nesse sentido, o autor fala de uma "massa estilhaçada" que busca fugir de formas de cerceamento.

Outro fator marcante das massas é a "ânsia de destruição". Do que se trata? É sobretudo um impulso para destruir aquilo que causa fronteiras, seja fisicamente, destruindo as vidraças do edifício que representa uma instituição, um valor, ou destruindo uma imagem que representa hierarquias em que não mais se reconhece; seja no sentido mais amplo, atacando o estrangeiro, o excluído daquela massa que se torna seu inimigo. Grande parte da tendência destrutiva da massa será dirigida contra aqueles considerados inimigos dela, sendo recorrente o forte sentimento de perseguição da massa pelos que não são da massa.

> *Dentre os traços mais notáveis na vida da massa encontra-se algo que se poderia denominar um sentimento de perseguição, uma particular e irada suscetibilidade e irritabilidade em reação àqueles que ela caracteriza definitivamente como inimigos. Façam estes o que quer que façam – comportem-se eles com rispidez ou simpatia, sejam solidários ou frios, duros ou brandos –, tudo é interpretado como proveniente de uma inabalável malevolência, de uma disposição hostil à massa: um propósito já firmado de, aberta ou dissimuladamente, destruí-la. (Canetti, 1995, p. 21)*

O que alicerça essa hostilidade é tanto o temor inicial de contato quanto a posterior tendência ao adensamento e crescimento da massa. Esses movimentos de ataques, especialmente quando dirigidos a quem é exterior à massa, são de extrema relevância para o fortalecimento dela. No entanto, por vezes o ataque não se dirige só contra quem não pertence à massa, mas contra os mais fracos dentro dela, ou aqueles hesitantes em se fusionar, em se dissolver na massa. Aqui se situa um ponto de perigo para a coesão da massa: aqueles da própria massa que manifestam sua diferença, com traços que os separam da massa, seriam com frequência percebidos como próximos do inimigo.

> *A massa assemelha-se sempre a uma cidade sitiada – mas duplamente sitiada: o inimigo encontra-se tanto diante de seus muros quanto nos porões. Ao longo da luta, ele atrai cada vez mais adeptos. Seus novos amigos reúnem-se diante de todos os portões e batem impetuosamente, pedindo para entrar. Nos momentos favoráveis, seu pedido é atendido; contudo, eles escalam os muros também. A cidade se enche mais e mais de combatentes, mas cada um deles traz consigo seu pequeno e invisível traidor, que depressa se mete em algum porão. O sítio consiste no fato de se procurar interceptar os recém-chegados. Para os inimigos, do lado de fora, os muros são mais importantes do que os sitiados em seu interior. São os sitiadores que os constroem e elevam continuamente. Buscam subornar os recém-chegados e, quando já não podem mais detê-los, cuidam para que o pequeno traidor que os acompanha seja munido de suficiente hostilidade em seu caminho rumo à cidade . . .*
>
> *O sentimento de perseguição da massa nada mais é do que esse sentimento de dupla ameaça. Os muros exteriores são estreitados progressivamente, e os porões interiores cada vez mais minados. As ações do inimigo a trabalhar nos muros são abertas e visíveis, mas ocultas e dissimuladas nos porões. (Canetti, 1995, p. 22)*

Para avançar a explanação do motivo pelo qual o risco interno é maior do que o externo, um exemplo interessante dado por Canetti é o seguinte: um grupo está fechado em um teatro para assistir a uma peça. Não dá para dizer que eles sejam uma massa. No entanto começa um incêndio e aquela ameaça, aquele inimigo em comum dá origem a uma massa formada rápida e subitamente para se defender. O medo une aqueles que até outrora só estavam no mesmo local pela coincidência de assistirem àquela peça de teatro. A situação de perigo desperta o ímpeto para a fuga, mas não dá para todo mundo passar pela porta ao mesmo tempo. Não obstante, se não trabalharem colaborativamente, o que se vê é uma violência contra o resto da plateia, pois todos se tornam inimigos que podem roubar seu lugar na porta da salvação. Disso decorre um estado de desagregação da massa, e é cada um por si. Todavia, em uma situação de perigo que se prolonga no tempo, de modo que o pânico dá lugar a um medo compartilhado pela massa, é usual surgirem alguns movimentos mais coordenados, colaborativos, como uma reza em comum. Nesse caso, a desagregação pode ser evitada e surge um sentimento de homogeneidade.

A "massa de fuga", assim chamada por Canetti (1995, p. 51), se desencadeia em situações de perigo das quais as pessoas fogem juntas, em uma certa direção e com coesão, o que muitas vezes atenua o temor inicial. Todos se reúnem mobilizados pelo movimento em direção à fuga e as diferenças entre os membros se apagam. A fuga só se transforma em pânico se o sentimento de fuga em massa é dissolvido, e então cada um vê no outro um inimigo. Seguindo essa lógica, uma ameaça (como um vírus desconhecido) pode dar origem a uma massa coesa, direcionada cooperativamente para uma fuga coletiva, ou ao pânico. E um movimento pode migrar para o outro, de modo que o coletivo vire um bando de inimigos a serem combatidos e cada um tente salvar a própria pele. Já na massa em fuga, se alguém perde a luta diante do perigo, isso é vivenciado como uma perda coletiva, e fortalece o desejo da massa de continuar batalhando para salvar o corpo coletivo. Assim, a massa em fuga perdura coesa, dissolvendo-se quando termina o perigo (e por vezes perdendo forças antes de obter sucesso, desintegrando-a).

É interessante acentuar que, diante do perigo, dependendo também das especificidades da ameaça, além da resposta em massa de fuga e de pânico, é possível que se constituam as massas de guerra, que se unem para exterminar o perigo, tentando dizimar o inimigo/a ameaça. Canetti se refere à massa de guerra como uma massa contraposta a outra massa que é vista como a inimiga a ser destruída. O que une uma massa é uma crença de que estão todos coletivamente em perigo; ao contrário do temor que cada um sentiria diante da própria morte, aqui eles se fortalecem coletivamente, se sentem imbatíveis e poderosos. Assim, essa modalidade de massa se forma e se sustenta enquanto há guerra, inimigo a ser combatido, perigo da morte a ser combatido coletivamente.

Após essa apresentação das modalidades canettianas de massas abertas, na Seção "Aglomerações e enxames digitais" –, abordo outras conceituações de aglomeração social que podem ajudar a pensar outras facetas do laço social na contemporaneidade, seus impactos na civilização digital e em seus modos de fazer massa & multidão.

Aglomerações e enxames digitais

Podemos tomar os modelos de massa já citados para caracterizar os aglomerados sociais digitais? Byung-Chul Han (2018), autor que tem sido muito divulgado em suas críticas acerca dos efeitos das tecnologias no mundo atual, sustenta que vários movimentos virtuais são mais da ordem de uma aglomeração, por não haver identificação entre os membros dessa "comunidade virtual". Sua tese é de que não se forma um "*Nós* estável" nessa forma de estar junto, ao contrário do que ocorre nas massas. Sob essa perspectiva, o autor esboça sua teoria de uma psicologia do enxame da internet, propõe que o indivíduo nunca se dissolve na massa, nunca é absorvido pela voz da massa.

> *O enxame digital consiste em indivíduos singularizados. A massa é estruturada de um modo inteiramente diferente. Ela revela propriedades que não podem ser referidas aos indivíduos. . . . Um aglomerado contingente de pessoas ainda não forma uma massa . . . Os indivíduos que se juntam em um enxame não desenvolvem nenhum Nós. . . . O enxame digital, diferentemente da massa, não é em si mesmo coerente. Ele não se externa como uma voz. (Han, 2018, p. 27)*

Nesse eixo, o psicanalista Joel Birman (2014), ao discutir as Jornadas de Junho[8] no Brasil, ponderava se a modalidade de agrupamento nessas manifestações seria aquela que se usa para falar da experiência de massa psicológica, problematizando o lugar do líder em tais acontecimentos. A questão que se coloca é se o conceito de massa psicológica é cabível aqui. Ou se seria melhor pensar um funcionamento de multidão? Nas manifestações havia uma multiplicidade de pautas, predominava movimentos sociais em detrimento de partidos, a descentralização dos grupos e a não unanimidade em uma única palavra de ordem. Topologicamente, o autor propõe pensarmos na arquitetura de uma organização coletiva lateralizada e capilarizada, estruturada por laços horizontais e não verticais. Ao refletir acerca do papel das tecnologias nessas novas modalidades de organização social, Birman acentua a

---

[8] Jornadas de Junho designa uma série de manifestações em massa transcorridas em 2013 por todo o Brasil.

perda do papel do líder carismático em prol da horizontalização e da disseminação de participantes que não se agrupam em torno de um único centro em comum:

> *é preciso dizer que a categoria de massa foi desenvolvida neste ensaio de Freud a partir do real social então existente historicamente, que foi construído na emergência da modernidade, desde o século XIX, e que permaneceu ainda presente por décadas no século XX. Nesta construção, a massa seria forjada pela homogeneização dos indivíduos, que perderiam assim as suas diferenças e especificidades face à figura onipotente do líder, que as fascinava de maneira permanente, enquanto a sua liderança efetivamente se manifestasse. (2014, p. 38)*

A experiência clássica das massas ocorre pela indiferenciação do indivíduo no grupo. Mas em exemplos como as Jornadas de Junho e em outras modalidades contemporâneas de organização social, o coletivo não se ancora na homogeneização, pois perduram as heterogeneidades em uma afirmação marcante da singularidade. A tese de Birman é a de que o texto freudiano sobre a psicologia das massas não dá mais conta integralmente desse modelo de aglomeração, por se basear no modelo patriarcal, de um líder no centro. Para dar conta dos fenômenos sociais contemporâneos seria preciso levar em consideração a teorização freudiana do narcisismo das pequenas diferenças. Estamos em um cenário no qual, segundo o psicanalista, não prevalece a dissolução do singular na multidão, mas a constituição de multidões em que ainda perduram a diferença. E isso levanta, ao menos, argumentos a favor de uma nova interpretação do conceito de massa.

Outro estudo das manifestações de 2013[9] precipitou interessantes discussões acerca do conceito de massa na atual civilização digital. Embora mobilizados pelo Movimento Passe Livre (MPL), que se ergueu contra o aumento das tarifas de ônibus, os aglomerados sociais que tomaram as ruas extrapolaram muito a pauta do acesso à mobilidade. Os protestos se espalharam sem uma coordenação e, de modo inesperado, teve como pilar o compartilhamento das ações nas redes sociais. Era possível encontrar nessas mobilizações tanto jovens com máscaras de Guy Fawkes quanto outros tantos participantes reivindicando coisas como a melhoria dos serviços públicos. Além disso, era notável a conjugação de inúmeras tribos como os *bikers,* os punks, os skinheads. Após ter tido, inicialmente, uma forte presença de pessoas afiliadas a partidos da esquerda, o movimento ganhou rapidamente um viés antipartidário – inclusive parte do movimento atacava os que se identificavam como partidários. Não bastasse esses subgrupos, também se identificou conflitos entre aqueles que lutavam por um movimento pacifista e os que apregoavam uma atitude mais interventiva. Era uma massa em que se mantinham delimitações desses subgrupos aglomerados. Em suma,

> *os atores envolvidos foram às ruas, em sua maioria, por identificações variáveis, conferindo às manifestações a impressão de uma "organização desorganizada" que, ao final, gerou uma incógnita, inclusive entre os grupos de apoio e de repúdio.*

---

[9] Cf. pesquisa de Santos e Oliveira "Formação das massas e as redes sociais: análises das manifestações pela redução da tarifa na cidade de São Paulo". Disponível em: https://www.fespsp.org.br/seminarios/anais4/GT1/4_FORMACAO_DAS_MASSAS.pdf

Nessa linha argumentativa, é paradigmático o exemplo de um jovem, cujo caso foi amplamente noticiado, que quebrou portas e vidraças de um prédio, e quando foi preso e indagado acerca de sua motivação, disse que não pertencia a nenhum grupo. A partir desse caso, a questão que se colocou foi: se era possível falar que o jovem se identificava com aquela massa ou se possuía uma motivação "própria" para executar aqueles atos e participar do movimento.

Outra hipótese que gostaria de abordar, elencada muito brevemente na pesquisa de Santos e Oliveira, é a de que essa modalidade de formação de massas tem traços das redes sociais que as impulsionaram, frisando como cada subgrupo acreditava ser o portador da verdade, de ser aquele certo, em contraponto aos outros – os não nós, que estavam errados. Os autores argumentam que nessa lógica de funcionamento psíquico "o coro 'nós' pode se tornar, em seguida, a divisão entre subgrupos 'nós' e 'eles', a partir disso, criar situações de ataque recíproco" (Santos & Oliveira, n.d., p. 9) – o que, como em Birman, é teorizado em relação ao narcisismo freudiano das pequenas diferenças. Mais ainda, os autores assinalam a relevância das redes sociais para a propagação rápida do contágio, gerando muitas vezes uma adesão quase instantânea ao movimento transmitido e divulgado nas redes. Todavia, proponho pensar que, mais do que identificação, o que estava em jogo nessa forma de se vincular ao movimento era da ordem do contágio e da reverberação, de uma formação da massa, potencializada pelas redes sociais e calcada nesses mecanismos.[10]

De modo a introduzir novas figuras de pensamento nesse debate acerca da psicologia das massas, vale lembrar que, assim como Han, o sociólogo Bauman recorria à terminologia de enxame para

---

[10] Essa hipótese é desenvolvida quando abordo modalidades virais de contágio na rede e seus impactos nos aglomerados sociais, tanto a seguir nesta seção, notadamente quando abordo a teoria de contágio proposta por Sampson, quanto no Capítulo 2.

pensar essa modalidade contemporânea de aglomeramento social em tempos de globalização planetária, ruptura de hierarquias, fragilização do poder do Estado e esvaecimento das fronteiras entre nações. Em Bauman (2008), um elemento-chave no estudo da massa é a distinção entre a constituição de grupos comunitários e a formação de um "enxame" (p. 99): aglomerados de indivíduos que tão somente vão no mesmo sentido, mas a seguir podem se dispersar e se juntar novamente, guiados por objetivos comuns, com eventuais lideranças temporárias. No enxame haveria uma "solidariedade mecânica" (p. 100) sem intercâmbio ou colaboração em termos de coletivo e de complementaridade.

É interessante notar que a ideia de enxame é abordada de modo distinto por outros estudiosos das tecnologias digitais. No artigo dedicado a investigar possíveis consequências políticas e sociais da inteligência coletiva, Braga (2009) propõe que a internet tem uma topologia rizomática marcada pela indeterminação. O termo "inteligência de enxame" – *swarming intelligence* – é utilizado para caracterizar "técnicas coletivas e disseminadas de soluções de problemas, sem a necessidade de um controle centralizado ou o estabelecimento de um modelo global" (p. 7). Essa aglomeração tem por pilar a "propriedade dos sistemas de agentes não inteligentes, com capacidades individuais limitadas, de exibirem, coletivamente, comportamentos inteligentes" (p. 7). O autor cita o exemplo dos cupins, que se comunicam por labirintos internos, seguindo os rastros de hormônios deixados pelos outros cupins daquele enxame. Nessa linha argumentativa, os processos computacionais e de inteligência artificial, como um processamento descentralizado,[11] sem linearidade, desembocam numa arquitetura similar ao enxame (de cupins).

---

11 "Há ainda a questão do humano na inteligência artificial, o tanto de trabalho que só humanos conseguem fazer, muitas vezes trabalhando mesmo para as *big techs* (desde *crowdsourcing* 'inconsciente', como o *recaptcha* de elementos

Uma instigante teoria que pode ajudar no desafio de pensar as modalidades de massas digitais é a teoria do contágio de Sampson (2012), que não se restringe ao âmbito psicológico ao investigar o fenômeno do contágio. A teoria do contágio, na era digital, procura abranger como a sociedade contemporânea em rede, atualmente impregnada de conectividade extrema, tem muito mais chance de formas de "infecção", de viralização, de contágio nos vários eixos – humanidades, economia, social, ciência, negócios etc. Dessa perspectiva, um fenômeno atual como a pandemia de covid-19 poderia ser tomado como um exemplo de que a presente arquitetura global das redes de pessoas e das inúmeras outras redes de redes, é propícia a rápidos espalhamentos virais. Há vários outros exemplos como o das bolhas especulativas, de quebras de bolsas, de como uma crise financeira em um país logo seria transferida para outros e de inúmeras outras manifestações de contágio em cascata em um mundo no qual as fronteiras entre as nações se tornaram mais tênues. E nesse cenário globalizado notamos rapidamente a viralização tanto de crises econômicas quanto de fenômenos de maior democratização. Assim seriam espalhados fenômenos de contágio emocional, como o medo do outro visto como potencial terrorista que pode estar em absolutamente todo lugar, ou o espalhamento dos influenciadores digitais.

---

do trânsito nas ruas para carros autônomos, até os 'turcos mecânicos', como o da Amazon, em que pessoas fazem trabalhos cognitivos aparentemente simples para humanos, mas impossíveis para os computadores, ganhando centavos a cada clique. Esse daí seria um certo 'inconsciente' das IAs, agentes aí submersos fazendo trabalhos simbólicos que o computador não entende mas que aparecem como efeitos de sentido (de inteligência) nos outputs da máquina" (Buzato, comunicação pessoal). As várias referências que faço de comunicações pessoais com o pesquisador Marcelo Buzato abarcam troca de e-mails assim como a participação do pesquisador em uma reunião do grupo de pesquisa Psicanálise Experimental. Essas comunicações se deram no transcorrer dos anos 2021, 2022 e 2023.

Esse é o prisma de Sampson, que parte dessa perspectiva mais ampla da teoria do contágio nas redes para delimitar uma abordagem a partir dos estudos de Deleuze e Tarde (e da releitura feita do último por Bruno Latour) para pensar a questão do contágio afetivo nas novas formas de aglomeramentos sociais em rede – topologias que incluem humanos e não humanos interligados pelo contágio viral: fenômenos de imitação coletiva, de contágio de várias ordens, em que há um espalhamento sem que haja um centro, uma mão que controlaria essa manipulação social.

Sampson analisa a maneira como humanos e não humanos fazem rede, o que inclui tecnologias, mas também animais, células, insetos, átomos etc., todos em fluxo. No paradigma de singularidades que compõem um todo heterogêneo, ganha destaque a hibridização, a não dicotomia entre natureza e social, e uma leitura de multidão que não tem como um dos principais elementos organizadores o lugar do pai. O autor parte das teorizações de Gabriel Tarde para discutir um tipo de contágio equivalente ao estado de sonambulismo. Sampson propõe que haveria uma proximidade entre o que ocorre a nível biológico e simbólico, sugerindo que o contágio seria algo próximo ao que foi descrito em termos dos neurônios-espelho e a capacidade automática de processar afetos por imitação e de transmitir empatia. Essa forma de contágio torna nítido o impacto dos outros na constituição do indivíduo e das massas. Como nota Sampson: nossos pensamentos não são nossos, nem nossos afetos, pois em grande medida são determinados pelos outros, pelos fluxos. É pelo termo viralidade que nessa teoria são descritas as formas de imitação – vibração, radiação, fluxos – como formas de contágios sociais, mas que se baseiam numa relação híbrida entre eu-outro, indivíduo-social. Dessa perspectiva, haveria uma relação mais recíproca, de mutualidade, entre quem contagia e quem é contagiado, entre hipnotizador e hipnotizado (ao contrário da teorização de Le Bon). Em outras palavras, o que daria origem ao contágio não seria tanto da ordem da submissão à autoridade, mas de um impulso a imitar – movido por empatia, por amor –, que levaria ao estado de ser hipnotizado por aquele que se admira, que se ama.

Esse será o fio de ligação que Sampson estabelece entre as teorizações de Gabriel Tarde e as de Deleuze para pensar formas de contágio nos aglomerados sociais em rede. Não é meu intuito expor ou debater em detalhe as teorizações desses autores, mas assinalar algumas contribuições deles para a maneira como podemos pensar a circulação viral das fake news na pandemia. Assim, assinalo a ênfase de Sampson na concepção tardeana de um contágio que ocorre no nível não consciente e que não se restringe à relação entre pessoas, devendo englobar também vários outros elementos, inclusive os tecnológicos. Seria nos encontros de fluxos que teriam origem as imitações, as invenções, o movimento, tendo por base um contágio, uma transmissão de afetos que não é da ordem da consciência.

Nota-se um rigoroso esforço dessa teoria para articular essa perspectiva de contágio, como uma influência não cognitiva das contingências das redes da internet, assinalando os impactos estruturais (dos nós das redes, dos clusters) no efeito de viralização. Independente de ser alguém com perfil influenciador, qualquer um conectado à rede pode desencadear um efeito de contágio viral se encontrar uma atmosfera afetiva infectável (influenciável). E Sampson realça que há todo um campo de saber dedicado a produzir esse humor influenciável, com objetivos diversos, como a disposição para adquirir um novo produto. Estamos diante de um biopoder relacionado à manipulação de emoções, comportamentos e pensamentos – essa abordagem que não é a de Gabriel Tarde, que pensava essa influência como algo acidental e não algo premedito num jogo de poder.

É em torno do significante sonambulismo que Sampson irá traçar a interligação entre a teoria de contágio de Gabriel Tarde e a perspectiva de um espaço sonâmbulo no qual são registrados traços do usuário. E é com base nisso que Sampson (2012) propõe chamar de "inconsciente tecnológico" essa perspectiva algorítmica articulada a uma nova rede de afetos e de relações. Por exemplo, a oferta de produtos é direcionada pelos algoritmos a partir dos dados obtidos. Ganha destaque nesse cenário o modelo do objeto tecnológico, que funciona de acordo com a lógica da internet das coisas, sem que haja a necessidade de um processamento cognitivo. E o que é analisado nesses dados pode direcionar a atenção quando houver um estado mais influenciável: o usuário está distraído, e sem se dar conta é seduzido a ir por um caminho, a entrar em certo humor etc. Trata-se de mecanismos psíquicos de contágio operacionalizados a partir das contingências das redes digitais e da manipulação do sonambulismo dos usuários. E isto desemboca em commodity de grande valor na "economia da desatenção" do "capitalismo não cognitivo".

A tese sampsoniana, inspirada em Gabriel Tarde, é de que a internet torna seu usuário suscetível ao contágio afetivo. Desse ponto de vista, o usuário assimila aquilo que é direcionado pelos algoritmos quando está em um estado de atenção similar àquele do sonâmbulo. Assim, os dados obtidos a partir dos cliques, no padrão de falta de atenção pode dar origem a estratégias de *neuromarketing* que encaminham certas mensagens de modo a influenciar o campo afetivo e direcionar a suscetibilidade ao consumo de certo tipo de produto. A mesma lógica seria aplicável para delimitar estratégias de manipulação política centradas nesse estado de sonambulismo e de desatenção que torna as pessoas mais influenciáveis.

Outra abordagem que traz relevantes aportes para a discussão das modalidades de massa na civilização digital é a teoria das redes sociais.[12] Para pensarmos como ocorre o contágio nas redes sociais é importante termos em mente que a dinâmica dessas interações, dessas conversações públicas em redes acontece de tal maneira que Recuero (2012) propõe o termo "cascatas de informações" para caracterizar o movimento de rebanho pelo qual "um indivíduo toma uma decisão baseada na observação do comportamento de outros ou nas informações dadas por outros, independente de suas próprias informações ou percepções". Essas ações são realizadas em cascata, impactando a organização do grupo como um todo. Nesse panorama, "essas conversações públicas e acessadas por milhares de pessoas são um fenômeno novo, que traz a emergência de outras formas de conversar, interagir e construir impressões e movimentos coletivos" (Recuero, 2012, p. 169). Além disso,

> *a conversação em rede não é apenas uma prática de conversação, é uma conversação emergente . . . . Ou seja, a conversação em rede é composta de diálogos coletivos, cujos participantes constituem-se em indivíduos de uma audiência invisível, forjada pelas conexões e pela visibilidade nas redes sociais. (p. 217)*

---

12 Nas Seções "Introduzindo o método de análise das redes sociais digitais" e "Análise das redes sociais digitais e o espalhamento da desinformação" – no Capítulo 6 – me debruço sobre a teoria das redes, por isso me limito aqui a apresentar brevemente o termo técnico Redes Sociais na Internet de acordo com a Análise Estrutural de Redes Sociais (Recuero, 2020). O enfoque dessa perspectiva é pensar que, ao conectar uma rede de pessoas, uma rede de computadores é uma rede social e nessa abordagem interessa pensar o impacto dessas redes digitais sobre as relações sociais.

E mais:

> *a conversação em rede é, assim, pública, capaz de alastrar-se pelas redes sociais pela ação de seus participantes. Pode ter aspectos que se originam no espaço privado, mas a visibilidade é uma necessidade para que ela possa migrar dentro dos grupos. É uma multiconversação, no sentido que conecta várias outras conversações, várias discussões em vários grupos. É uma conversação aberta e muito mais ampla, capaz de reverberar e continuar mesmo na ausência daqueles que lhe deram início, de forma multiplexa através das mais diversas migrações, e cujo microcontexto é renegociado constantemente diante dos participantes, da qualidade dos laços e do capital social estabelecidos. Trata-se de um fenômeno advindo das redes sociais na Internet, mas não restrito a elas, decorrente da apropriação das ferramentas e das práticas contemporâneas. (Recuero, 2012, pp. 217-218)*

Santaella e Lemos (2010) propõem pensar as redes sociais como sistemas complexos, não lineares, repletos de retroalimentações entre as subunidades, aumentados por inputs e pelos movimentos circulares. No entanto, a abertura e a instabilidade das redes não culminam em caos incontrolável, pois dessa interação contínua surgiria uma auto-organização. As autoras usam a imagem de uma arquitetura de caixas dentro de caixas para metaforizar que existem várias subunidades relativamente autônomas que juntas constituem um ecossistema – que, de sua parte, adquire propriedades que não se reduzem à somatória daquelas subunidades. Não seria uma propriedade pré-definida, mas que emergiria dinamicamente, tanto em decorrência da intensa conectividade entre as subunidades (autônomas), quanto da "causalidade não linear em rede processando-se de vizinho a vizinho" (Santaella & Lemos, 2010, p. 24). Para designar isso, as autoras falam de "inteligência emergente" e "inteligência do enxame", ou ainda "ecologia cognitiva" (p. 24). Nessa lógica, embora em cada nicho (caixa) não se possa controlar o todo, e nem deduzir deles o movimento global, emerge desse sistema complexo uma auto-organização, embora sem organização central.

> *Interagindo localmente com certo número de unidades vizinhas, cada unidade tem apenas a apreensão do que se passa no seu raio de vizinhança, não tendo qualquer representação global da rede na qual está inserida. Como a interação de um grande número de unidades é não linear, não se pode prever, a partir de quaisquer unidades, o estado final do sistema. (Santaella & Lemos, 2010, p. 24)*

A conectividade da internet, cuja arquitetura tem sido nomeada de rizoma, retrata uma nova topologia de conexão, cujo pilar não é um centro único, mas que se baseia em múltiplos pontos que se conectam a outros. Desse modo, a rede se desenvolve em variadas direções, que alteram os caminhos conectivos prévios, presentes e futuros. De acordo com Santaella e Lemos (2010):

> *Outra tirania de que as redes nos livram: a das escalas micro e macro – família, grupo, instituição, nação. Substituindo escalas por conectividade, uma rede não é maior ou menor do que outras redes. Ela pode apenas ser mais longa ou mais intensamente conectada. Além disso, à medida que as redes permitem ver como um elemento se move do individual para o coletivo, ou*

> *como um elemento pobremente conectado pode vir a ser altamente conectado, nas redes, não há mais relações ordenadas a priori que vão de cima para baixo e de baixo para cima, como se as sociedades, de fato, tivessem partes de cima e partes de baixo a serem estudadas de modo diferenciados. Trata-se de seguir como um elemento se torna estratégico pelo número de conexões que comanda ou como perde sua importância com a perda das conexões, o que é bem distinto da oposição do nível do indivíduo para as massas, ou da ação para a estrutura. (p. 32)*

Estamos diante de um modelo de relacionamento que tem como paradigma hibridez e heterogeneidade, as "redes são fluxos, circulações, movimentos, alianças que nada têm a ver com entidades fixas" (Santaella & Lemos, 2010, p. 32), que se movem para todos os lados, expandindo-se ininterruptamente por meio da conexão e da interação híbrida entre humanos e não humanos.

O rizoma e a multidão negrihardtiana

O modelo em rede descentralizada é abordado por vários autores que o aproximam da arquitetura de um rizoma. Essa mudança de paradigma topológico enfatiza a mudança de um centro, de uma lógica fundada no binário, para uma que acolhe a multiplicidade, a ausência de hierarquia, a hibridez, a abertura para uma forma fluida heterogênea (Ferreira, 2008) que está sempre se modificando de acordo com novas conexões que se estabelecem.

Nessa leitura rizomática, que tem como principal pilar os trabalhos de Deleuze e Guattari (1995), é marcante a conexão, a heterogeneidade, a multiplicidade, em uma estrutura mutante sem centro, que, mais do que se interligar por meio de pontos, é formada pelos próprios fios, pelas conexões. Assim, o pilar do rizoma são fluxos desterritorializados, o que pode ser articulado ao mundo contemporâneo e às relações sociais em tempos marcados pela estrutura das redes da internet, dos fluxos em conexão.

Mesmo outros autores que se afastam de Deleuze e Guatarri reconhecem o valor do rizoma para ilustrar a noção de rede, de conexões, de fluxos. Esse eixo de pensamento valoriza a rede em sua dimensão ontológica, que retrata maneiras de pensar relações múltiplas, complexas, em fluxos, sobredeterminadas, conectadas. Redes que possuem um funcionamento aberto, instável no tempo, dando origem a novas redes interconectadas, que retratam algo que tem certas direções e, ao mesmo tempo, é caótico. Um rizoma que, mais do que tudo, é fluxo capilar, é um movimento criador de efeitos imprevisíveis.

Essa nova estrutura de como os seres se conectam em rede tem consequências importantes para a psicologia das massas. Sem dúvida o rizoma constitui um marco na construção de um campo de pensamento em que ganha força a horizontalidade. O paradigma rizomático amplia o debate acerca das formas de relação e suas possibilidades associativas nas quais têm maior peso a lógica algorítmica. Nesse âmbito, a obra de Antonio Negri e Michael Hardt tem sido uma referência de vários estudos contemporâneos que procuram delimitar um novo modelo de massa que consiga trabalhar colaborativamente pela construção do comum. Essa perspectiva procura pensar possibilidades de estar juntos em contraponto ao individualismo e ao consumismo capitalista. Aqui o coletivo é visto de modo a potencializar aberturas, que são possíveis pelo estar em rede, pelas contingências e pelos efeitos das tecnologias digitais.

Trata-se de uma reconstrução do conceito de multidão, agora teorizada como essencialmente democrática e concebida como antídoto ao modo de relação fundamentalmente capitalista (referindo-se ao modelo massificado de marketing, em que se molda o cidadão para desejar os mesmos produtos e para consumir o tempo todo). Não tendo por base a hierarquia, a liderança, a chefia, prevalece a perspectiva de que a multidão é capaz de se auto-organizar a partir de uma colaboração de singularidades. Desse modo, a multidão negrihardtiana é múltipla:

> *composta de inúmeras diferenças internas que nunca poderão ser reduzidas a uma unidade ou identidade única – diferentes culturas, raças, etnias, gêneros e orientações sexuais; diferentes formas de trabalho; diferentes maneiras de viver; diferentes visões de mundo; e diferentes desejos. A multidão é uma multiplicidade de todas essas diferenças singulares. (Hardt & Negri, 2005, p. 12)*

É assim que procedem os autores ao contrapor a conceituação de multidão à de massa (massificação): na massa "todas as cores da população reduzem-se ao cinza", pois ela é organizada em torno do uníssono e do apagamento das diferenças. Por consequente, enquanto a "essência da massa é a indiferença: todas as diferenças são submersas e afogadas nas massas", "a multidão é multicolorida" (Hardt & Negri, 2005, p. 12).

A originalidade da posição de Hardt e Negri nesse debate acerca das massas reside em privilegiar a noção de uma multidão que não é mais massificada, mas que se ancora nas singularidades de todos para criar um estofo social comum. Ao contrário de individualidades, a ideia de singularidades abarca a multiplicidade, a potência diferencial de cada um que junto contribui para o todo. Estamos diante de uma nova arquitetura social, a topologia da multidão é a rede: "uma rede distributiva com vários pontos nodais interconectados, sempre abertos a mudanças, ao acréscimo de novas relações" (Hardt & Negri, 2005, p. 14).

O eixo em torno do qual se centra o interesse dos autores é como as modalidades de organizações sociais coletivas favoreciam que os cidadãos pudessem se libertar de uma lógica de exploração do trabalho e do consumismo. A multidão, nessa linha argumentativa, é o lugar de expressão subjetiva, de realização de desejos, de criação, mas que tem como estofo a colaboração na busca de um outro mundo possível, mais democrático e ético. A multidão não tem por base uma unicidade desejante, mas a coexistência colaborativa dos múltiplos, da pluralidade. Essa forma de multidão é instável, está sempre em mutação, sempre aberta ao potencial sinergético de seus membros e do que surge da colaboração deles. Ela não é institucionalizada, mas está em constante abertura, em estado de porvir.

É interessante observar como o conceito de multidão surge aqui como solução coletiva em resposta ao capitalismo em sua lógica financeira. A multidão designa novas formas de relação, potencializadas pelas novas possibilidades tecnológicas de estar em rede. Ao invés da globalização capitalista e da relação predatória de uns com os outros, trata-se de uma visão planetária (ecológica) de bem comum, de coexistência, de dependência recíproca.

A multidão negrihardtiana não está em busca de líderes: o coletivo horizontal é o poder, e aqui se trata de um poder de vidaconstrutor. Não há um temor de estar junto; o outro não é ameaçador; a multidão tampouco é vista como perigosa. Ela potencializa o que há de criativo, a riqueza de cada um, e que pode se expressar por meio da colaboração. Nesse contexto, há um aspecto de imprevisto que emerge do estar junto em multidão, mas isso é concebido como potência positiva, vitalizante pelo fato de os humanos estarem em relações colaborativas oriundas dessa sinergia coletiva. A palavra-chave migra, assim, de *competição* para *cooperação*; e o amor ocupa o lugar do ódio destrutivo. Nessa leitura – que parece a mim, e a vários outros, como demasiadamente utópica e desencarnada –, não há espaço para os impulsos destrutivos da humanidade, prevalecendo uma dimensão romântica. De outra parte, acho relevante esse esforço dos autores em pensar uma nova forma de estarmos juntos, tentando potencializar essa existência em redes digitais. Vale lembrar, aliás, que os próprios Hardt e Negri, que se tornaram referência incontornável ao abrangerem essas novas formas de fazer laço, comentam que temos o desafio de pensar em como fazer o comum, em como criar um coletivo que contemple uma era em que predominam as singularidades. Ou seja, uma multidão que não faça massa, em que não se faz um; na qual não há um único projeto ideológico que una a todos; e, ainda assim, a perspectiva de que seja possível construir um planeta democrático.

A ideia de multidão de Hardt e Negri (2005), em uma democracia que acolhe todas essas singularidades, embora deixe um tanto amorfo como seria a concretização desse comum, me parece uma das conceituações dos aglomerados sociais que leva às últimas consequências a noção de que a massa digital não é homogênea – como aquela teorizada e vivida por Le Bon, Freud e Adorno –, mas híbrida, heterogênea, miscigenada, mixada. E nisso reside uma grande contemporaneidade nessa teoria.

Essa nova abordagem do coletivo é alinhada à pauta democrática de acolhimento das multiplicidades de vozes que encontraram lugar de fala na democracia digital. Incontáveis participantes que estavam excluídos da cena pública ou às margens dela, e que com a internet encontraram novos espaços de existência na pólis. Nessa multidão de alteridades, cujo alicerce é um compartilhamento de vida, há a colaboração em nome do comum (em detrimento do ódio e da segregação). Um coletivo que pode sonhar um futuro junto. Uma multidão que não é homogênea, que se abre para o diferente e que assim potencializa a subjetividade singular, e o que cada um pode contribuir para a cidadania, para o público – o comum. Na perspectiva negrihardtiana, a multidão (de singularidades) é um pilar da democracia, mas aqui é uma multidão que contempla uma não alienação na massa, uma coexistência de projetos (ideais, partidos etc.), que está sempre em abertura, em mudança; uma multidão da qual não há um grupo de excluídos.

Todavia, reitero que considero que falta a essa teoria considerar o quanto o algoritmo é político e para construir o comum, na nossa civilização que é digital, precisamos levar isso em consideração, inclusive, abarcando como as estratégias de resistência são por dentro, e que há a possibilidade de resistir e de transformar o mundo, as relações, utilizando-se dos mesmos recursos tecnológicos que estão sendo aparelhados com objetivos antidemocráticos, eixo que será analisado com grande ênfase na Seção "O humor em memes e outras produções culturais remix centradas no tema da pandemia".

Panorama inicial da leitura psicanalítica das massas & multidões digitais na pandemia

A psicologia das massas e sua teorização é indissociável de cada momento histórico-sociopolítico-cultural. Apresentei brevemente como esse campo de investigação enfocou inicialmente a psicologia das multidões, o que depois se designou massas, e, mais recentemente, as massas & multidões digitais. Ainda aprofundarei neste livro essas outras leituras, cotejadas pelos desafios de compreender o que é hoje a rede social e como as pessoas se conectam nas diversas redes da internet. Por enquanto, farei algumas considerações iniciais acerca dos movimentos de massa/multidões nos tempos atuais, e somente avançarei noutras teorizações mais contemporâneas da psicologia das massas após delinear em mais detalhes os fenômenos sociais das fake news na pandemia, que é o eixo que optei para discutir o tema amplo das massas & multidões digitais.

Diante de uma inédita situação de perigo – a ameaça de um vírus desconhecido que rapidamente tomou o planeta –, emergiu um forte movimento regressivo, entrando em ação mecanismos de defesa de negação (da ameaça/da pandemia), isso não é em si tão surpreendente, ainda mais se levarmos em conta o que sabemos da psicologia das massas e que é reiterado em todos os estudos citados anteriormente. O que me interessa enfocar a seguir é como essa negação se transformou em um amplo movimento de negacionismo, com destaque para o papel das fake news.

Quando pensamos o fenômeno das massas/multidões na pandemia de covid-19, há o desafio de tentarmos entender como foi possível que alguém como Bolsonaro conseguisse canalizar na sua figura o movimento da ordem das massas, do desejo de submissão e todas as estratégias já mencionadas, e o movimento mais amplo da multidão, de enxame, de aglomerados não centralizados, recorrendo às redes sociais para potencializar estratégias de manipulação diversas, muitas das quais já foram abordadas previamente neste livro.

O fio condutor da psicologia das multidões (leboniana) até a psicologia das massas freudiana retrata a posição de submissão ao líder, de sugestionabilidade, de contágio, que explana a crença em ideias absurdas (como kit cloroquina e o tratamento precoce) e da ilusão ("a pandemia não existe, o que há é uma gripezinha"). Nesse âmbito, é evidente o papel de um líder e de um polo negacionista que deliberadamente deixa de promover ações de proteção da saúde coletiva, fragilizando o sentimento mais amplo de cooperação e solidariedade.

Na história da psicologia das massas e de suas teorizações é recorrente como a regressão é ainda mais marcante em situações de instabilidade, de pânico, de grande medo; são frequentes as divisões e os ataques agressivos contra os outros – aqueles que pensam diferente –, projetando para longe de si a destrutividade e o medo. No entanto, adicionalmente, hoje temos as próprias dinâmicas das redes, que potencializam um eco no qual a única coisa que se escuta é a própria voz – no polo negacionista, a voz que fala os maiores absurdos em nome de manter a crença/a ilusão. O negacionista odeia quem diz que estamos todos em uma situação de risco, que é preciso adotar inúmeras restrições sanitárias, que sente medo do que está acontecendo e das possíveis consequências. Já o não negacionista sente ódio daquele que acredita nos maiores absurdos e coloca a vida de todos em risco. Assim, vão se fortalecendo bolhas nas quais ninguém escuta os que estão do lado de fora. Para avançar essa problemática, é preciso se debruçar sobre as especificidades de como os homens transformam-se em massa digital. A investigação de uma psicologia das massas digitais, massas formadas de homens mais todas as suas tecnologias, exige, do meu ponto de vista, que nos aprofundemos sobre a arquitetura das redes sociais – abordagem que ganhará grande destaque nos próximos capítulos.

Meu enfoque é pensar esse novo Brasil em tempos digitais e estudar os fenômenos das fake news e suas relações com as novas formas de massa & multidão. Em uma atualidade em que grande parte dos brasileiros (e do mundo) se pergunta o que houve com o Brasil que deu essa guinada autoritária com tendências fascistas, desnuda-se o desafio de pensar os fenômenos de massa indissociáveis do contexto digital. No livro *Linguagem da destruição: a democracia brasileira em crise*, Starling, Lago e Bignotto (2022b) se dedicam a refletir sobre a corrosão do sistema democrático brasileiro, destacando o desafio intelectual dessa empreitada:

> *Bolsonaro e o Bolsonarismo são fenômenos que desafiam as análises racionais. Como explicar o sucesso eleitoral do cavaleiro da morte? Como explicar um apoio tão popular e sincero a Bolsonaro, a despeito das mais de 600 mil vidas ceifadas por um vírus desenfreado com o qual os atos do mandatário diretamente contribuíram. (p. 5)*

Uma das principais teses do livro é a de que Bolsonaro e o bolsonarismo têm como pilar fundamental a destruição: o Brasil de Bolsonaro é, assim, uma país desconstruído em seus projetos, em seus alicerces democráticos, em suas instituições. Trata-se, desse ponto de vista, de uma nova estratégia política fundada no "cancelamento do futuro" (Starling, Lago & Bignotto, 2022a, p. 18), cujo paradigma mais evidente é a devastação da Amazônia.

Temos o desafio de pensar não somente o resultado eleitoral que levou Bolsonaro à vitória, como também a resiliência da parcela de 20 a 25% da população que manteve a avaliação bom-ótimo do presidente, e que chegou a quase 40% durante a pandemia em 2020, a despeito do cenário econômico, sanitário, ecológico, educacional desastroso (Lago, 2022). Nesse cenário, soma-se uma habilidade política à capacidade que o bolsonarismo teve de se utilizar da arquitetura das redes para estabelecer "uma autêntica hegemonia digital" (Lago, 2022, p. 36) na divulgação das fake news e na sua performance midiática. Ou seja, sob esse prisma, há um método na performance bolsonarista, ao se utilizar dos dispositivos tecnológicos (cada qual com a sua especificidade) de modo a recorrer a estratégias do ativismo digital.

Essa foi a tese de Lago (2022) quando o cientista político debateu o papel das redes sociais ao dar voz àqueles que não encontravam lugar de fala, em um contexto de desconfiança das instituições e da mídia tradicional. Uma das linhas argumentativas do autor destaca a desconfiança tanto dos grandes veículos de mídia e seus interesses corporativistas quanto dos partidos políticos tradicionais, e Bolsonaro recorre justamente à imagem da mídia e dos partidos tradicionais como inimigos para se alavancar. Via de regra, quando Bolsonaro fazia discursos inflados, com propostas absurdas, tanto a mídia tradicional quanto os contrapoderes criticavam com virulência a fala presidencial. E, assim, fortalecia-se a narrativa de perseguição contra Bolsonaro, os novos "ataques" precipitados pelas falas presidencial aumentavam a visibilidade do então presidente, das notícias em torno dele, e do engajamento digital.

A tese de Lago (2022) é que desse modo Bolsonaro faz com que seus opositores ocupem o papel dos perseguidores que querem tapar a voz do perseguido Bolsonaro, que impedem sua liberdade, que adotam um discurso que os afastam do povo. Nesse contexto, Bolsonaro se torna diretor da peça, determinando o lugar que a oposição irá ocupar, induzindo a gramática dos discursos em torno de sua figura, como aquele em defesa do Estado e das instituições (democráticas). Especial destaque é dado à aproximação de Bolsonaro com o eleitorado evangélico e um discurso apocalíptico, em que o fim do mundo reserva um altar exclusivo para os crentes e como o ex-presidente personifica um líder para o que o autor chama de um mercado de fiéis. Desse ponto de vista, há todo um movimento destrutivo da parte de Bolsonaro e um desejo de perdurar no poder, o que se alinha com essa mitologia apocalíptica de parte de seu eleitorado mais fiel.

Lago salienta que é preciso reconhecer a habilidade política de Bolsonaro para se beneficiar politicamente da arquitetura das redes, como os algoritmos retroalimentam conteúdos polêmicos das postagens e as bolhas. Em termos da estrutura da massa digital, o autor propõe um modelo de multidão formado por indivíduos que não possuem uma afiliação comum, que não pertencem aos mesmos grupos. Nesse sentido, Bolsonaro é sobretudo um influenciador digital, o que o autor relaciona com uma nova forma de sociabilidade viabilizada pela arquitetura das redes: "as pessoas se organizam na internet em torno de causas fragmentadas, seja por meio do ativismo digital, seja por meio de infraestruturas de mobilização cívica" (Lago, 2022, pp. 41-42).

Quando comenta as estratégias do Bolsonarismo na pandemia, Lago salienta que sua atitude de desresponsabilização pelas mortes, respaldando-se no discurso de que a economia não podia parar, foi uma estratégia política muito eficaz, pois, assim, ele criava no debate público controvérsias discursivas numa dicotomia entre economia e saúde. A persistência de que alguns cientistas endossavam o tratamento precoce como a melhor abordagem curativa da covid-19 era amplamente divulgada, de modo que a crise sanitária era atribuída aos governantes que insistiam em não adotar o tratamento precoce "eficaz", e a crise econômica era atribuída aos governantes que instauraram as medidas de isolamento social.

Sob essa perspectiva, a leitura da psicologia da massa e da multidão em tempos digitais também poderia ser enriquecida se levássemos mais em conta o impacto do neoliberalismo nas formas possíveis de fazer laço – tese levantada por Starling, Lago e Bignotto (2022a). Em "O Brasil da barbárie à desumanização neoliberal: do 'Pacto edípico, pacto social', de Hélio Pellegrino, ao 'E daí?', de Jair Bolsonaro", o psicanalista Nelson da Silva Júnior (2020) salienta a relevância de um cenário brasileiro marcado pelo

> *ressentimento contra a política tradicional e uma clara tendência ao conservadorismo na população . . ., não restrito a um fenômeno local . . . tal conservadorismo*

> *tem sido a arma populista mais importante da economia neoliberal, cada vez mais hegemônica no mundo. (p. 257)*

É interessante que o psicanalista avança outra hipótese correlata a de que "o surgimento da internet trouxe consigo novas formas de sociabilidade e alterações na lógica da dominação introduzidas pela tecnologia algorítmica e sua relação com o neoliberalismo" (Silva Júnior, 2020, p. 257). E essas formas de controle e dominação se alicerçam de modo simultaneamente individual e coletivo, manipulando indivíduos que se creem agindo livremente.

Essa abordagem das fake news e do negacionismo na pandemia enfatiza sua confluência com a apropriação pela lógica neoliberal. A tese de Silva Júnior é a de que estamos perante um novo pacto social no neoliberalismo, e é nesse ponto que o psicanalista comenta o posicionamento do ex-presidente Bolsonaro e seu descaso diante da morte dos brasileiros por covid-19. Ou melhor, mais do que descaso, o psicanalista situa o posicionamento presidencial alinhado com uma racionalidade política que instrumentalizou economicamente os brasileiros que eram descartáveis, matáveis na pandemia, em nome da lógica do capital. Nesse cenário, o discurso de que o presidente devia assegurar a liberdade do cidadão de não usar máscara, não tomar vacina, não proteger os demais cidadãos, não fazer isolamento, podem ser pensados dentro de um modelo de liberdade no neoliberalismo que acima de tudo deveria proteger a economia, o mercado. Assim, aqui a liberdade do cidadão é a de poder agir de acordo com os próprios interesses, independente do coletivo. Silva Júnior acentua o quanto nessa mesma racionalidade instrumental – o mais importante é manter a economia em movimento, mesmo que com isso coloque o cidadão em risco –, também será um crivo para a compreensão de tantas outras violências desumanas como genocídios (aliás, vale acrescentar quanto já se demonstrou a racionalidade técnica-econômica envolvida no nazismo). Desse modo, é em nome da relação custo-benefício que o Governo pôde dispor não somente da vida, mas da morte dos cidadãos (Silva Júnior, 2020).

Ao discutirem a importância de se considerar as especificidades da atual etapa de capitalismo neoliberal, Dardot e Laval (2016) sustentam que estamos entrando na "era pós-democrática" (p. 8) à origem de uma subjetividade enfraquecida para lutar contra esse sistema, uma subjetividade impactada pelo movimento de competição individual, de precarização, de desemprego, de enfraquecimento do engajamento político e sindical. Ou seja, eles assinalam as condições do "sofrimento causado por essa subjetivação neoliberal, a mutilação que ela opera na vida comum" e o "enfraquecimento da capacidade de agir contra o neoliberalismo" (Dardot & Laval, 2016, p. 9).

Apresento, a seguir, um panorama geral de como têm sido discutidos no campo psicanalítico os fenômenos sociais contemporâneos como as fake news na pandemia de covid-19 e o ódio digital pervasivo desde o período anterior à eleição de Bolsonaro. Depois, avanço nessa argumentação por outros percursos, desembocando em outras teses. Mas, nesse primeiro momento, levanto algumas teses de psicanalistas que se dedicaram ao tema, mas que não realizaram uma análise estrutural das redes sociais.

O primeiro artigo parte da teorização de que em redes sociais, como o Facebook, se forma massa. Acho importante assinalar essa linha argumentativa, dado que, para teóricos não psicanalistas, é problematizado justamente que se possa falar em massa quando pensamos nos aglomerados sociais na internet. Ao estudar a formação das massas no Facebook, Queiroga, Barone e Costa (2016) se embasam no *Psicologia das massas* freudiano[13] para assinalar um movimento da própria rede (leia-se algoritmo) que empurra as pessoas para nichos/grupos, a partir da detecção de inúmeros traços e da leitura que é feita: quem são, suas afinidades, o que curtem etc. A seguir, os autores sublinham o fator contagioso que se estabelece entre os membros de um grupo, de modo que rapidamente qualquer um se torna sugestionável, influenciável, contaminável pelo outro, pelo coletivo, pela massa. Eles seguem os escritos de Freud para caracterizar essa massa excitável e volúvel, sustentando a hipótese de que a transitoriedade e a fluidez do Facebook é particularmente propícia para essa modalidade de formação de massa. No *modus operandi* rápido e pelo contágio, logo deixa de ter importância a veracidade do que se transmite. Via de regra, a massa reage agressivamente quando algo diverge da perspectiva do grupo a que se pertence; assim, ataques podem ser rapidamente desencadeados contra alguém que divirja do grupo de pertencimento. Há uma dissolução de si na massa, com a remoção das inibições usuais, e um aumento da intensidade das emoções quando se é tomado pela paixão de se fundir à massa. Emerge um estado de exaltação: são feitas coisas que não seriam feitas sozinho (interessante aqui assinalar que alguém com seu smartdevice, nesse sentido, não está sozinho, mas está em conexão, plugado na rede social).

---

13 Os autores salientam que na leitura freudiana trata-se de uma massa psicológica que manifesta uma alma coletiva calcada em ao menos um interesse em comum e cuja organização se diferencia. "Um grupo psicológico é constituído por indivíduos, independentemente de seu modo de vida, formando uma mente coletiva, possibilitando-lhes agir, pensar e sentir de maneira completamente diferente de seu comportamento habitual. O indivíduo perde suas características singulares provisoriamente e adquire novas características, que na realidade seriam características advindas de seu inconsciente. Assim, há o desaparecimento do senso de responsabilidade social e individual, permitindo que as características grupais se estabeleçam" (Queiroga, Barone & Costa, 2016, p. 113).

Outra hipótese dos autores acerca do Facebook é que temas como política, racismo ou sexualidade não sustentam trocas, mas originam polêmicas e ataques com uma estrutura de massa. O artigo aborda brevemente os ataques virtuais, frequentes na rede, salienta como rapidamente uma leva de ataques se infla e as pessoas entram no modo de massa para atacar o alvo. Retomando as teorizações freudianas, enfoca-se quanto o ódio e a intolerância se expressam nos ataques contra os que se diferenciam e/ou pertencem a grupos aos quais não fazem parte.

É interessante mencionar que, de modo muito sucinto, os autores assinalam que há algo da estrutura da rede social (no caso, se referem ao Facebook)[14] que favoreceria a demonstração desses comportamentos de massa sem as inibições usuais que se manifestariam individualmente. Outro fator estrutural assinalado é quanto a própria viralidade, a propagação rápida horizontal de uma mensagem, é em si propulsora desse fenômeno, produzindo uma sugestão ininterrupta a cada nova curtida.

Sob essa perspectiva é acentuado como no grupo se escuta sempre a própria voz ecoada nos outros (leia-se aqui bolha). Além desse nível horizontal (do vínculo com os pares, membros do grupo), em que prevalece a sugestão mútua e na qual predomina o contágio[15] e a reverberação, os autores salientam o eixo vertical de identificação com o líder, problematizando se encontravam essa figura no Facebook. Do ponto de vista dos autores, haveria a perda

---

14 Vale lembrar que estudo feito para o próprio Facebook já dava evidências de que manipulações de conteúdo/estilo (tom) das postagens produz formas de contágio emocional massivo dos usuários. Cf. Experimental evidence of massive-scale emotional contagion through social networks | PNAS.

15 "A descrição clássica do estado de massa envolve o contágio de afetos, como os que se observa em uma multidão enfurecida, um Exército em pânico ou uma assembleia de religiosos em comoção" (Dunker, 2019, p. 117).

do ideal em massas transitórias como o Facebook, no lugar do que seria fortalecido o individualismo. Em vez dos grupos organizados em torno de um líder, surgiria uma pluralização de grupos que se identificariam em torno de pequenos traços e/ou alguma afinidade em comum. E seria a própria arquitetura da rede que, por meio dos algoritmos, seria fundamental para essa formação de grupos por afinidade. Queiroga, Barone e Costa (2016) dizem que:

> *o algoritmo organiza os grupos, enquanto o Facebook configura uma estrutura de como agir dentro deles: postar, curtir, comentar, compartilhar e reagir. Assim, a formação dos grupos nas redes sociais é um dos possíveis modos de lidar com o desamparo que foi despertado pela liberdade atual das múltiplas referências. (p. 123)*

O texto supracitado me parece ilustrativo de uma certa leitura psicanalítica em que vemos uma psicologia freudiana das massas acrescida de alguns detalhes advindos das atuais tecnologias. Mas não se teoriza substantivas mudanças na psicologia da massa psicológica tal qual teorizada por Freud.

Em contrapartida, podemos mencionar a perspectiva do psicanalista Christian Dunker (2019), que se aproxima da teorização de uma psicologia das massas digitais, enfatizando que não se trata de uma mera transposição da massa de outrora[16] para a massa digital:[17] trata-se de um funcionamento muito rápido e acelerado

---

[16] Interessante apresentação e discussão acerca da psicologia das massas elucidando fenômenos sociais brasileiros (em tempos nos quais não havia o fenômeno contemporâneo das multidões digitais) pode ser consultada em *Psicologia das massas e análise do eu: multidão e solidão* (Goldenberg, 2021).

[17] Em outro texto do psicanalista – "Intoxicação digital infantil" (Dunker, 2017) –, que não tem como tema a psicologia das massas, podemos encontrar algumas perspectivas interessantes para pensarmos outras facetas de como a vida digital

que potencializa o efeito do funcionamento de massa. E não somente isso: o psicanalista articula esse processo em terras brasileiras a toda uma dinâmica identitária mais instável, incluindo nessa discussão uma maior mobilidade social. Com o amadurecimento da geração nativa digital, o psicanalista argumenta que foram colocadas em cena outras dinâmicas de reconhecimento e de autoridade, assinalando que isso não se limita a indivíduos, mas abrange também grupos e massas. Nesse contexto, o autor aborda a vitória de Bolsonaro nas eleições, ponderando que seria preciso também ter em mente, nessa dinâmica de coletivos digitais, os grupos familiares que passaram a interagir entre si mediante aplicativos de mensagens; e assim ele faz notar o impacto das estruturas das redes nessa nova forma de se relacionar em espaços de grande intimidade. Por meio da regressão ao funcionamento de massa, surge um estado especialmente propício à difusão rápida das fake news: "a regressão ao funcionamento de massa, com sua estereotipia e certeza dogmática, produziu um extenso sentimento de divisão social, rompendo laços e dissociando relações" (Dunker, 2019, p. 122).

Quando a multidão reage como massa, há uma redução do raciocínio e predomina a regressão, um modo maniqueísta de pensar as coisas e uma sugestionabilidade, uma permeabilidade às grandes paixões, com destaque para o ódio. Quando, na bolha, se acredita cegamente nas fake news, a pessoa adentra na lógica da câmara de eco, em que escuta tudo o que já acreditava. Na pandemia, a bolha negacionista opera uma fuga do campo da incerteza e da indeterminação e se aferra às certezas (mesmo que falsas). Sob esse ponto de vista, enfatiza-se como as redes sociais estão propiciando esse estado de massa:

---

contemporânea nos convoca a revisitar inúmeros conceitos psicanalíticos e nossa maneira de conceber e teorizar a subjetividade humana.

> *o fenômeno mais típico dessa regressão ao estado de massa é a impossibilidade de se fazer escutar por argumentos ou fatos, além da irrelevância relativa das fontes. No interior de uma batalha discursiva, o uso de fake news, de forma intencional ou ingênua, é bastante facilitado. Os interlocutores repetem monólogos com crescente agressividade. A regressão ao funcionamento de massa, com sua estereotipia e certeza dogmática, produziu um extenso sentimento de divisão social, rompendo laços e dissociando relações. (Dunker, 2019, p. 122)*

Alicerçado nos estudos clássicos de massa, Dunker (2019) discute na história recente do Brasil, entre 2013 e 2018, como "emergiram massas digitais com sua nova economia de identificação" (p. 117). Ele analisa movimentos de segregação, teorizando o surgimento de uma democracia não mais dirigida a todos, mas a subgrupos, ressaltando que assim prevalece o *narcisismo das pequenas diferenças* que cada vez mais divide os grupos em insignificantes diferenças, e servem de base para o movimento segregatório e de endereçamento do ódio a outros (sub)grupos, destacando como o "aumento da mobilidade social e a consequente instabilidade identitária" (p. 120) deu um impulso à identificação típica das massas. Isso em um panorama digital impregnado pelas bolhas, ratificando os riscos do sentimento de verdade dogmática oriundo do fechamento em subgrupos, promotores de ódio contra os diferentes.

O papel do ódio para a solidificação da massa também é enfocado por outras leituras psicanalíticas da massa contemporânea. Na discussão acerca das especificidades da psicologia das massas na era digital, o psicanalista Quinet (2021) propõe que "na era do panoptismo digital da sociedade escópica, não se precisa mais propriamente de um líder que encarne algum ideal a partir do qual seja constituído um grupo ou uma massa de pessoas" (p. 123). Ele avança a hipótese de que não exista identificação com um líder colocado no lugar do Ideal do Eu, nem um processo de identificação horizontal, imaginária, entre os membros do grupo.

A tese de Quinet é de que, no caso brasileiro, o intitulado messias-Bolsonaro é acima de tudo um incitador de violência[18] contra seus inimigos (segregados), que seus seguidores rapidamente passam a atacar. Na leitura do psicanalista, a massa manipulada é a massa digital, referindo-se ao Twitter presidencial. Não obstante, para estudar a dinâmica dessa massa digital, Quinet (2021) se centra na teorização freudiana das massas, Ele propõe que aqui se encontra "o aspecto da psicologia das massas *made in Brasil*" em que os seguidores do presidente "saem por aí repetindo que nem papagaios slogans, memes e palavras de ordem de seu líder, executando as piores atrocidades como os ataques racistas, homofóbicos, misóginos" (p. 156).

O psicanalista aproxima o bolsonarismo do funcionamento da psicologia das massas, mais especificamente das hordas submetidas cegamente ao líder (no lugar do Ideal do Eu, do Messias) em uma mistificação em prol do ódio e contra a democracia. Enquanto na teorização freudiana cada membro da massa interioriza o líder e o coloca no lugar do Ideal do Eu, a tese do psicanalista é que na massa digital não se enodam as pessoas em torno do alicerce

---

18 "O 'Mito' ou 'o Messias' estruturalmente está, portanto, no lugar do Um da exceção do Pai da horda primitiva do mito freudiano, que representa a Lei sim, mas está – sem escrúpulo algum – acima dela, fazendo todos lhe prestarem obediência e andarem todos no mesmo passo sob a mira das armas da lei, da qual é exceção. Pai do gozo, que dispõe de todos a seu serviço . . . O Messias, como Hitler, apresenta uma onipotência e uma megalomania que o faz se identificar com o Um do poder que messianicamente tem a solução para todos os males" (Quinet, 2021, p. 155).

Ideal do Eu. Assim, Quinet[19] contrapõe como Freud pensava a massa a partir da identificação tanto horizontal (entre membros) quanto vertical (com o líder no lugar do pai), com a maneira das massas digitais fazerem laço.

Não obstante, Quinet realça que mesmo em Freud essa não é a única maneira de fazer laço, e sublinha que a massa pode se constituir a partir de um inimigo comum. É nesse ponto que ele chama nossa atenção para a atualidade de fenômenos como o cancelamento e o linchamento virtuais. O psicanalista argumenta que será na promoção do ódio, da cegueira à verdade e do movimento de ataques virulentos contra os inimigos, que se dará a forma preferencial de fazer massa digital. Ou seja, aqui a massificação se calca na constituição desses inimigos em comum, dando origem a uma massa mobilizada pelo ódio. Se pensarmos no bolsonarismo, é marcante quão relevantes são as massas organizadas do exército e da igreja (evangélica), base de sua estrutura política. Mas cada vez mais se fala de milícia digital para caracterizar o ativismo e os ataques bélicos virtuais promovidos por diversos grupos bolsonaristas. Temos, nesse cenário, tanto a declaração de ódio aos inimigos a serem eliminados pela massa bolsonarista quanto a eleição de Bolsonaro como o mito.

Nessa teorização das massas, propõe-se uma camada relacional sustentada em um novo estofo, o digital, que tem outra arquitetura e outra dinâmica. Podemos destacar como a chamada milícia digital bolsonarista não somente é muito ativa nos ataques virtuais (e presenciais) contra os designados inimigos – haja vista as acusações contra o youtuber Felipe Neto[20] após seu posicionamento

---

[19] Cf. "Encontro comemorativo 100 anos de Psicologia das massas e análise do Eu". Disponível em: https://www.youtube.com/watch?v=89ta-SZEFQQ.

[20] Cf. reportagem da revista ISTOÉ (2020) "Após ser acusado de pedofilia, Felipe Neto processa apoiadores de Bolsonaro". Disponível em: https://istoe.com.br/apos-ser-acusado-de-pedofilia-felipe-neto-processa-apoiadores-de-bolsonaro/.

contrário a Bolsonaro – como há uma capacidade do mito-Bolsonaro em suas falas, em seu comportamento, de permanecer o ideal para a massa dos bolsonaristas, de influenciar a massa. É o Messias, já em seu nome, com corpo humano. O líder que assegura a seus súditos o sentimento de pertencimento: todos unidos contra os inimigos em comum. E a pandemia oferece um solo propício, com o medo adentrando a vida de todos. Em vez de pânico, agora o que ressoa na bolha negacionista é ódio e raiva direcionados contra quem pensa diferente, contra quem afirma que existe um vírus perigoso à espreita.

Um exemplo elucidativo dessa dinâmica de massa alicerçando guerrilhas virtuais é o violento ataque contra a jornalista brasileira Patrícia C. Mello, que, após reportagens investigativas nas quais denunciava as manipulações eleitorais por meio das redes sociais e a problemática dos financiamentos ilegais de campanha, foi alvo de reiterados linchamentos virtuais – por vezes estimulados e acompanhados por ataques presenciais.[21] A jornalista denunciava como nessa máquina de ódio digital a versão dos fatos que se quer estimular é inicialmente impulsionada de modo ativo, direcionado intencionalmente nas redes sociais por meio de trolls (pessoas pagas especialmente para isso) e bots (sistemas automatizados), para forjar uma narrativa. Mas, a partir de um certo ponto, a própria dinâmica de rede, de propagação descentralizada, faz com que aquela narrativa rapidamente ganhe em escala, em alcance. E a viralidade, por ser aquilo de que todo mundo ouve falar, a torna familiar e cria uma sensação de realidade compartilhada. Essa

---

[21] Nessa máquina de ódio, Mello (2020) assinala que "primeiro, o presidente concede uma entrevista a algum veículo de mídia. Influenciadores do mundo bolsonarista, incluindo os filhos do presidente, divulgam trechos da entrevista e convocam a militância a republicá-los. Uma vez que a máquina começa a rodar, contas falsas cuidam de ecoar a mensagem, subir hashtags e propagar campanhas difamatórias" (pp. 152-153).

familiaridade pode ser estimulada deliberadamente por certas narrativas que parecem espontâneas, divertidas, e que se destacam na cacofonia produzida pelo excesso de informação e desinformação de múltiplas narrativas e versões de fatos que se espalham de modo descentralizado nas redes (Mello, 2020).

Outro eixo de estudo psicanalítico das massas digitais enfoca Bolsonaro como um líder com características fascistas e populistas. Em geral, estudos dessa vertente realçam como o bolsonarismo se articula à ideia de higienização da velha política e a retomada dos bons valores perdidos, com toda sua retórica fascista e populista. Por outro lado, um dos pilares da argumentação de outro psicanalista, Indursky (2020), é o de que, mais do que tudo, Bolsonaro representa um pastiche de reivindicações diversas, sem eliminar suas contradições e inconsistências. O autor aproxima Bolsonaro de "um anti-presidente, seu principal objetivo seria o de governar o país como uma milícia contra a nação, criando sua própria oposição, sequestrando o debate público e deixando o país no rumo político de sua própria vontade" (2020, p. 153). Nesse mesmo eixo, vale mencionar como outros autores, como Eco, definem o fascismo justamente por essa colagem – pastiche – de traços identificatórios e pautas em um líder.

Em *Como derrotar o turbotecnomachonazifascismo ou seja lá o nome que se queira dar ao mal que devemos superar*, a filósofa Márcia Tiburi (2020) comenta como até pouco tempo atrás, muitas pessoas estranhavam que se falasse de fascismo no Brasil. Uma das teses de Tiburi é a de que já era bem marcante no país a existência do "fascista em potencial" (p. 12), que seria aquela pessoa suscetível a todo o movimento de autoritarismo, mas que ainda não teria adentrado a massa dedicada à destruição democrática. Uma das principais características desse fascista em potencial seria um empobrecimento da capacidade de diálogo, articulado a uma derrocada da experiência e da linguagem – parte de um empobrecimento amplo do espírito, decorrente do contexto social. A autora argumenta que, com a chegada de Bolsonaro ao poder, já se deve falar em fascismo brasileiro e reitera sua ponderação de ser preciso escutar e dialogar com esses fascistas em potencial, o que ela articula às raízes autoritárias do país e à suscetibilidade brasileira de se submeter docilmente a líderes autoritários.

"Turbotecnomachofascismo" é o termo forjado pela autora por condensar o clima de misoginia, de machismo, de totalitarismo, dos "valores conservadores" do bolsonarismo, ao que se soma toda uma potencialização tecnológica desse fascismo, agora movido por milícias digitais.

> *Fascismo era um termo que resumia e ainda pode ser usado para resumir a tendência dominante autoritária articulada como tecnologia política de encantamento das massas . . . o termo "fascismo" define o conteúdo e a forma da ação que visa à aniquilação de toda diferença, a aniquilação do outro e de tudo aquilo que, na condição de "não idêntico", ameaça o sistema, que espera tornar igual e homogêneo o todo da existência. É verdade que o fascismo é uma forma ideológica, ou seja, uma construção sociopolítica na qual a mentira é manipulada como se fosse verdade, mas é também "tecnologia" ou "metodologia" política, um conjunto de meios pelos quais se implanta a mentira justamente para que ela possa assumir o lugar da verdade. Mas não se trata de uma mentira pura e simples que poderia ser percebida por todos, ou que, desmascarada, nos levaria à verdade. Trata-se de uma modificação do sentido da mentira, ela mesma uma forma do discurso e, por consequência, do sentido da verdade.*

> *Quando falo em "verdade", refiro-me a um valor sequestrado por toda ideologia para usar a seu bem-prazer, mas, que no fascismo é simplesmente destruído. (Tiburi, 2020, p. 14)*

A ênfase é em relação a uma destruição da verdade por meio do ataque empreitado inclusive pelo Estado, dissolvendo para a massa o valor de verdade, e mesmo a distinção entre a verdade e a mentira. Isso tudo potencializado pelas atuais tecnologias digitais.

Tiburi (2020) relaciona o fortalecimento do fascismo brasileiro a uma resposta contra as transformações sociais e os avanços democráticos: "é preciso produzir ódio, o combustível do fascismo que deve ser usado contra os insurgentes democráticos, contra os que ousam desejar outro mundo possível, contra os pobres, pretos, mulheres e indesejáveis" (p. 14). Ódio reforçado pelo eco horizontal, fortalecido pela companhia de outros grupos centrados nessa lógica de ódio. Com a propagação desenfreada das desinformações, ganha força o caos e a confusão, e se cria o terreno propício para o medo, que por sua vez é manipulado para ser direcionado contra o outro, revertendo-se em ódio contra pessoas, grupos, ideias, verdades e disciplinas ou práticas alicerçadas na ideia de verdade (universidade e várias áreas ligadas à empreitada intelectual, entre outros).

Se pensarmos a pandemia, o negacionismo coletivo se mostra alinhado a essa lógica de potencialização do ódio a partir das fake news, em grande parte disseminadas a proveito dessa máquina governamental com traços fascistas. Não se tem mais medo do vírus; o inimigo vira a turma que toma medidas sanitárias preconizadas pela Organização Mundial da Saúde (OMS), que diz que existe uma pandemia fora de controle, que acredita, enfim, na existência do vírus. O ódio pode ser vociferado pelo chefe do governo, mas repercute na massa e se dissemina horizontalmente. Sob essa lógica, as pessoas ao ficarem submersas em desinformação, ficam perdidas, temerosas e mais suscetíveis a serem dominadas pelo autoritarismo fascista. E isso cria um clima propício para acreditarem em ideias forjadas, como a de que todo mundo que pensa diferente (ou simplesmente defende os valores democráticos) é um comunista que come criancinhas (pode ser, inclusive, um político da extrema direita que divirja em algum ponto do grupo fascista). Tiburi assinala como "comunista" é um entre vários códigos que denominam o inimigo e que, tão logo alguém é assim designado pelo fascista, aciona-se todo o arsenal de ataque de ódio.

Na estética da violência bolsonarista, o gesto de arma que Bolsonaro faz com as mãos em várias de suas aparições públicas, embora sempre acompanhado de um sorriso e de brincadeiras, articula-se rapidamente a políticas públicas armamentistas, inclusive sobre a liberação das armas no país. Essa estética de brutalidade é aproximada por Tiburi[22] ao regresso da saudação nazista com a mão erguida. Com o crescimento da extrema direita, a saudação, antes usada com cautela, voltou a ser usada deliberadamente. A imagética fascista se relaciona à retórica da ameaça, inflada pelo líder, que também se coloca no lugar do salvador. Outro elemento analisado por Tiburi é a estética do grito fascista: "Deus acima de todos, Brasil acima de todos" na mesma esteira do "*Heil* Hitler" e do seu "Alemanha acima de tudo". Ou ainda a versão "Brasil acima de tudo. Deus acima de todos" agraciando o apoio evangélico.

Outros elementos dessa retórica bolsonarista são "frases feitas e repetidas à exaustão, intrigas, adulação das massas, choque de notícias falsas, ícones facilitadores, graça, piadas, sedução e catarse pelo riso e pelo deboche" (Tiburi, 2020, p. 44). Além disso, a

---

[22] Outra autora que se dedica a analisar em detalhe a estética bolsonarista é Fuks (2020), aproximando-a em inúmeros pontos da estética nazista.

filósofa enfatiza como nas diversas cenas de Bolsonaro se divertindo com toda a família em um churrasco, de chinelo, rindo a cântaros em plena pandemia, ele continuava a aparecer e se solidificar como o líder que usufrui da imagem do "Brasil dos prazeres", onde se pode relaxar em terras tropicais. E assim ele se solidifica na versão de um herói invencível, tirano e sem vergonha de se expor.

Isso cria reiteradas cenas que, por mais que pareçam ridículas, promovem uma adulação das massas: "uma estratégia dos populistas que sabem manipular um mecanismo de identificação" (Tiburi, 2020, p. 61). De outra parte, um dos pilares da argumentação da autora é que a suscetibilidade do Brasil a essas dinâmicas violentas pode ser remetida a todo o passado colonial e às violências não reconhecidas contra os povos indígenas e contra as pessoas escravizadas que estiveram na base da expansão colonizadora e do crescimento do país. Outro elemento salientado é a transformação do cinismo em uma imagem de autenticidade: pode-se falar atrocidades rindo, negar obviedades, dizer mentiras como verdades, falar com orgulho de erros sem qualquer expressão de remorso ou culpa. E em torno dessa imagem grotesca, bruta, toda-poderosa se solidifica o grupo fascista.

Na contemporaneidade, a cena política migrou para a internet, com destaque para o uso publicitário das redes sociais – especialmente o WhatsApp – pela extrema direita para a disseminação das fake news e outras desinformações, para a propagação do próprio fascismo. Nesse âmbito, a autora salienta o quanto prevalece, nessa dinâmica, um contágio social nas redes sociais como motor da política de ódio fascista, incitando a polarização, daí o nome dado por Tiburi "fascismo turbinado pelas tecnologias".

É Dunker (2019) quem chama a atenção para como o bolsonarismo captou um clima anti-intelectual, antipolítico, antiartístico, e deu origem a um movimento de retorno à tradição, ao Exército, à moral tradicional, culminando no "mito" como o herói excepcional que é um cidadão comum. Narrativa mítica fortalecida pela imagem do militar que sofre uma injustiça, uma violência: é pelo esfaqueamento sofrido que Bolsonaro (candidato) era carregado nos braços do povo, a partir de quando se fortalece a imagem de herói, representante dos brasileiros injustiçados. E essa agressão deu ainda mais força para uma ideia que circulava e circula entre vários brasileiros, de que na época da Ditadura – dos militares no poder – havia menos violência e corrupção, bandeira essa propagada pela retórica bolsonarista.

Já apresentei como vários teóricos da psicologia das massas, impactados pelos movimentos totalitários como fascismo ou nazismo, buscaram compreender o que levou a massa a se submeter cegamente ao líder, à autoridade, e a realizar atrocidades em nome desses ideais. Mas a desconfiança em relação ao líder e ao Estado autoritário no cenário atual se soma a fatores como a nova etapa do capitalismo, a globalização, a mudança das organizações familiares, o enfraquecimento do patriarcado, a fragilização de hierarquias e a própria internet (Penna, 2014). E nesse contexto surge o desafio de pensar os grandes grupos com destaque para as redes sociais, os fenômenos das fake news, das milícias digitais, dos memes e das manifestações como as de 2013. Antes de abordarmos em detalhe esses fenômenos contemporâneos, abordo dois textos redigidos por psicanalistas em livro comemorativo da publicação do *Psicologia das massas*, que procuram pensar as atuais massas digitais, cotejados pelo texto freudiano.

Em "A psicologia das massas e as técnicas de construção de equivalência povo-líder no populismo digital", Lee (2021) retoma a psicologia das massas freudiana em uma perspectiva freudo-lacaniana, em diálogo com a teorização do cientista político Laclau. Ao discutir as especificidades de uma nova maneira de fazer política, utilizando dos recursos digitais para reforçar estratégias discursivas, com intuito de hipersimplificar o mundo por meio de uma linguagem maniqueísta, o autor argumenta que é reificado o polo antagônico da bolha que detém o poder em oposição aos excluídos, potencializando mensagens rápidas de forte reverberação emocional. Um dos traços manipulados, segundo o autor, é a insatisfação (antes difusa), que pode ser causada por diversos fatores e causas, mas que, ao ser canalizada por meio dessas estratégias discursivas, torna-se o elo que permite unir a todos. Agora eles são um "povo" que tem um representante em comum, um líder carismático. Meu interesse aqui não é esmiuçar a abordagem do autor acerca do populismo, mas assinalar alguns pontos de sua articulação para pensar as massas digitais a partir dos impactos dos bots e dos algoritmos emocionais.

Ao abordar a engenharia do WhatsApp público no período eleitoral presidencial, de 2022, no Brasil, Lee enfatiza como sua estrutura pode favorecer bolhas, partilhando somente com aqueles que pensam igual, sem se confrontar com quem pensa diferente, e está fora da bolha. Isso em um grande número de participantes, acrescido a um anonimato parcial, propiciaria essa simplificação da realidade, uma linguagem violenta contra os pensamentos de fora da bolha e contra os diferentes, sempre favorecendo a catarse emocional potencializada pela rápida circulação digital e pelo ataque agressivo a quem é de fora. Outro fator sublinhado é o microdirecionamento que permitiu ao líder (Bolsonaro) falar com diferentes grupos, um a um, de modo a unir pessoas muito diferentes em torno da causa bolsonarista. O autor argumenta que além dessa manipulação das massas por meio das estratégias digitais que potencializam as características da massa como labilidade afetiva, simplificação do mundo/da realidade, impulsividade, tendência ao ódio e à violência, o bolsonarismo recorre à identificação e ligação libidinal mais duradora que caracterizam as instituições analisadas por Freud (igreja e exército), personificados na figura de Bolsonaro-líder populista.

Nessa sobredeterminação, Lee (2021) propõe que Bolsonaro não personifica tanto um herói, mas sim um porta-voz dos diversos insatisfeitos, com queixas/causas difusas, e que se unem em torno dele no ataque a um inimigo em comum erigido pelas estratégias discursivas bolsonaristas. Ele levanta a hipótese – recorrendo a Adorno – de que Bolsonaro represente "mais uma imagem de projeção coletiva do ego do próprio sujeito do que de uma figura paterna" (p. 21). Assim, "o líder torna-se uma projeção coletiva de cada um dos cidadão da massa insatisfeita. Pois assim como o povo, o líder populista se apresenta como alguém constantemente injustiçado por não compactuar com o 'sistema'" (p. 21). Além disso, Lee se alinha com o psicanalista Ab'Saber (2021), para quem o pacto de morte de Bolsonaro se articula ao ultraliberalismo, e seu manejo da pandemia foi expressão máxima de sua política fascista suicidária.

Já em "A psicologia das massas freudianas e as atuais massas digitais: totalitarismo, distopia e sonhos", as psicanalistas Gurski e Perrone (2021) acentuam como Freud redigiu um texto visionário acerca dos fenômenos sociais, do totalitarismo, do discurso de ódio e segregacionista, e de todo o funcionamento das massas centrado na figura do líder autoritário. Nesse texto, pautado principalmente nas teorizações freudianas, cotejadas pelas lacanianas e adornianas, levanta-se a tese de que as fake news são o principal dispositivo bélico das massas digitais. Isso em um movimento de retorno do totalitarismo, do ataque à verdade, de predomínio da intolerância, do ódio e do preconceito. A discussão do texto levanta a indagação acerca da possibilidade de avaliarmos se está em curso no Brasil um totalitarismo do pensamento produzido pelas massas digitais, que teria como consequência o prejuízo do livre pensar e da capacidade de ação política. E, para isso, argumenta-se que seria preciso conceber novas formas do fascismo em tempos de neoliberalismo. O texto aborda a atual inundação de informações na era digital, com incontáveis fake news, além de um misto de enunciações factuais de tom científico e a intensificação da manipulação dos afetos, para questionar se isso teria efeitos similares aos que ocorrerem com a propaganda nazifascista, totalitária. Mais do que tudo, as autoras procuram desenvolver a tese de que governos de extrema direita, totalitários, estão se utilizando do conhecimento algorítmico, das técnicas digitais de microssegmentação e das redes para colonizar a mente, para manipular a massa, evitando a polissemia de sentidos, restringindo o pensar. Assim, é nos discursos das redes sociais que se encontraram maneiras de divulgar, de formas virais, "verdades construídas em laboratórios de ódio" (Gurski & Perrone, 2021, p. 193). A argumentação é de que, ao contrário do caos cotidiano, do medo, da ansiedade, as fake news oferecem narrativas simples e fortes, que promovem segurança com suas certezas, ao custo da redução da pluralidade do mundo e das múltiplas vozes que o habitam, ou das incontáveis maneiras de narrá-lo em toda sua complexidade. Por fim, reproduzo uma citação que me parece sintetizar a conclusão do texto de Gurski e Perrone (2021) no que tange à psicologia das massas na era digital:

> *A ausência do espaço para a pluralidade de pensamento e para a crítica, o estado hipnótico com o líder, a perda da razão, entre outros traços de nosso tempo que se assemelham muito ao que Freud chamou de psicologia das massas, nos levam a pensar nas atuais "massas digitais" que se apresentam como "massas artificiais", tecnológica, atomizadas, isoladas, configurações que dissolvem o coletivo em individualidades menores e particulares.* (p. 196)

As autoras alertam tanto para os riscos de as desinformações exercerem um papel bélico capital no atual ecossistema político quanto para sua função dentro de um cenário maior de totalitarismo e de empobrecimento da linguagem e do pensar. Mas, se Freud pensou o seu tempo como poucos, me parece que ainda faltou a a muito do que tem sido escrito acerca das psicologias das massas na atualidade, avançar as reflexões acerca das consequências da sociedade digital em que vivemos nas configurações descritas em termos de enxame, multidão (multitude), rizoma ou mesmo pelo termo de rede.

Ainda que a psicologia das massas antes da internet forneça contribuições extremamente pertinentes para pensarmos certas dinâmicas atuais de massa, nos próximos capítulos procuro desenvolver a perspectiva de que é preciso levar em conta outras manifestações do laço social que exigem a sobredeterminação de outras camadas explicativas. Imagino que, com o passar dos anos, novos estudos permitam compreender mais facetas dessa complexa dinâmica social que notamos se delinear nas redes da internet. Mas me parece que a pandemia de covid-19 e os compartilhamentos de fake news em bolhas são um bom pretexto para me arriscar a pensar hoje, com o que já sabemos das redes sociais, a psicologia das massas digitais.

2. Impactos dos algoritmos na psicologia das massas

Algoritmos e novas formas de manipulação da massa

O objetivo principal desta seção é contribuir para a compreensão do funcionamento das redes sociais e seu papel na propagação das fake news. Com esse intuito, procuro explorar a dinâmica de bolhas e seu papel no reforçamento de crenças, que cada vez mais excluem a diferença e a pluralidade de pensamentos. Considerando os efeitos nefastos das fake news no enfrentamento da pandemia, me parece essencial que a psicanálise exerça seu papel de crítica social nesse âmbito. Aliás, não somente psicanalistas, diante do risco da propagação intencional da ignorância – estudada pela agnotologia (Tárcia, 2017) como estratégia utilizada para produzir desconhecimento –, me parece que todos os cidadãos adeptos do pensamento crítico devem se engajar nas redes, seja para investigá-las, seja para fazer sua voz ser escutada. Uma das vertentes da argumentação que procuro conduzir busca justamente elucidar como se dá "um funcionamento discursivo de massa" (Dunker, 2019, p. 122) digital, notadamente seu papel no compartilhamento de fake news. Nessa discussão, procuro problematizar quais seriam as especificidades de uma psicologia das massas & multidões digitais.

Qualquer investigação acerca do papel dos algoritmos na retroalimentação das fake news precisa levar em consideração quanto a própria arquitetura das redes sociais faz com que a dinâmica de publicação e compartilhamento massivo a torne propícia para disseminar desinformação. Isso será explicitado nesta seção por meio de várias pesquisas que analisaram o fenômeno de bolhas. Aqui, o termo fake news abrange informações falsas, mas também abarca as imprecisas ou manipuladas, incluindo a fabricação de notícias com intuito de enganar, o compartilhamento de boatos, ou informações que fora do contexto desinformam, *clickbaits* e manipulações fotográficas, com destaque para o papel das ferramentas de automação e robôs.

O algoritmo constantemente agrupa cada um de nós e é preciso conhecer a lógica algorítmica para driblá-lo; caso contrário você será manipulado passivamente. É preciso reconhecer o movimento do algoritmo, saber reconhecer seus efeitos para mudar o modo que você será conduzido por ele numa manada. Por vezes pode ser baseado em algo que foi postado, uma palavra-chave no Google, no YouTube, um canal que você segue, mas também há um determinismo com base no movimento global, do que está tendo mais audiência naquela rede. Há uma manipulação arquitetural dos algoritmos, mas cada um pode resistir, pode não compartilhar por impulso fakes ou respaldar ódio. Mas é importante que se tome conhecimento dessa estrutura que impulsiona o compartilhamento dos conteúdos de bolha e a disseminação de desinformação.[1]

[1] Síntese baseada na fala de Recuero no vídeo "Uso de redes sociais durante o distanciamento social". Disponível em: https://www.youtube.com/watch?v=ceekI3cLd5k.

Pesquisadora das redes sociais digitais, Recuero (Ferrari & Recuero, 2020) comenta que se um dia uma pessoa coloca a palavra-chave terraplanismo na busca no YouTube, a plataforma começará a enviar um monte de vídeo com essa temática, pois o algoritmo identifica que quem consome esse tipo de vídeo, costuma consumir muitos outros parecidos; ou seja, tem uma bolha que fica imersa vendo mais e mais vídeo sobre terraplana. O que o YouTube busca é o engajamento, então o algoritmo lê como algo positivo alguém que está vendo mais e mais vídeos, independentemente de respaldarem pontos de vista absurdos. E, a partir de então, toda vez que aquela pessoa entrar no YouTube, mesmo que não digite nada relativo a terraplanismo, vem um novo vídeo sobre o tema, novamente repleto de curtidas. Ao ver que tanta gente acredita no terraplanismo, a pessoa fica mais inclinada a considerar aquelas visões alternativas. Enfim, uma pequena síntese da argumentação de Recuero, mas me parece que isso ilustra alguns dos movimentos de manipulação algorítmica.

A partir disso, proponho articular o uso político das redes sociais, a cultura dos algoritmos e as novas formas de manipulação da massa para avançarmos nessa dinâmica das fake news na pandemia. Para elucidar o jogo de manipulação política centrado no espalhamento de fake news em torno da pandemia, especialmente entre 2020 e 2021, tomo por base o resultado de várias pesquisas científicas cujos resultados são detalhados na seção Apêndice.

O artigo de Vermeer *et al.* (2020) intitulado "WhatsApp com política!?" trata da exclamação/questão inicial que encontramos acerca dos impactos da discussão política nos aplicativos de mensagens instantâneas. A partir de 2018, vários pesquisadores consideraram que os grupos públicos de WhatsApp[2] foram determinantes

---

[2] Vale lembrar que em grupos públicos no WhatsApp qualquer um pode entrar, por exemplo, por meio de um link. Por questões de respeito à privacidade não se pesquisa WhatsApp privado, embora se tenha indícios de que o movimento

dos resultados eleitorais.[3] Penso que podemos expandir esse comentário para todas as redes sociais. Mais ainda, não somente podemos problematizar a perspectiva de um WhatsApp com política, quanto de um WhatsApp como política, assim as várias outras redes também precisam ser questionadas como ferramentas tecnológicas que não são neutras, mas políticas. Mais especificamente, meu intuito aqui é discutir o impacto da nova modalidade de fazer política em um mundo marcado pelas redes sociais e como isso pode retratar uma nova dinâmica de psicologia das massas digitais. Em parte, na arena política (e não somente) a manipulação de paixões antecede as redes sociais: trata-se de um modelo de fazer política e de engajar o cidadão, baseando-se não na racionalidade dele, mas na manipulação dos seus afetos e no seu engajamento. Em certa medida, é a própria arquitetura da plataforma digital analisada que determina ou favorece um modelo em que prevalece a homogeneidade em detrimento do debate de ideias. A principal tese que procuro desenvolver nesta seção é a de que a polarização política, em sua vertente de radicalização e ausência de contato com outros pontos de vista, é indissociável da ação dos algoritmos e dos filtros nas mídias sociais, dando origem às bolhas de iguais.

O psicólogo social Haidt[4] argumenta que precisamos considerar uma mudança estrutural no mundo a partir da presença

---

de espalhamento de informações transborde para o WhatsApp privado de cada um. Ao menos no campo científico, não se trata de invasões de celulares, mas de ferramentas legais que podem ser utilizadas dentro de padrões éticos; por isso, no caso de um WhatsApp privado, uma eventual coleta de dados dependeria da entrevista do portador de cada número de WhatsApp ou da sua excepcional autorização para que se estude diretamente sua rede.

3 Spagnuolo, S.; Martins, L. (2021). *Como a política mudou o uso do WhatsApp no Brasil*. Disponível em: https://outraspalavras.net/tecnologiaemdisputa/como-a-politica-mudou-o-uso-do-whatsapp-no-brasil/.

4 Síntese baseada nas apresentações do YouTube: Daum e Haidt (29 maio 2022); Haidt (27 maio 2022; 25 jun. 2022; 28 abr. 2023).

maciça das redes sociais digitais, sugerindo que algo do tecido social mudou e isso se relaciona ao novo modo das tecnologias digitais moldarem a nossa civilização – moldar nossos cérebros e nossas relações sociais. O pesquisador situa como ponto de mudança a introdução das ferramentas de curtir e de compartilhar nas plataformas, comenta que com essa guinada o que parecia ser um espaço livre de conversa foi convertido em um lugar para se performar, para ter seu desempenho avaliado por meio das curtidas, e como instrumento de monetizar as próprias plataformas. Assim, a internet não estaria dando voz às pessoas com menos voz, como se imaginava no sonho democrático, mas originando o que Haidt designa por "estupidez estrutural", que seria esse movimento de extremismo, de ódio digital e de incapacidade de conversar com os diferentes. Segundo ele é como se a arquitetura digital fosse um coliseu romano, com todo o público em volta, gritando por sangue e querendo que todos se matem. Há aplausos quando um ataca o outro. Quem havia entrado na rede social para conversar livremente com seus conhecidos, ao se ver armado no Coliseu, tem seu lado mais violento impulsionado. Parecia inocente um botão de curtir ou comentar, mas, por vezes, o que se vê é que assuntos complexos tratados com seriedade e rigor no transcorrer da história humana, agora são debatidos com ferocidade e em poucas palavras. Desse modo, cada vez relaciona-se menos com a diversidade de pontos de vista, não tem mais espaço para a voz moderada e o que predomina é o extremismo. O psicólogo recorre a Torre de Babel, contando que se trata de uma metáfora para o que presenciamos: não existe mais compartilhamento de narrativas, não há mais compartilhamento de sentido, a linguagem foi confinada de modo que um não fale com o outro, mas transforma um contra o outro. É mais do que uma fragmentação, é um não ouvir mais o outro, tornar-se surdo à diversidade.

A seguir avanço na hipótese de que esse efeito Torre de Babel é indissociável da dadificação da vida de todos nós e, mais especificamente, dos impactos dos algoritmos das redes sociais digitais. É imprescindível conhecermos por dentro a lógica dos algoritmos delas, pois como comenta Ferrari "não existe plataforma gratuita. Quando você está numa plataforma gratuita, a moeda é você" (Ferrari & Recuero, 2020).

A dadificação da vida

A cultura dos algoritmos tem como um de seus principais alicerces a inteligência artificial,[5] cujo pilar é essa massa descomunal de dados chamada de novo petróleo. Isso é utilizado para predizer os comportamentos humanos, a partir da detecção e do reconhecimento de traços nunca antes tematizados/pensados no âmbito singular e coletivo, efetuado notadamente por meio de algoritmos sociais. O papel da inteligência artificial nas redes sociais já era foco de debate antes de notarmos os efeitos de bolha na pandemia, mas talvez mais do que nunca, com a força mundial do discurso negacionista, somos convocados a reconhecer que ignorar o funcionamento dos algoritmos não faz com que seus efeitos desapareçam magicamente de nossas vidas.

Pesquisadora da área, Santaella enfatiza "a onipresença invisível da inteligência artificial" (2019, p. 11) e de seus efeitos nas vidas humanas, que altera a maneira como as pessoas se relacionam,

---

5 De acordo com Santaella (2019): "IA significa a simulação pelos sistemas computacionais de processos de inteligência humana" (p. 18); A "aprendizagem de máquinas está no coração da IA. Ela utiliza técnicas estatísticas que permitem ao computador progressivamente aperfeiçoar seu desempenho em uma determinada tarefa. Trata-se da ciência que consiste em levar o computador a agir sem programação prévia" (p. 19).

suas formas de pensar e agir, com destaque para os impactos das redes sociais e como elas impõem, por sua arquitetura, novos modos de relação e de construção de realidades.

> *A nossa vida está sendo transformada em dados. E isso não é uma metáfora. Tudo o que você faz com o seu smartphone é transformado em dados digitais que são captados, analisados e transformados em inputs . . . O surgimento da sociedade da informação se baseia justamente em um processo de coleta de dados para a gestão da vida pública. Isso não é de hoje. No entanto, a diferença é que temos agora, não só um processo automatizado de coleta de grande quantidade de informação – que se chama de Big Data –, como também muita inteligência embarcada em algoritmos, que faz com que esse sistema possa induzir ações e indicar padrões escondidos, revelados justamente por essa quantidade gigantesca de dados. (Lemos, 2021, p. 28)*

Ao investigar o processo geral de dadificação da vida social, do mundo, o pesquisador Buzato (2018b) comenta que estamos diante de "algoritmos mineradores que 'observam' as ações à sua volta e sistemas de aprendizagem de máquina capazes de reproduzir ações (humanas) sistemáticas, cujas normas, regras e relações causais subjacentes vão além de nossa própria capacidade reflexiva" (p. 80). Apesar de desafiadora, a proposta do autor é de que as tecnologias digitais não devem ser meras caixas-pretas cujo funcionamento nos parece tão inefável que preferimos não saber. Caso contrário, ficamos passivos diante daqueles que manipulam a vida de todos nós a partir dos algoritmos. Em suma: o desafio é compreender melhor como funcionam os algoritmos, seus impactos nas redes sociais e como isso se articula com fenômenos como o espalhamento das fake news. Pois, ao coletar cada vez mais dados e metadados, as tecnologias digitais estão, segundo Buzato (2018c):

> *constantemente antecipando desejos, necessidades, expectativas e mesmo vulnerabilidades dos agentes humanos, agrupando-os, por recomendação, com outros que pensam, opinam e agem de modo semelhante, "aprendendo" a simular a linguagem humana a partir da produção escrita e oral dos próprios falantes/escreventes e, com isso, moldando-se em seu comportamento para transacionar com os humanos de forma cada vez mais vernaculizar, individualizada, menos estapafúrdia e, sobretudo, (falsamente) íntima. (p. 80)*

Os impactos da dadificação no laço social se fazem notar na maneira como nos relacionamos uns com os outros, e como ela impacta o estofo da vida social de um modo muito mais tentacular e pulverizado do que se viu até então.

> *O Big Data não é mais do que uma face espetacularizada de um fenômeno sociotécnico já vigente desde os primórdios da ciência: a dadificação, isto é, a prática de tornar fenômenos invisíveis em entidades visíveis (manipuláveis, interrogáveis, exploráveis) pela tomada de medidas em diferentes dimensões da sua manifestação e busca de padrões estatísticos que funcionam como uma ultrassonografia, para utilizar uma metáfora, do que está em gestação no ventre da natureza. Contudo, em vista da confiabilidade estatística trazida*

> *pelo Big Data, decorrente, em última instância, do tamanho descomunal das amostras disponíveis frente às populações pesquisadas (quem não tem um smartphone hoje?), e por conta da disponibilização de recursos automáticos de análise e visualização de dados disponíveis para praticamente qualquer um que se disponha a aprender a utilizá-los, a constituição de saberes e dizeres baseados em dados e expressos nas formas típicas do trabalho com dados (visualizações e infográficos) avança rapidamente sobre contextos de prática sociodiscursiva a que, até então, eram alheios, por exemplo, salas de aula.*
>
> *Mesmo que nos disponhamos a desenvolver um olhar crítico sobre representações do mundo baseadas em correlações estatísticas, o verbal nem sempre alcança aquilo que precisa ser referenciado nesses textos/representações multimodais, ao passo que essas representações produzem efeitos de sentido, inclusive o de neutralidade, que precisam ser explicados e desafiados. (Buzato, 2018c, pp. 124-128)*

Esse cenário revela a importância de um letramento digital crítico como indispensável, Buzato (2018c) continua:

> *os modos de produção de fatos/verdades na cultura do Big Data (correlação) versus aqueles em que nossas abordagens de letramentos críticos tradicionais se baseiam (causalidade), assim como as características semióticas dos mecanismos de representação do real invocados nos letramentos do Big Data que permitem*

> *um efeito de sentido de literalidade do signo em relação ao objeto. (p. 124)*

A mudança do humano com a linguagem é um dos efeitos da dadificação de todos nós. É preciso estar familiarizado com os conceitos de dadificação e Big Data para nos apropriarmos criticamente deles. Nesse âmbito, Buzato acentua que o estudo crítico viabiliza entender como o Big Data tem sido utilizado para manipular as pessoas, e a pensar padrões éticos de uso dos dados e metadados – que toda pessoa gera o tempo todo sem ter noção do tipo de informação que determinado dado poderá gerar quando cruzado com todos os demais dados sobre você, sobre os outros a sua volta etc. Lembremos que a dadificação viabiliza modos de apreensão do humano e de apresentação desses dados obtidos de modos que muitas vezes não são evidentes ao olhar humano.

> *O "poder das correlações" via Big Data para reforçar preconceitos e estigmas existentes (via modelagem e pragmatismo estatístico) só não é maior do que sua capacidade para criar novos estigmas e formas de discriminação do que o cidadão sequer tem notícia. Por exemplo, um empregador pode encomendar um estudo baseado em correlações que, a partir de informações sobre hábitos pessoais, transações financeiras, relacionamentos sociais, lugar de nascimento, preferências de consumo, entre outras, determinariam se um candidato a emprego tem "propensão" a ser mau pagador, ao crime, ao alcoolismo, ao assédio sexual e assim por diante, sem que nenhuma explicação sociológica ou psicológica exista para essa "previsão" que se torna, nesse contexto, um "marcador" social que a sociologia não reconhece. (Buzato, 2018c, p. 130)*

A detecção de padrões e marcadores que escaparam de disciplinas como sociologia é extensível a incontáveis outras categorias que não eram detectáveis pela maneira tradicional de teorizar o campo a partir das respectivas disciplinas e saberes. Conforme o próprio linguista deixa nítido, trata-se de uma forma de circulação de poder encrustada nessa modalidade de análise de dados. Ou melhor, trata-se de possibilidades (e riscos) inerentes à dadificação, e que exige uma leitura crítica. Para isso, reitero a argumentação de que precisamos quebrar a ideia de que os dados são neutros ou que falam por si. Ao contrário, é preciso enfocar a dadificação como prática social, relacional.

O que Buzato enfatiza é pensar criticamente desde qual o modelo que se utilizou para a coleta de dados até os dados obtidos por conta dessa definição: a visualização de dados revela algo da realidade que não se vê a olho nu, ao mesmo tempo que é uma representação que tem efeitos de sentido que podem ajudar a esclarecer e precisar o fenômeno que representa. Não são manipulações necessariamente maquiavélicas, mas que é preciso desmascarar o ideal neutro, de transparência. O quantitativismo é uma forma de apresentar/representar o mundo, e Buzato (2018c) frisa

> *a ligação da visão quantitativa do mundo que impera no seu contexto de produção com o realismo, o positivismo e a crença na transparência da linguagem, fatores que, juntos, sustentam a ideia de que a visualização não é exatamente uma representação, mas uma visada do real – registrado em números – pelo aparato perceptivo humano. (p. 139)*

O pesquisador destaca a restrita capacidade do ser humano de lidar com grandes volumes de dados – em contraponto ao computador –, assinalando a tendência do ser humano avaliar esteticamente o que visualiza e usar seus modelos cognitivos prévios. A crítica do linguista recai na ideologia de que os números, os dados, e depois as visualizações de dados "são meras transposições da realidade, expressa em forma de número por meio de formas visuais" (Buzato, 2018c, p. 142), reiterando que nem mesmo os dados nem a visualização dos dados são transparentes ou neutros: "quantificar é uma prática social" (p. 145). Na narrativa de dados, há "uma prática que quer narrar sem deixar imaginar, ou mostrar sem precisar contar." (Buzato, 2018c, p. 144), E, contudo, a forma de apresentar esses dados tem efeito na maneira como serão pensados, como serão apropriados.

Quanto mais sabermos ler os algoritmos e os efeitos deles na vida de cada um de nós, mais poderemos decifrar, em nossas vidas cotidianas, os efeitos dos algoritmos. Vejam um exemplo do que hoje se designa "racismo algorítmico" (Lemos, 2021, p. 45) e que abarca inúmeros enviesamentos nessa construção algorítmica tendendo à reprodução do racismo estrutural: câmeras que realizam reconhecimento facial, e que se encontram em inúmeras cidades pelo globo têm pouca precisão para o reconhecimento de pessoas negras, dando origem a inúmeros erros de detecção/diagnóstico:

> *O algoritmo não tem consciência, nem ideologia, ele não é deliberadamente racista ou misógino. Esse conjunto de regras performativas e escritas (pois fazem-fazer, realizam ações) reproduz, consequentemente, ideologias, racismos e misoginia a partir da escolha dos bancos de dados e da forma como o código será escrito – as instruções para processar os dados. Eles fazem aquilo para o que são treinados (com base nos dados e nessa escrita). Ora, se os dados são coletados em um determinado contexto e os algoritmos são escritos apenas por pessoas também de um determinado*

> *contexto (na sua maioria por pessoas brancas, homens europeus, americanos ou orientais), provavelmente eles não aprenderão a reconhecer padrões diferentes. (Lemos, 2021, p. 47)*

Mesmo o fato, que pode passar despercebido, de que se utiliza uma amostra de brancos – por exemplo, como quando a Amazon desenvolveu um algoritmo tomando por base seus funcionários – implica um algoritmo enviesado, ou seja, "vieses [que] emergem automaticamente dos dados usados para o treinamento da inteligência artificial" (Dias, 2021a). Isso sem falar da "exclusão algorítmica" mencionada por Dias (2021b), quando se cria um algoritmo, uma ferramenta para direcionar um público-alvo, que permite a exclusão de certos grupos, perfis etc.

Por sua vez, Jurno e D'Andrea (2017) discutem em nível micro uma problemática semelhante: como pensar a (in)visibilidade algorítmica no feed de notícias do Facebook, que "emerge de forma personalizada para cada usuário como uma composição dinâmica e heterogênea formada por postagens, status, fotos, vídeos, imagens e outros extratos textuais" (p. 464). Assim, o feed de notícias depende do dispositivo em que o usuário acessa o Facebook, porque ela é distinta daquela materializada para outra pessoa em outro momento. Um feed de notícias é constituído a partir das várias curtidas de amigos de cada usuário, mas também depende de quais empresas pagaram anúncios vinculados a certos perfis, hashtags etc. E se articulam também às decisões do próprio Facebook sobre como gerenciar essa ferramenta: "os algoritmos que, ao atuarem como uma composição fluída, com base nos bancos de dados que armazenam os rastros digitais, exibem postagens selecionadas no momento em que o usuário acessa o seu perfil pessoal" (Jurno & D'Andrea, 2017, p. 467). E esse código, essa fórmula matemática que produz o conteúdo que seria de interesse do usuário, muitas vezes é concebido pelo próprio usuário como algo tão incompreensível e opaco que ele prefere ignorá-lo ou não pensar em seus efeitos e modo de processamento. Outras pessoas podem desenvolver teorias conspiratórias acerca de como o Facebook pode estar intervindo em prol de interesses mais ou menos escusos. De todo modo, o que é certo, é que a ideia de que os feed de notícias expressam o que é relevante para cada um só revela quanto ele é um conceito multifatorial e que carece da suposta neutralidade e imparcialidade que sua definição sugere (Jurno & D'Andrea, 2017).

Longe de ser sem consequências, os feed de notícias são "capazes de nos fazer sentir felizes ou tristes, expor-nos a ideias novas e desafiadoras ou nos isolar em bolhas ideológicas" (Jurno & D'Andrea, 2017, p. 467). Com base na pesquisa que demonstrava esse impacto emocional no humor a partir de certo perfil de postagens, o Facebook interveio nos feed de notícias exibidos a seus usuários, manipulando-os para esconder certas postagens, com base nos termos de uso do site. Nesse sentido, "longe de serem neutros e apolíticos, os algoritmos constroem e implementam regimes de poder e conhecimento, e o seu uso tem implicações normativas" (Jurno & D'Andrea, 2017, p. 467). Além disso, os algoritmos das redes como o Facebook estão sempre sofrendo alterações, mas permanece obscuro qual é exatamente o peso de cada variável e como funcionam os algoritmos que produzem os feed de notícias.

O título do artigo de Chu *et al.* (2010), "Who is Tweeting on Twitter: Human, Bot, or Cyborg?", ressalta uma questão fundamental para pensarmos não somente o Twitter como toda a internet, em especial as redes sociais e suas imbricações algorítmicas. Encontramos nesses vários bots, programas automatizados, que operacionalizam a disseminação de informações e efetuam *updates*, quanto bots programados para difundir fakes, spams ou links maliciosos; além do *ciberbog* – caracterizado como um bot que tem a assistência de um humano ou vice-versa (por exemplo, alguém que faz postagens durante alguns momentos do dia e quando não mais está disponível deixa um bot postando em seu lugar). Nesse contexto, os autores levantam a questão: como saber com quem se está falando quando se está no Twitter. Nessa pesquisa, foram analisadas 500 mil contas, procurando identificar quais dos 40 milhões de tuites poderiam ser categorizados em cada um desses perfis – humano, bot, ciberbog/ciborg. Pelas regras do próprio Twitter, se ele identifica um padrão correspondente a um bot,[6] caracterizado por uma atividade de postagem intensa, a conta pode ser suspensa. No entanto, várias pesquisas foram feitas para mostrar como o Twitter não consegue detectar inúmeros bots em funcionamento, inclusive bots criados pelos próprios pesquisadores no âmbito universitário com o intuito de expor as brechas do sistema.

De maneira similar à questão trazida na pesquisa mencionada, Dickerson, Kagan e Subrahmanian (2014) utilizaram como amostra de pesquisa 555 mil usuários que desembocaram em 7,7 milhões de tuites entre 2013 e 2014 sobre o assunto das eleições na Índia, e constataram que, com o desenvolvimento da inteligência de máquina e com a maior eficácia e precisão dos algoritmos, é mais difícil saber direito quem é o autor de um tuite – se uma pessoa ou um bot automatizado. No entanto, independente da autoria humana ou maquinal, é evidente o impacto dos tuites nas eleições políticas recentes. Nesse âmbito, os autores frisam que se você olha outras plataformas, não somente o Twitter, como o Facebook, uma porcentagem dos seguidores/apoiadores de qualquer candidato serão bots. Ao contrário dos parâmetros utilizados no estudo anterior, nesse os autores criaram um bot que teria por objetivo identificar o fator sentimental nos tuites como modo de determinar se

---

[6] De modo geral, um bot tem um padrão mais regular, periódico de postagem, enquanto o humano é mais irregular.

quem escrevia era humano ou não. Assim, utilizaram o SentiBot para detectar, além dos padrões semânticos, modelos linguísticos etc., um fator que inclui o sentimento, a polaridade sentimental, a contradição, a concordância ou discordância, a força dos sentimentos positivos e negativos etc.

Acima de tudo, o que esses estudos parecem deixar evidente é que por meio da inteligência artificial e da aprendizagem de máquina, os algoritmos e modelos estatísticos viabilizam que as tecnologias/os robôs capturem algo do humano, dando origem, por exemplo, a bots que simulam, ou melhor, formatam respostas com aparência humana: máquinas que cada vez mais dialogam com humanos e como humanos (Buzato, 2018a, 2018b, 2018c). E, na arquitetura da rede, em parte é indiferente se quem posta é ou não humano, pois seu efeito de influência na rede é semelhante. Em suma, reitero a principal tese deste capítulo: tendemos a pensar que as tecnologias nunca são neutras e devem ser investigadas como práticas sociais. E essas pesquisas nos alertam que o que experimentamos como realidade é marcado e delimitado, entre outras contingências, pelas tecnologias digitais – pelos feed de notícias, pelo design, pela navegação sugerida. Mais ainda, essas pesquisas nos alertam para comportamentos de massas mobilizados pela política dos algoritmos, pelo Big Data, pelas fake news, além de novas formas de controle governamental e corporativo, dando origem a movimentos mais ou menos deliberados de manipulação da massa, explorando especialmente o campo emocional/comportamental a partir dos algoritmos sociais.

A cultura dos algoritmos e as bolhas digitais

Agora pretendo abranger certos impactos da cultura dos algoritmos nas redes sociais, enfatizando como isso desemboca em amplificar fenômenos de polarização e o espalhamento das fake news. Uma das teses que procuro explorar é a de que as redes sociais tiveram um papel fundamental nas bolhas e no compartilhamento das fake news na pandemia, levando em conta que uma das consequências dos algoritmos é

> *a gradual segregação ideológica de pessoas. Isto ocorre, em parte, por conta da hierarquização ou priorização imposta desde cima pelos algoritmos (por exemplo, do Facebook), que escolhem o que será visto com mais frequência por um usuário da rede a partir de seu próprio comportamento. (Salgado, 2019, p. 35)*

Sob essa perspectiva, a tendência à segregação, à exclusão do diferente já existia antes da IA, mas os algoritmos potencializam ao máximo esses traços. Pela quantidade imensa de dados disponíveis, é necessário recorrer a filtros e algoritmos que influenciam o que será visto, por quem, com qual prioridade, de modo que, com frequência, retroalimenta aquilo que a pessoa já costumava curtir, gostar, a maneira como pensava, se comportava etc. Isso reverbera no fenômeno das bolhas com tendência à homogeneidade. A polarização nas redes é estimulada e fortalecida pela IA, embora ela reforce traços que já existiam: "os algoritmos empurram sua experiência social na direção bolhosa do pensamento semelhante ou único" (Salgado, 2019, p. 37). Ou seja, os algoritmos contribuem com essa tendência à unicidade ao favorecer o agrupamento de pessoas que pensam/se comportam de forma semelhante, de modo que se desacostumam a lidar com a diversidade de ideias. Segundo esse ponto de vista, se criou cada vez mais um espaço não propício ao diálogo de ideias em que se solidificam "hordas digitais" (Da Empoli, 2019, p. 116). Mas no que as hordas digitais são diferentes das hordas antes do digital? Ou ainda, o que da própria arquitetura e da dinâmica das redes sociais é determinante não somente da dinâmica, mas da estrutura de massa e de multidão em tempos digitais? Para avançar nessa discussão sugiro retomarmos o fio de discussão do impacto da dadificação na psicologia das massas e multidões.

Conforme sublinha Buzato (2018b),

> *cada rede social, aplicativo ou sistema operacional que utilizamos, dadifica algo de nós . . . . O Facebook, por exemplo, dadifica nossos relacionamentos visando construir sociogramas; o LinkedIn, nossa experiência profissional, para gerar 'talentogramas' (*talent graphs*); o Twitter dadifica nossos humores e inclinações emocionais. (p. 99-100)*

Especial destaque pode ser dado à "dadificação de nossas interações sociais e experiências subjetivas (Buzato, 2018b, pp. 99-100).

O algoritmo apreende algo que é desconhecido de como o humano se via, se concebia, se teorizava, se imaginava. Nesse sentido, Sumpter comenta que parte do obstáculo para pensarmos as informações coletadas e o conhecimento obtido por meio do Big Data se dá pela dificuldade da mente humana conseguir apreender todas as dimensões de dados que são computadas e analisadas por meio de inteligência artificial:

> *os humanos pensam sobre outras pessoas usando um número pequeno de dimensões – idade, raça, gênero e, se as conhecemos um pouco melhor, personalidade –, enquanto os algoritmos já estão processando bilhões de pontos de dados e realizando classificações em centenas de dimensões. Quando não entendemos como o Facebook nos classifica, a piada somos nós, não os*

> *algoritmos. Perdemos a capacidade de entender completamente as conclusões dos algoritmos que criamos. (Sumpter, 2019, pp. 42-43)*

Para continuar esse debate, recorro à conceituação de dadificação proposta por Buzato (2018a), contraposta à leitura mais tradicional de que:

> *a dadificação é o processo pelo qual volumes extraordinários de dados têm sido obtidos por empresas e governos via monitoramento e sensoriamento do cotidiano das pessoas. Essa massa heterogênea ganha significado (vira informação) a partir do trabalho estatístico convertido em representações visuais chamadas visualizações e/ou narrativas de dados*

Já o linguista teoriza que:

> *dadificação como* uma atividade epistêmica que consiste em registrar e mensurar as mais diversas dimensões da natureza (inclusive do comportamento humano), gerando dados que, mediante operações estatísticas humanas e não humanas, revelem informações e modelos preditivos capazes de gerarem valor (econômico ou de outra natureza) para alguém. *(pp. 95-96, grifo do autor)*

Buzato (2018b) destaca ainda: "a dadificação traz uma dimensão técnica, que inclui uma nova área de pesquisa e aplicação chamada Big Data, e uma dimensão ideológica subjacente, que projeta a visão quantitativa do mundo sobre facetas inusitadas do comportamento humano" (p. 119). Se é comum escutarmos que os dados são o novo petróleo, o que busco delimitar aqui é uma especificidade da quantificação e dadificação das práticas sociais e da subjetividade humana (Buzato, 2019).

Na esteira dos programas de computador que monitoram dados fisiológicos – como o registro dinâmico do funcionamento cardíaco –, surgiram vários programas com o objetivo de compreender o comportamento humano. Para alguns pesquisadores, essa quantificação dos comportamentos, das respostas psicológicas, desemboca em um "*self* algorítmico" (Turkle, 2016, p. 81). De todo modo, não é anódino que você se veja pelo prisma de um algoritmo que quantifica e qualifica suas respostas psicológicas e que te dá um feedback de quem você é, o que você está sentindo, e assim por diante. Quando um algoritmo analisa os dados que você forneceu sobre seu comportamento, suas emoções, isso tem repercussões. Nesse âmbito, quando o Facebook edita uma montagem de fotografias que deveriam retratar os momentos mais importantes da sua vida, ele realiza uma "curadoria" (Turkle, 2016, p. 87) baseada no que o sistema determina como relevante. Quando um software processa seus comportamentos e diz que você é x ou y, ele lhe fornece um molde para que você veja o mundo de acordo com aquele sistema de pensamento, se alicerçando naqueles algoritmos. Há uma sedução dos números que faz com que em grande medida várias pessoas gostem quando o computador lhes fornece um *score*, um número que quantifica o que se falou de si em um teste de personalidade ou um quiz. E cada vez mais existem programas que "falam" para seus usuários a partir dos dados obtidos – tanto fisiológicos quanto psicológicos. Esses feedbacks seriam, assim, formas (ou moldes) para se ver sob a óptica do algoritmo, de se apreender daquela maneira. E tem toda uma geração adepta dos "*feedback devices*" (Turkle, 2016, p. 90), desde os contadores de passos e calorias queimadas até as variadas avaliações de personalidade. Nesse cenário, surgiram movimentos sociais designados

The Quantified Self (QS) movement (Turkle, 2016, p. 93) nos quais as pessoas se reuniam para contar histórias a partir dos dados de *self-tracking*. Em todo caso, tais quantificações se tornaram moeda corrente e afetam cada vez mais a maneira que o humano pensa e vive, como ele se vê e vê os outros, como ele percebe o mundo.

O número restringe e define algumas das possibilidades de construção narrativa. Números não são meros elementos de uma possível construção narrativa: construir uma história com base em dados quantificáveis fornece distintas matérias-primas que alteram o processo e o resultado. Além disso, para muitas pessoas, um dado quantitativo pode ser tomado como fato em si e não como algo a ser apropriado subjetivamente para se inventar uma nova história acerca de si mesmo.

Turkle (2016) conta ter entrevistado para uma pesquisa sobre tecnologia e subjetividade uma jovem angustiada, que tentava interpretar o que o algoritmo viu nela quando começou a receber marketing direcionado para tratamento de anorexia, divagando se poderia ter relação ao tipo de produto que ela comprava ou dos restaurantes nos quais encomendava pratos de comida. Nesse âmbito, Turkle enfatiza o quão enigmático se torna compreender como "pensa" o algoritmo e qual o processo pelo qual se cria aquela imagem – devolvida em espelho pelas ofertas, pelo output do sistema. Essa jovem dizia, que não sabia mais se o algoritmo não havia compreendido nada a seu respeito ou se ele a conhecia melhor do que ela mesma.

Esses "espelhos quantitativos do *self*" (Turkle, 2016, p. 96) interpretam cada pessoa e em certa medida tomam as palavras ditas em si, sem favorecer um deslocamento, um deslizamento possível de sentidos. De outra parte, esses mesmos programas, bem como outros tantos, podem ser inseridos em espaços de diálogo com amigos, familiares, terapeutas etc. Portanto, Turkle não diz que esses "dados" não possam ser subjetivados, não possam ser apropriados de maneiras inventivas, que viabilizem a criação de narrativas de si, mas que não é de modo automático: "*Apps* podem lhe dar um número; somente pessoas podem fornecer uma narrativa" (Turkle, 2016, p. 81).

Conforme já foi abordado, os dados não falam por si, e inventar sentidos, interpretar subjetivamente os dados,[7] não

---

[7] Em texto provocante desde o título, "*Data storytelling*", e a dadificação de tudo: um gênero bastardo de mãe narrativa e pai banco de dados", Buzato (2018b) se propõe a pensar formas híbridas de narrativas e bancos de dados. Sob essa perspectiva, da mesma maneira que se fala de outros letramentos, haveria letramentos de dados; ou seja, a habilidade de "acessar, avaliar, manipular, sumarizar e apresentar dados" (p. 84). O autor se refere a dados como "um conceito abrangente que se refere tanto a itens individuais quanto a conjunto de fatos, tanto a textos, fotos e vídeos quanto a estatísticas e itens informativos, tanto a dados não estruturados (arquivos) quanto a dados estruturados (bancos de dados)" (p. 85). O linguista abarca essa maneira internética de traduzir em termos quantitativos grandes quantidades de dados, por meio de um tipo de computação em nuvem, que além de lidar com altíssima velocidade com uma quantidade imensa de dados, é capaz de "mimetizar" alguns "tipos de raciocínio humano" (p. 96). Qualquer pessoa que já navegou na web descobre em uma fração de minutos a relevância de agentes de filtragem, de instrumentos de indexação dos dados disponíveis na internet. A "transformação destes dados em informação, para fins epistêmicos" (p. 98) ocorre pela visualização de dados (VD) e pelas narrativas de dados (ND). Além disso, o autor destaca o quanto há uma tendência cada vez mais forte de que não se realize somente o que seria uma apresentação/visualização, mas que se narrem as histórias destes/com estes dados. E mais, essa abstração dos dados se torna uma abstração (da informação) que por sua vez viabiliza decisões pragmáticas, desembocando em um mercado de dados do Big Data. Nesse contexto, o autor enfatiza que o engajamento do cidadão, podendo se apropriar dos dados se articula a saber que não existe neutralidade neles, e que é preciso interpretá-los; ou seja, que os números não falam por si. Em um dos exemplos de Buzato, ele demonstra como muitas vezes se abordam os dados como fatos que falassem por si; ou seja, que não seria preciso se debruçar sobre as razões ocultas pelas quais alguém se comporta de certa maneira, pois o relevante seria o mero dado, o fato de se poder rastrear como um grupo se comporta, e que permite prever, medir, rastrear e tomar decisões com base nisto. O linguista

somente não é automático como demanda a possibilidade de aprender a se narrar. E ainda assim, não é a mesma coisa apreender por meio desse percurso algorítmico de outras modalidades que já existiram em outras épocas da história da humanidade.

Quando alguém navega na internet, interage numa rede social e vê uma mensagem com aquilo que não sabia sobre si, que não sabia que desejava ou pensava, isto é apresentado a si a partir da leitura algorítmica. O psicanalista Dunker (2021) comenta como os algoritmos nos devolvem aquilo que não sabíamos que desejávamos, como um "Outro digital" (p. 16). Aqui podemos indagar acerca de efeitos proprioceptivos desse Outro digital – que oferece essas várias leituras do que não se sabia que queria, que pensava etc. O psicanalista propõe, inclusive, que as novas tecnologias podem potencialmente apreender o "DNA mental do sujeito" (p. 19).

É usual escutar falar de dadificação/datificação do eu para caracterizar todas as informações que podem ser obtidas sobre cada pessoa a partir dos algoritmos de IA. Há inclusive quem fale de "inconsciente digital" (Santaella, 2021b, p. 143) para designar essa dadificação de "tudo o que se sabe sobre você que você mesma não sabe e que tem mais efeito sobre suas escolhas e motivações do que tudo o que Freud lhe disse sobre a novela familiar" (p. 143). Na esteira da hipótese de um determinismo algorítmico haveria um "eu digital" que retrata "a conversão de aspectos de nossas vidas em dados computadorizados" (Santaella, 2021b, p. 133). Esses perfis em grande medida capitalizados pelas *big techs* que comercializam os dados que são a matéria-prima de seu lucro; e é justamente

---

analisa e critica várias versões elaboradas pelos especialistas da *data storytellling*, como se ela fosse uma mera transmissão e interpretação contextual dessas informações, denegando quanto os designers são narradores dessa história e que não estão meramente informando algo que seria neutro em si.

nesse ponto que há uma cobrança por uma maior ética e transparência das empresas que realizam essa dadificação.

Esse duplo digital/algorítmico (Santaella, 2021b) alicerça em grande medida as bolhas: a partir do que o algoritmo lê, ele reforça sempre a mesma narrativa, visão de si, do mundo, dos outros. Um dos pilares do aprendizado de máquina é mapear o comportamento passado de modo a prever o futuro, o que pode desembocar em um determinismo em que o futuro acaba sendo limitado pelo passado: se o algoritmo te oferece um determinado padrão, porque detectou que era o padrão que você preferiria, você precisará aprender a resistir ao algoritmo, "enganá-lo", para romper com a reiteração da oferta restrita pelos seus dados que foram passados. Você fica, assim, em contato com o que Santaella chamou de "gêmeos digitais" (Santaella, 2021b, p. 143),[8] que são construídos e dinamizados pelos algoritmos que "direcionam os dados que vão compondo os outros de nós mesmos" (p. 143). Essa alteridade digital é constituída pelos algoritmos, ou melhor, por aquilo que foi detectado e revelado de si a partir dos rastros digitais singulares,[9] mas eliminando a diferença que existe entre irmãos gêmeos. Nesse cenário, a questão levantada pela autora é como seria possível pensar um duplo digital que não seja um espelho que cegue a pessoa em uma imagem idêntica, mas que dê espaço para a alteridade?

Dunker (2021) assinala o risco do que designa ser um "condomínio digital" (p. 16) reiterado pelas bolhas: o próprio movimento de sair da bolha encontra obstáculos no algoritmo, que tende a

---

8 A autora menciona que o termo foi criado por outro pesquisador das tecnologias digitais: Kerckhove.

9 É importante ter em mente que esse gêmeo digital se alicerça em um processo, aberto, em que são coletadas informações dinâmicas, contínuas, sobre cada um de nós. Por meio da internet das coisas, de todos os dados que são rastreados e fornecem dados (Dias, 2021a).

incorporar essas tentativas de furo, podendo dar origem a uma "super-bolha" (p. 16). No entanto, adicionalmente o psicanalista avança outra hipótese: a de que é possível pensar o algoritmo para além da ideia de que ele funciona como um Outro digital que devolve ao sujeito sua mensagem (revelando seus desejos etc.). E, para isso (recorrendo à arte cibernética), Dunker (2021) retoma a importância do acaso, salientando, dentre outros, o papel do emergente, do acaso que pode surgir por exemplo de "pianos que compõe músicas a partir da forma randômica das nuvens" (p. 17).

Considero ser preciso revisitar não somente a psicologia das massas, mas vários outros textos e conceitos freudianos a partir da nossa época, do engajamento nas redes e dos impactos subjetivos dessas transformações. Além de Sherry Turkle, que dedicou sua vida ao Massachusetts Institute of Technology (MIT) pensando questões das tecnologias digitais e da subjetividade, em terras brasileiras temos o trabalho extenso e intenso de Lucia Santaella (2021b), que procura delinear como as transformações tecnológicas mudaram nossa linguagem, nossos sistemas de linguagem, a cognição humana, tudo isso pensado no eixo do hibridismo. Queiramos ou não teorizar o homem contemporâneo como ciborgue, de tanto que está fusionado à tecnologia digital, essa condição pós-humana exige uma nova apreensão da subjetividade dos nossos tempos.

Outro desafio é geracional: geração x, y, z, nativo digital. Cada um desses grupos cresceu imerso em tecnologias digitais que têm especificidades determinantes e formas específicas de estudar, de se comunicar, de falar consigo mesmo e com os outros. Temos uma geração – hoje, jovens adultos – que cresceu tendo como uma das companhias mais relevantes da vida um Furby, e que foram crianças que se habituaram a ter a presença sempre disponível desse ou de outro objeto tecnológico. Para que o Furby ficasse quieto, era preciso remover as baterias; mas se isso fosse feito, quem ele era seria deletado, pois havia um *reset* de sua memória, e suas experiências prévias se perdiam. Assim, a disponibilidade contínua do Furby precisava ser correspondida pela presença de um outro humano que fornecesse alimentação regular – por meio do gesto do humano de pressionar sua língua –, pois, caso contrário, o Furby adoeceria. Como uma criança, seu corpo precisava ser cuidado, nutrido. Ele precisava dormir, então cada criança encontrava um jeito de colocá-lo para dormir, uma vez que retirar a bateria não era uma alternativa usualmente considerada, pois "mataria" o Furby. Hoje, o Furby é objeto do museu tecnológico, mas foi marcante em toda a "geração Furby". Como pensar toda a questão de constituição dessa relação eu/outro nessas diferentes gerações, as relações entre demanda e desejo, a relação com o tempo?[10] Se a nossa geração é a das redes sociais, precisamos pensar como isso transforma as nossas subjetividades.

Há um desafio de seguir uma narrativa ou mesmo uma conversa fragmentada nas inúmeras redes da internet. Não somente há a dificuldade de acompanhar as trocas que nela ocorrem, as modalidades de fazer laço, como o desafio da própria fragmentação dessas relações, da forma como os laços identificatórios ficam mais fragmentados em torno de certos traços, dando origem a um espalhamento de grupos centrados em afinidades, com base em gostos, ideais, identidades. Assim, com o enfraquecimento dos grandes ideais comuns e de uma ilusão mais global, ganha destaque uma pulverização de ideais e dos aglomeramentos em torno de questões étnico-político-sociais mais delimitadas. E muitas vezes, cada um desses grupos ou subgrupos se sentem ameaçados pelos outros subgrupos – qualquer um que ameaça a já frágil coesão do grupo. Assim, os aglomerados digitais carregam em seu

[10] Encontramos uma interessante revisitação dessas questões na geração digital em Dunker (2017).

âmago toda a complexidade das atuais tecnologias digitais. Meu intuito foi me respaldar nos estudos estruturais das redes, especialmente das redes sociais, para traçar um estudo inicial do que podemos pensar acerca das especificidades da psicologia das massas & multidões digitais.

Agora retomo a discussão acerca da cultura do algoritmo a partir de algumas articulações entre a estrutura das redes sociais e suas implicações para o compartilhamento de fake news e outros impactos no comportamento das massas. Proponho, inicialmente, explorarmos a seguinte tese de Da Empoli (2019):

> *No velho sistema . . . quem quisesse criar um consenso majoritário – e não só de nicho – tinha que se dirigir ao leitor médio com mensagens moderadas, em torno das quais poderia convergir o maior número possível de pessoas. . . . O mundo dos físicos de dados funciona de maneira diferente. Aqui, para criar consenso, o fato de lançar um projeto político capaz de convencer todo mundo conta muito menos, visto que – como profetizava Michel Foucault há quatro décadas – o povo, massa compacta, foi abolido em benefício de uma reunião de indivíduos separados, cada um passível de ser seguido em seus menores detalhes. (pp. 156-157)*

Para avançarmos nessa linha argumentativa, retomo os estudos de Buzato (2018c) em que o linguista teoriza haver um movimento das tecnologias digitais de "agrupar (clusterizar) seus usuários em torno de outros traços identitários e subjetivos que as teorias sobre cultura e multiculturalismo não capturam, senão de forma difusa e, por vezes, estereotipada" (p. 38). Trata-se, portanto, de traços que "não são categorias ou atributos projetados sobre os sujeitos, mas 'extraídos' de sua atividade mediada pelas TDIC, na forma de dados e metadados" (Buzato, 2018c, p. 38). Ou seja, a partir de cálculos probabilísticos, com base nos algoritmos, por meio do sistema de aprendizagem de máquina, são detectados padrões de que não se desconfiava, e que fornecem modelos preditivos do comportamento individual e coletivo. O aumento gigantesco da velocidade, volume e variedade de dados coletados nas redes viabilizou a análise de clusters de mídias digitais, grupos não familiares ou comunitários, e vários destes grupos não se encaixam nas categorias sociológicas tradicionais. Aqui, procuro avançar a tese de que é a partir dessa dadificação e das redes sociais que encontramos novas modalidades de agrupamento e novos movimentos de dinamização das massas.

Retomaremos adiante esse debate acerca de possíveis especificidades das massas & multidões digitais, mas já reitero a hipótese de que os algoritmos possibilitam que se direcione mensagens/informações e se manipule comportamentos de um modo mais direcionado a cada um, por meio da detecção desses traços/padrões que ainda não haviam sido observados ou estudados, e que podem mesmo ser desconhecidos.

Da Empoli (2019) recorre ao modelo da física[11] para explanar "comportamentos humanos aglomerados" (p. 145), como analisados via Big Data. Assim procedendo, o autor investiga a maneira pela qual "políticos" e outros que recorrem aos estudos algorítmicos dos aglomerados humanos trabalham com essa quantidade imensa de dados com o intuito de determinar padrões e simular resultados possíveis. Dessa maneira, ele estuda como se testaram várias mensagens virtuais com foco nos públicos-alvo, de modo a

---

[11] Estudos da física para pensar esses aglomerados de comportamentos humanos como um sistema caótico no sentido físico de que uma pequena variação, como a introdução de uma fake news, embora pareça inicialmente algo sem grandes consequências, pode produzir efeitos secundários enormes.

estabelecer correlações e testar[12] o conjunto mais eficaz para cada momento, com objetivos delimitados, de modo a investigar qual o efeito de cada mudança – pela introdução de uma fake news no comportamento de cada pessoa/grupo, por exemplo. Ao contrário de uma abordagem ampla que atingia a média, há, a partir dessas análises de Big Data, uma personalização da mensagem (destinada a cada eleitor, no caso de uma eleição, mas que é expansível para tantos outros cenários). Desse modo, "pode-se, por exemplo, abordar os argumentos mais controversos, endereçando-os somente àqueles que lhe são sensíveis, sem correr o risco de perder o apoio de outros eleitores que pensam diferente" (Da Empoli, 2019, p. 152). Uma vez que grande parte dessas mensagens direcionadas são feitas na rede digital, esse tipo de viés pode passar despercebido. Em política, tal fenômeno é designado "*dog whistle politics*" (p. 153) por ser audível somente para um segmento (no caso se referem ao apito que só os cães escutam).

---

12 Ao se debruçar detalhadamente sobre o Brexit, Da Empoli (2019) realiza a seguinte síntese: "os físicos estatísticos cruzaram os dados da pesquisa no Google com os das redes sociais e com banco de dados mais tradicionais, para identificar os potenciais apoios ao '*Leave*' [o voto pela saída] e sua distribuição pelo território. Depois, explorando o 'Lookalike audience Builder', um serviço do Facebook muito popular entre as empresas, eles identificaram os 'persuasíveis', ou seja, os eleitores que não haviam sido trazidos para o campo do Brexit, mas, com base em seus perfis, podiam ser convencidos" (p. 150). O autor relata que nas dez semanas seguintes foram enviadas quase um bilhão de mensagens personalizadas, principalmente, no Facebook, personalizando as mensagens que se determinou serem as mais convincentes, que produziriam mais adesão em cada nicho. O retorno de likes, comentários etc., realizado pela análise dos dados do Facebook permitiu delimitar quais eram as mensagens que obtinham mais retorno: "cada categoria de leitores recebeu uma mensagem sob medida: para os animalistas, uma mensagem sobre as regulamentações europeias que ameaçam os direitos dos animais; para os caçadores, uma mensagem sobre as regulamentações europeias que, ao contrário, protegem os animais" (p. 151). E é impressionante a constatação do autor de quanto isso implicou o envio de mensagens personalizadas que podem ser consideradas contraditórias.

Ao estudar como o Big Data é analisado e seu impacto em quais mensagens provocam o engajamento buscado, Da Empoli[13] constatou que a raiva era um importante elemento de retroalimentação. Mais ainda, mensagens que produzem medo, ódio, raiva ou ressentimento têm mais chance de adesão e têm mais potencial para serem exploradas. A partir do conhecimento do funcionamento das redes sociais, de quais dados são analisados e de algoritmos estabelecidos, sistemas inteligentes/experts realizam tentativas as mais variadas até obterem as que são mais eficazes para direcionamentos de comportamento, desde a compras de produtos até o voto eleitoral.

Nesse panorama, em um movimento de manipulação (como aquela com finalidade política) pode ser direcionada uma afirmação e sua negação, uma opinião e sua refutação. Nesse cenário, não vale mais ser coerente, moderado, mas estar no olho do furacão: catalisar sempre a atenção da rede, do público. Aqui o Da Empoli (2019) argumenta – analisando vários casos de eleições políticas recentes – que grande parte desses políticos (ou sua equipe) tinham, acima de tudo, sede de poder e conhecimento dos algoritmos; ou seja, se os algoritmos detectam que há um potencial grande naqueles em crise identitária, que querem a volta dos valores da família tradicional, da nação antes da globalização e assim por diante, então se direciona a campanha para isso, não porque seja no que se acredita, mas porque é o caminho da vitória.

Sob essa perspectiva, Da Empoli (2019) frisa que o sucesso eleitoral pode ser obtido por um partido ou um líder "sem linha própria definida, mas capaz de interpretar as demandas mais diversas graças à bússola dos dados" (p. 159). Nesse sentido, ele

---

[13] A discussão em torno dos algoritmos e as contribuições de Da Empoli a esse campo foram previamente abordadas em meu livro: *Adolescendo em tempos instagramáveis*.

ilustra o caso estadunidense afirmando que “o próprio Trump se comportava no fundo como um algoritmo em carne e osso, tuitando e bombardeando o público com comentários de todos os tipos – para, em seguida, modificá-los de acordo com as reações” (p. 158). Diante dos tuites de Trump, o autor afirma que “a coerência e a veracidade contam muito menos que a amplitude da ressonância, que cobre o espectro inteiro das opiniões . . . Sem nenhuma intenção de moderá-las, nem de sintetizá-las” (p. 159). Segundo essa lógica, é possível produzir um tipo de contágio psíquico que faz com que o eleitor fique inclinado a votar em um candidato que expressa algo que ele não queira reconhecer em si. Aqui a voz de um pequeno nicho mais inflexível pode ser usada para manipular os eleitores que preferiam não ter aqueles preconceitos, mas que obtém (por procuração) uma gratificação dos desejos negados. O que interessa é agitar o potencial extremista de cada um, donde a relevância de não mais unir, mas estimular os radicalismos, radicalizando os extremos.

Aqui a tese de Da Empoli (2019) é a de que isso decorre, em parte, dos efeitos daquelas vidas perfeitas altamente invejáveis, expostas nas redes sociais, e de um movimento de atribuição de culpa a um outro/inimigo supostamente responsável por todos os males e insatisfações pessoais, podendo desembocar numa “epidemia de ressentimento e de raiva” (p. 77). Nesse cenário, ele assinala que há pessoas que aprendem a explorar os algoritmos de modo a multiplicar a visibilidade de suas causas, procurando inflar esses fatores emocionais. “A indignação, o medo, o preconceito, o insulto, a polêmica racista ou de gênero se propagam nas telas e proporcionam muito mais atenção e engajamento que os debates enfadonhos da velha política” (p. 88).

Parece-me oportuno fazer um pequeno desvio: a internet tem inúmeras possibilidades e inicialmente se apostava que ela seria primordialmente um modo de conexão de saberes, que teria como pilar conteúdos úteis e diálogos racionais. Assim, é possível pensarmos que essa predominância quase absoluta para a maior parte dos usuários do conteúdo de negócios, ou conteúdos ligados a essa afetividade mais impulsiva, à necessidade de autoexpressão, fala do nosso tempo.

Há algo da engenharia das redes e dos algoritmos que faz com que a organização em bolhas de grupos identitários, militantes, seja impulsionada; e os movimentos políticos mais tradicionais perderam totalmente o controle dessa nova modalidade de aglutinação, de dinâmica social.[14] Enquanto a mídia tradicional e os políticos tradicionais criticavam as bolhas e denunciavam que ninguém que se baseasse nos microcosmos (anti-establishment, racistas, fanáticos das mais variadas ideologias) em contraposição ao politicamente correto, ao direito das minorias propagado pela globalização democrática, iria ganhar as eleições, foi isso que ocorreu não somente no Brasil como em vários outros países democráticos. Nesse sentido, os politicamente corretos e os globalizados criaram sua própria bolha impermeável ao recusar escutar o que essas outras vozes tinham a dizer (Da Empoli, 2019, p. 157).

O recurso utilizado para identificar essas vozes silenciadas, subterrâneas, se alicerçou no "*microtargeting*" (Da Empoli, 2019, p. 121), reconhecendo nichos, pequenos grupos para os quais enviar mensagens direcionadas, segmentadas a uma parcela da população que estava esquecida, adormecida. E, essa modalidade virtual de atingir o nicho viabilizou e viabiliza que "campanhas contraditórias coexistam em paz, sem nunca se encontrarem até o momento do voto" (Da Empoli, 2019, p. 157).

---

14 Ideias que surgiram a partir de comentários de Marcelo Buzato a meu texto.

Ao invés do foco nesses subgrupos, divergentes entre si, Smith (2018) ressalta como a análise tradicional da mídia social privilegiava o modelo "saco de palavras" (*bag-of-words*) (p. 11), o qual "parte do princípio empírico impreciso de que um conjunto de mensagens conectadas forma uma unidade" (pp. 11-12), enquanto "na realidade, geralmente são observados grupos diferentes. Unificar o conteúdo desses subgrupos distintos para análise é perigoso" (p. 12). Uma das contingências do método de saco de palavras é o efeito de "roda estridente" (Smith, 2018, p. 12), pelo qual uma minoria que fala alto cria a impressão de que sua opinião é aquela que prevalece na maioria. Enquanto isso, o modelo de rede reconhece que se formam clusters de pessoas que pensam igual, "com pessoas tendendo a conectar-se a outras com quem concordam" (Smith, 2018, p. 12) e que podem ficar invisíveis quando somente se reconhece o grupo que fala mais alto, chamado de "uma minoria vocal".

Assim, cada um vive na sua bolha e não se dá conta disso pelo direcionamento personalizado de todas as mensagens; se encontra na internet aquilo que já se buscava de antemão, ou seja, sempre se permanece na mesma bolha. Embora a base da internet seja a coexistência das vozes plurais, o que acontece é que não se escuta outras vozes além da própria ou daquelas a que se buscava ouvir desde sempre. Dessa maneira, produz-se

> *a alienação total da diversidade de vozes, opiniões e novas possibilidade potencialmente dissonantes. Só "vemos" nas redes o que "queremos ver" porque o ambiente foi programado (algoritmos, inteligência artificial etc.) para construir clusters de sentido personalizados, que reforçam nossos valores, crenças e percepções arraigadas. (Perez, 2018, p. 42)*

Nesse cenário (Perez, 2018), surgem ainda outras manipulações coletivas fazendo uso da cacofonia, quando se criam polêmicas que desviam a atenção de uma grande questão política em jogo; por exemplo, os "tuitaços" criados para fazer um movimento social (como uma greve) perder força ou para desmobilizar uma opinião contrária a algo que se quer reforçar. Misturam-se, então, os perfis de pessoas que têm uma posição/ponto de vista que se deseja estimular, ao qual se adicionam perfis humanos (fake ou não) pagos para manipular os dados, ao compartilhar e retuitar tudo o que se quer reforçar. Empresas que se especializam em vigilância robotizada, bem como as que direcionam as ações dos *social bots*, podem trabalhar tanto a favor quanto contra qualquer causa; ou seja, podem tanto desenvolver estratégias contra quanto a favor. No entanto, como Da Empoli, Perez afirma que essa cacofonia intencional é poderosa por repercutir algo que preexistia nas pessoas que se deixam levar por essas ondas. Embora outrora já houvesse esse tipo de comportamento de ódio dirigido ao outro, a rede tornou a adesão muito mais intensa e a velocidade muito mais rápida, reforçando a massa que compartilha esse tipo de discurso de ódio,[15] na velocidade das tecnologias contemporâneas.

Ora, "se o movimento convergente da velha política marginalizava os extremistas, a lógica centrífuga da política dos físicos os valoriza" (Da Empoli, 2019, p. 157): aqui é a lógica da "guerrilha virtual" (p. 100) na qual se trata de atacar o outro, a mídia tradicional, o establishment. Isso tudo se baseando nos algoritmos, a

---

[15] "Percebe-se que qualquer pessoa, a qualquer momento, no mundo virtual, está sob o risco de se tornar um *neo-hater* pois a linha entre expressar uma opinião, reclamar uma solução, fazer uma crítica e destruir em grupo a reputação de alguém, sem espaço de defesa, é muito tênue. Todos parecem querer julgar algo ou alguém como se, afoitos, tivessem finalmente descoberto um canal de escoamento de variados tipos de frustrações: emocionais, profissionais, políticas, sociais" (Perez, 2018, p. 57).

partir do que se detectou do comportamento humano, de modo a divulgar e reforçar as informações que produzirão as reações objetivadas – com frequência destinadas a propagar o ódio dirigido contra um inimigo/uma ideia/algo a que se atribuiu o motivo de seu sofrimento, do seu ressentimento, medo, ódio.

A quebra do politicamente correto, de regras de civilidade e mesmo da coerência permite que se digam mentiras, fake news sejam divulgadas, e isso não põe em xeque a autenticidade de quem o divulgou. Parte do que mobiliza essa multidão fomentada pelo ódio e pelo ressentimento são as críticas do establishement contra esse estilo incoerente de fazer política. Nesse cenário, gafes não significam perda de popularidade, pois quanto mais divulgadas na mídia, mais chamam a atenção, e a hostilidade dirigida às bobagens ditas faz com que se situe como inimigo comum aqueles críticos que exigem um padrão único de conduta. E o político desajeitado, que diz o que bem quer, cometendo gafes ou dizendo ofensas "sem querer", também pode ser integrado à imagem de gente como a gente, marcando sua diferenciação em relação ao modelo antigo do político, de modo que toda essa gama de comportamentos é integrada em uma estratégia política mais ampla (Da Empoli, 2019).

Penso que o que Da Empoli fala acerca de estratégias políticas pode ser expandido para compreendermos a prevalência de várias outras manifestações dos extremismos e dogmatismos na atualidade. O autor ressalta que não se trata mais de unificar todos sob de um ideal comum, de um único denominador, mas de inflamar as paixões. Aqui, o relevante não é a veracidade dos fatos, mas enviar uma mensagem com um suposto fato verdadeiro e, principalmente, com um forte fator emocional implicado: trata-se, acima de tudo, de incitar aquele ódio que não se permitia expressar. Usando esse ódio e o direcionando ao bode expiatório, que interessa à causa/ao objetivo específico, manipula-se multidões – embora a internet viabilize que isso seja direcionado a cada pessoa. Há contradições entre as várias mensagens – pelo direcionamento virtual e específico de cada nicho –, mas essa pluralidade de vozes emissoras fica invisível aos outros públicos: isso passou muito tempo despercebido da mídia tradicional, dos acadêmicos e de parte dos interessados nos impactos das tecnologias digitais no comportamento humano.

Tem surgido no cenário global e nacional várias questões acerca de quais os efeitos psíquicos dessa manipulação dos dados e indagações de como sair dessa enrascada sem ficar à mercê de um outro (mais ou menos) anônimo que conheça essas possibilidades abertas pela internet, e que está se utilizando de Big Data para incitar o ódio; que, pautado nas bolhas favorecidas pela arquitetura das redes sociais, transformou a pandemia em um experimento social de necropolítica. No caso brasileiro, é impossível pensar esse cenário dissociado de como essa questão de saúde pública foi politizada e entrelaçada ou imersa em fake news, sendo imprescindível entender como a psicologia das massas hoje é uma psicologia das redes digitais. Retomarei essa discussão mais adiante no livro, mas gostaria de assinalar outro aspecto que o estudo estrutural da internet destaca: é que, embora tenham um aspecto de desorganização e caos, as massas & multidões digitais – assim como as redes sociais – não são nem inteiramente organizadas, nem inteiramente desorganizadas. E, nesse cenário, ao estudar o espalhamento das desinformações nas redes sociais, podemos lutar para que, ao menos parcialmente, sejam coibidas essas manipulações coletivas feitas por quem conhece a lógica algorítmica. E assim, a partir da compreensão dessas modalidades de agrupamento, podemos todos nos esforçar por uma apropriação da internet com fins mais democráticos.

Guerrilha digital no Brasil: como as redes sociais estão moldando comportamentos e escolhas políticas

"Guerrilha digital: como as redes sociais estão moldando comportamentos e escolhas políticas",[16] esse é o título de uma *live* em que o político brasileiro, André Janones, que ganhou os holofotes pela sua expertise no manejo das redes sociais com finalidade política, apresenta sua leitura do papel das redes sociais digitais no atual cenário político. A síntese da *live* em certa medida é uma continuidade à discussão que fiz tomando por base os estudos políticos de Da Empoli, mas me pareceu pertinente essa menção a Janones como um "estudo de caso" brasileiro, que aborda não a análise de um cientista político estudando os políticos, mas um político deliberadamente explicitando como ele pensa essa dinâmica das redes e como explorá-la, ainda que para fins democráticos.

Em várias outras seções foi abordada a temática das estratégias de espalhamento das fake news, com destaque para sua manipulação com finalidades políticas (arena em que se inclui o espalhamento das desinformações acerca da pandemia). Menciono o exemplo de Janones como ilustração de um político que fala abertamente sobre suas tentativas de intervenção nas redes sociais com destaque para sua expertise na lógica algorítmica das redes sociais da internet. O ponto de partida da *live* é discutir os efeitos das fake news no sistema eleitoral brasileiro, a partir da constatação de seus efeitos nas eleições presidenciais vencidas por Bolsonaro, e levando em conta todos os outros impactos das fake news na democracia.

---

16 Nesta seção realizo uma síntese da abordagem de Janones, tomando por base sua fala na *live* "Guerrilha Digital". Disponível em: https://www.youtube.com/live/_czxJ0kxN3k?feature=share.

Gostaria de destacar sua menção à relevância de escutar as redes e as pessoas, e quanto para isso é preciso tomar cuidado com a algoritmização, pois se você não intervir ativamente, o algoritmo vai deixá-lo o tempo todo trancado exclusivamente em uma bolha, escutando sempre as mesmas coisas. Há várias outras estratégias que o político explicita ter aprendido a manejar de modo a manipular a própria lógica do algoritmo. Isso se traduzia em "pegar a onda" de um tema em voga para crescer junto, relatando ter percebido como isso já estava sendo usado com eficácia pelo bolsonarismo.

Janones reitera como nas redes sociais digitais o que vale é o engajamento – buscado e retroalimentado pelo algoritmo. Em outras palavras, reina a máxima "falem mal, mas falem de mim". O político comenta como Bolsonaro se mantinha o tempo todo nos *trending topics*, como ele conseguia chamar a atenção pela facada ou por um marcador negativo como o #elenao. Mas o que o algoritmo lê é que você (e um monte de gente) está toda hora falando dele na rede, gerando mais postagens, mais atividade na rede digital – o que reverte em mais capital social para a plataforma de mídia social. Assim, Janones cita que o algoritmo cada vez mais promove o Bolsonaro. O que ocorre é que muitas vezes alguém que entrou na rede para criticar o Bolsonaro, por exemplo, porque se irritou com uma ofensa preconceituosa que ele fez às mulheres, descobre que ele liberou a posse de armas e para aquela pessoa a posse de armas é muito mais importante do que qualquer outra pauta, e então o voto dele começa a migrar.

Há várias estratégias inferidas a partir de sua própria experiência nas redes. Nesse âmbito, Janones cita a relevância da personalização de cada rede social, sendo de grande relevância conhecer as nuanças de cada rede – Instagram, TikTok, Facebook etc. – de modo a se utilizar da arquitetura de cada uma de forma diferente. O político chama o WhatsApp e o Telegram de redes subterrâneas, porque quem está fora do grupo não sabe o que está acontecendo nelas, mas ressalta as estratégias que devem ser focadas na lógica de que nessas redes as pessoas têm a sensação de que compartilham com mais privacidade. Janones comenta, por exemplo, que embora se diga que o Facebook morreu, ele ainda é extremamente importante para o compartilhamento de informações no Brasil. Menciona também que se uma postagem teve mais comentários, o algoritmo do Facebook vai estimulá-la. Já o algoritmo do Twitter entrega mais questões polêmicas e ideológicas, tendo como usuários um público de formadores de opinião.

Ao levar em conta que o WhatsApp é a rede das relações mais íntimas, de um compartilhamento mais intimista, o político adota certas estratégias direcionadas. Nesse sentido, ele comenta na *live* que usou o WhatsApp e o Telegram principalmente na eleição de Lula, em 2022, buscando mobilizar seu público, por exemplo, soltando áudios do tipo "pessoal preste atenção que hoje Lula vai postar no Facebook e é importante replicar lá". É interessante que ele caracteriza os usuários do Telegram, nos grupos com eleitores pró-Lula, de soldados que vão replicar tudo. Acho ilustrativo porque Janones explicita o que ele viu acontecer do lado bolsonarista e como ele está tentando reagir a essa guerra digital, buscando forma para as pessoas militarem, e se engajarem.

Um fator que atravessa todas as redes é a importância da constância: o algoritmo reforça o engajamento, então precisa fazer postagens para circular mais e mais, uma vez que constância produz engajamento. Algumas estratégias mencionadas são a importância do que se designa como intimidade, o que é estimulado quando se compartilham áudios/vídeos do Bolsonaro falando em tom informal, "diretamente" com o ouvinte. A estética mais informal também é relevante quando se faz vídeos populares do tipo que se pode escutar barulhos no fundo, em que parece haver improviso.

Para concluir esta seção retomo o título da *live* para salientar a relevância de investigar como as redes sociais estão moldando comportamentos e escolhas políticas, pois me parece que se for para pensar uma psicologia das massas em tempos digitais é imprescindível considerar a algoritmização do cenário político, o que será determinante na forma como algo como a pandemia será assimilada.

3. Narrativas da covid-19 – Uma pandemia de fake news?

A seguir procuro avançar outras consequências do fenômeno de bolha e das dinâmicas próprias das redes sociais. Proponho um desafio ao leitor: tente imaginar se deparar somente com a parte deste capítulo em que incluí as falas e declarações do governo acerca da pandemia. Imagine que você não conhece todo o lado B dessa história. E suponha que todos a sua volta reforçam o que está sendo dito, originando câmaras de eco que respaldam uma versão da realidade centrada em uma narrativa única (a negacionista). Embora qualquer leitor que tenha chegado a este ponto do livro já tenha nítido como penso que ocorra a construção de uma versão fake da pandemia. Essa abordagem exploratória pode permitir uma aproximação com a qual se deu a construção do discurso de negacionismo que foi adotado e incorporado por tantas pessoas.

Fake news na pandemia: um experimento social de manipulação coletiva

No relatório[1] "A linha do tempo da estratégia federal de disseminação da Covid-19", publicado pelo Centro de Pesquisas de Direito Sanitário da Universidade de São Paulo (CEPEDISA), Faculdade de Saúde Pública, encontramos um informativo solicitado pela CPI da pandemia, comissão parlamentar criada pelo Senado Federal, em 2021, para investigar a condução governamental da pandemia. Esse estudo "tem por objetivo aferir a hipótese de que está em curso no Brasil uma estratégia de disseminação da Covid-19, promovida de forma sistemática pelo governo federal". Ao analisarem os pronunciamentos das autoridades federais, os autores do relatório salientam quão frequente foi o destaque à narrativa de que a forma mais eficaz de resposta à covid-19, que tardou a ganhar estatuto de pandemia, era viver a vida normalmente enquanto não se obtinha a imunidade coletiva "de rebanho". No entanto, essa estratégia nunca foi aquela prescrita pela OMS:

> *Segundo a OMS, a imunidade coletiva ou imunidade de grupo é a proteção indireta contra uma doença infecciosa que se obtém quando uma população se torna imune, seja como resultado de uma vacinação ou por ter anteriormente se infectado, com a ressalva de que "a OMS apoia a postura de obter a imunidade coletiva mediante vacinação, não permitindo que uma doença se propague em um grupo democrático, eis que isto resultaria em casos e falecimentos desnecessários.*

---

1 Todas as citações mencionadas constam no relatório produzido por Ventura, Aith e Reis (2021) para a Comissão Parlamentar de Inquérito (CPI).

Em pronunciamento, já no início da pandemia, o porta-voz da OMS, Tedros Adhanom Ghebreyesus, frisava que "a imunidade coletiva se alcança protegendo as pessoas contra o vírus, não as expondo ao vírus". Conforme é destacado pelo relatório, "nunca na história da saúde pública recorreu-se à imunidade coletiva como estratégia para responder a um surto, muito menos a uma pandemia. Isto suscitaria problemas científicos e éticos". Além de ressaltar que não se sabia ainda o suficiente sobre a imunidade ao vírus, Tedros assinalava que morriam pessoas de todas as idades, fora do grupo considerado de risco, além de não se saber quais eram as consequências a longo prazo após ter sido infectado pelo vírus, no que ficou conhecido como covid longa ou covid-19 prolongada. Além disso, Tedros sustentou haver ações possíveis que permitiam coibir a transmissão entre as pessoas sem que isso implicasse parar a sociedade, rompendo com a perspectiva negacionista de que o isolamento implicaria parar o país. Além disso, sendo feito o isolamento sanitário, mesmo quando houvesse surtos de transmissão, esses seriam controláveis por se restringirem a poucas pessoas próximas que tivessem contato entre si; ao contrário do que ocorre quando há aglomerações.

O relatório enfatiza que outros países tentaram estratégias de abertura, que se mostraram desastrosas, mas que o Brasil persistiu adotando condutas que favorecem a disseminação da doença e consequentes óbitos, além de reiteradamente assegurar ao país o título de pior resposta à pandemia ou país que repetidas vezes conseguiu o lugar máximo no ranking nada elogioso da quantidade diária de mortes por covid-19 no mundo. Em suma, como o relatório sublinha, o presidente da ACCESS Health International esclarece que "imunidade de rebanho é outro nome para assassinato em massa". No relatório podem ser encontradas as várias referências utilizadas para embasar as articulações entre o voto em Bolsonaro nas eleições presidenciais de 2018 e os baixos índices de adesão à quarentena, ou os indícios dos efeitos dos discursos federais no comportamento populacional frente à pandemia, citando inclusive os mapeamentos dos deslocamentos do então Presidente durante a pandemia e a provocação deliberada de aglomerações em que se reiterava o discurso de não adesão a medidas sanitárias básicas como o distanciamento e o uso de máscara de proteção.

O cenário de falhas no enfrentamento da covid-19 é ainda mais impactante quando se pensa que o Brasil sempre foi referência de políticas de saúde pública e de campanhas eficazes de vacinação em massa. Ao analisarem as atividades normativas prescritas pelo governo Bolsonaro, o estudo elenca uma sucessão de decretos que buscavam obstruir medidas estaduais e municipais de contenção da pandemia, aumentando o rol das atividades essenciais e vetando projetos de lei que tinham por objetivo conter a disseminação do vírus, o que desembocou nos incontáveis embates entre Poder Legislativo e Judiciário, como constatamos quase diariamente nas notícias cotidianas. Em nome de uma oposição que afirmava haver entre saúde e economia, o discurso martelado pelos representantes federais era de que a quarentena era mais danosa, que seria muito mais nociva do que o vírus. Assim, o relatório frisa ter se disseminado uma propaganda deliberada contra a saúde pública, além do apoio a um tratamento precoce com medicamentos comprovadamente sem eficácia, convertido como política pública de saúde, em prol de um discurso político que:

> *mobiliza argumentos econômicos, ideológicos e morais, além de notícias falsas e informações técnicas sem comprovação científica, com o propósito de desacreditar as autoridades sanitárias, enfraquecer a adesão popular a recomendações de saúde baseadas em evidências científicas, e promover o ativismo político contra*

> *as medidas de saúde pública necessárias para conter o avanço da covid-19.*

Não bastasse isso, o relatório comprova que houve uma "incitação constante à exposição da população ao vírus e ao descumprimento de medidas sanitárias preventivas, baseada na negação da gravidade da doença". Na versão governamental, com exceção dos idosos e das pessoas com comorbidade, o cidadão devia ter coragem – personificado no negacionismo do presidente – e viver normalmente a vida. Argumentando que pessoas com "histórico de atleta" (como supostamente ele teria) asseguraria proteção, entrando na esteira de banalização das mortes e do sofrimento da população.

Toda vez que a imprensa divulgava críticas embasadas cientificamente à condução federal da pandemia, jornalistas eram submetidos a ataques violentos. A ênfase no relatório, contudo, é de que essas estratégias não foram erros de cálculo, negligência ou incompetência, mas "revela(m) o empenho e a eficiência da atuação da União em prol da ampla disseminação do vírus no território nacional", sendo ainda destacado como, ao contrário da estratégia de rebanho e de combate às medidas eficazes, a área militar do governo seguiu as recomendações da OMS, obtendo "excelentes resultados". Enfim, o relatório deixa evidente que:

> *A incitação ao contágio tem como principais pilares a disseminação da falsa crença de que existe um tratamento precoce para a doença e o constante estímulo ao desrespeito massivo de medidas sanitárias básicas como o distanciamento físico e o uso de máscaras, agravadas pela também recorrente banalização do sofrimento e da morte, além da desqualificação dos indivíduos que, com razão, temem a doença.*

Proponho, ainda orientada pelo relatório, uma breve narrativa das declarações de Bolsonaro no início da pandemia.[2] No começo da pandemia, no dia 7 de março de 2020, Bolsonaro declara:

***

> "Obviamente temos, no momento, uma crise, uma pequena crise. No meu entender, muito mais fantasia, a questão do coronavírus, que não é isso tudo que a grande mídia propala ou propaga pelo mundo todo".

***

Em março de 2020, no dia 09, em entrevista ao apresentador Ratinho, o presidente declara:

***

> "Se chegar lá [em idosos] uma gripe qualquer . . . Então o que acontece em parte da imprensa, né? O cara entrou em óbito. E tinha dado positivo para o vírus. E tinha dado lá diabetes, não sei o quê. "É disto que morreu, do coronavírus!" O que é que eu faço? Eu não quero levar o pânico para a população brasileira. A minha missão como chefe de Estado é levar a verdade e dizer para eles que isso vai chegar. Vai passar. Vai passar, não tem como. Você vai viver isso daí.

2 As referências bibliográficas mais detalhadas podem ser consultadas no relatório especificado.

> Essa onda vai passar por cima de você. Talvez eu tenha adquirido antes, como eu disse agora há pouco, e você também. Há um mês atrás, vinte dias atrás, já acabou, já estamos imunes. Estamos ajudando a imunizar o Brasil. Porque o vírus bate em nós e não passa para terceiros. Você vai passar por isso. Agora, o pânico é terrível".

***

Ainda em março, do mesmo ano, o presidente chamou seus apoiadores para massivas aglomerações, que culminaram na manifestação de 15 de março de 2020, quando seus apoiadores foram às ruas, se aglomeraram e postaram faixas a favor da intervenção militar e contra o Supremo Tribunal Federal (STF). Logo a seguir, no dia 17, em entrevista à Rádio Tupi, o presidente declarou: "O que está errado é a histeria, como se fosse o fim do mundo. Uma nação como o Brasil só estará livre quando certo número de pessoas for infectado e criar anticorpos". Reforçando sua posição negacionista em oposição ao grupo de "inimigos". No dia 22, em entrevista à TV Record, ele afirmou que "Brevemente, o povo saberá que foi enganado por esses governadores e por grande parte da mídia nessa questão do coronavírus".

Em paralelo, outros membros do governo reforçam esse ponto de vista, contrapondo saúde e economia. Nesse mesmo mês, março, o ministro da Economia, Paulo Guedes, fez duas declarações que sustentavam a posição do presidente de que se os cidadãos ficarem em casa haverá um caos nacional decorrente de uma crise econômica desastrosa, em pouco tempo ganha força a campanha federal contra o isolamento intitulada "O Brasil não pode parar".

***

> "Os idosos vão pra casa. Os mais jovens podem circular, têm mais saúde, mais defesa imunológica. E a economia consegue encontrar um meio-termo. Porque se ficar todo mundo em casa, o produto (a economia) colapsa.
>
> Meus amigos, duas ondas enormes avançam em direção ao Brasil. A primeira já nos atingiu, é uma calamidade de saúde pública e ameaça nossas vidas, nossa saúde. E a segunda vem na esteira da primeira, pode ser uma enorme onda, dependendo de nossa reação ameaça nossos empregos e uma crise econômica como nunca sofremos".

***

No dia 24 de março de 2020, o presidente faz o seguinte pronunciamento oficial em rede nacional;

***

> "O vírus chegou, está sendo enfrentado por nós e brevemente passará. Nossa vida tem que continuar. Os empregos devem ser mantidos. O sustento das famílias deve ser preservado. Devemos, sim, voltar à normalidade. Algumas poucas autoridades estaduais e municipais devem abandonar o conceito de terra arrasada, a proibição de transportes, o fechamento de comércio e o confinamento em massa. O que se passa no mundo tem mostrado que o grupo de risco

> é o das pessoas acima dos 60 anos. Então por que fechar as escolas? Raros são os casos fatais de pessoas sãs com menos de 40 anos de idade. . . . Devemos, sim, é ter extrema preocupação em não transmitir o vírus para os outros, em especial aos nossos queridos pais e avós, respeitando as orientações do Ministério da Saúde. No meu caso particular, pelo meu histórico de atleta, caso fosse contaminado pelo vírus não precisaria me preocupar, nada sentiria ou seria, quando muito, acometido de uma gripezinha ou resfriadinho, como bem disse aquele conhecido médico daquela conhecida televisão".

***

Ainda em março, Bolsonaro falou que adotaria um "isolamento vertical" alinhado a Trump, o que nada mais é do que uma "fraude pseudocientífica" que não possuía qualquer fundamento na literatura médica e científica. Além de não existir essa forma científica de enfrentamento da pandemia, o relatório salienta como no Brasil seria inviável a ideia de isolar os mais idosos e vulneráveis dadas as dificuldades habitacionais do país. Ou seja, esse isolamento vertical não somente não tem bases científicas como acarretaria "um gerontocídio anunciado". No entanto, conversando com apoiadores em frente ao Alvorada, o presidente insistiu:

***

> "O brasileiro tem de ser estudado, não pega nada. O cara pula em esgoto, sai, mergulha e não acontece nada".

***

E em pouco tempo declarou durante um passeio em Brasília:

***

> "O vírus está aí. Vamos ter que enfrentá-lo, mas enfrentar como homem, porra. Não como um moleque. Vamos enfrentar o vírus com a realidade. É a vida. Todos nós iremos morrer um dia".

***

No mês seguinte, em abril, já no primeiro dia do mês, chamado corriqueiramente de dia da mentira, o presidente postou em sua rede social um vídeo em que há denúncias de escassez de alimentos no Ceasa de uma cidade mineira, a qual decorreria do isolamento imposto em Minas Gerais, o que em seguida foi desmentido por meio de vídeos e fotos que mostravam o local abastecido. Em frente ao Planalto, as declarações continuavam no mesmo tom para seus apoiadores, reiterando que a cloroquina era o método eficaz de tratamento da covid-19:

***

> "Tá com medinho de pegar vírus? Brincadeira. E o vírus é uma coisa que 60% vão ter, ou 70%. . . . Eu desconheço qualquer hospital que esteja lotado".

***

O relatório é bem detalhado, pois, além dessa narrativa das falas de Bolsonaro, analisa inúmeros outros documentos que demonstram como outras peças-chave do governo como o ministro da Cidadania, Onyx Lorenzoni, e o deputado federal, Osmar Terra, discutiam a gestão da saúde feita pelo então ministro da Saúde Mandetta, argumentando que "Vai morrer menos gente de coronavírus do que da gripe sazonal". No Instagram do assessor do presidente, em abril de 2020, afirma-se que:

***

> "Estamos vendo a vida ser esmagada. Remédios sendo negados, informações obstruídas, liberdades destruídas, intimidades violadas. Tudo 'em nome da saúde'. Pessoas presas por caminhar, trabalhadores presos por trabalhar, celulares rastreados. Isolamento é novilíngua de escravidão".

***

Essa declaração totalmente sintonizada com a afirmação do presidente em uma aglomeração produzida por sua caminhada em Brasília em 10 de abril de 2020:

***

> "Ninguém vai tolher meu direito de ir e vir".

***

Em videoconferência com um grupo de aliados religiosos, em abril, afirma que "Parece que está começando a ir embora essa questão do vírus". Em poucos dias, em resposta a questionamentos diante do Palácio da Alvorado, confrontado com o número crescente de mortes, o presidente declara, em 20 de abril de 2020:

***

> "Eu não sou coveiro".

***

No entanto, em contraponto a essas afirmações, em reunião ministerial de 22 de abril de 2020, o vídeo da reunião, divulgado por determinação do STF, demonstra não somente a falta de um plano estruturado de resposta à pandemia, mas a preocupação eleitoral e a busca de reforçar a todo custo a narrativa governamental acerca disso. Conforme transcrição do vídeo, diante do aumento de óbitos pelo vírus, o presidente afirma:

***

> "Então vamos alertar a quem de direito, ao respectivo ministério, pode botar covid-19, mas bota também tinha fibrose, montão de coisa, eu não entendo desse negócio, não. Tinha um montão de coisa lá, para exatamente não levar o medo à população. Porque a gente olha, morreu um sargento do Exército, por exemplo. A princípio é um cara que está bem de saúde, né?".

***

Em 22 de abril de 2020, o ministro das Relações Exteriores utilizou seu blog para declarar sua teoria da conspiração: "Chegou o comunavírus". Mas o comunismo logo é atribuído à OMS, cujas medidas de saúde públicas são estratégias comunistas.

***

> "Agora o politicamente correto te agarra, te algema e te ameaça: 'Se você disser isso ou aquilo, você coloca em risco toda a sociedade, se você pronunciar a palavra liberdade você é um subversivo que pode levar toda a sua população a morrer – então respeite as regras'. Controlar a linguagem para matar o espírito, eis a essência do comunismo atual, esse comunismo que de repente encontrou no coronavírus um tesouro de opressão".

***

Enquanto continua reiterando seu ponto de vista de que o Brasil tem de viver normalmente até atingir a imunidade de rebanho com 60 a 70% da população já infectada, ainda em abril, em entrevista, o presidente comentou sobre os números de morte no Brasil:

***

> "E daí? Lamento, quer que faça o quê? Eu sou Messias, mas eu não faço milagre".

***

O mês de maio começou no mesmo estilo retórico em declaração dada enquanto passeava de *jet ski* em um lago em Brasília:

***

> "É uma neurose. 70% [da população] vai pegar o vírus, não tem como. É uma loucura".

***

Novamente sugiro a leitura do relatório na íntegra, mas nessa época ocorreramm várias reuniões de Bolsonaro com representantes da Federação das Indústrias do Estado de São Paulo (FIESP), em que assumiu um tom bélico em oposição a governadores e prefeitos que adotaram medidas de isolamento, reforçando sua retórica de que era essencial manter a economia andando e que o tratamento prescrito deveria ser a cloroquina (o que levou à queda do segundo ministro de Saúde, Teich, que havia sucedido Mandetta); posição que foi endossada pelo próximo ministro da Saúde, Pazuello, sem experiência ou formação na saúde, que antes de assumir o cargo em evento oficial já enfatizara: "nem sabia o que era o SUS".

Em entrevista ao Blog do Mano, ainda em maio, temos a seguinte declaração do Bolsonaro:

***

> "Quem for de direita toma cloroquina, quem for de esquerda toma tubaína".

***

E em uma *live* semanal, no dia 21 de maio de 2020:

***

> "É a vida, é a realidade. Morre muito mais gente de pavor, muitas vezes, do que do ato em si. Então o pavor também mata, leva a estresse, leva a cansaço. A pessoa não dorme direito. Fica sempre preocupada 'vou morrer'. A vida tá aí, você faz pesquisa, o que é mais fácil, é morrer de acidente tal ou com esse vírus, ou com outro vírus, ou do coração. Então a vida tá aí, nós vamos embora um dia, tá. A gente lamenta mais uma vez a morte de todo mundo . . . Qualquer coisa em excesso mata. Agora, a questão do vírus. A gente lamenta os mortos. Mas nós temos que ter coragem para enfrentar. É como eu digo desde há 60 dias. É como a chuva, você está aí fora, você vai se molhar. Ninguém contesta que por volta de 70% da população vai adquirir o vírus".

***

A seguir apresento alguns recortes da entrevista coletiva dada pelo presidente em 23/05/20:

***

> "O ano passado morreram 60 mil só de arma de fogo e não falaram nada. Lamento os mortos, sim lamento. Mas é a realidade, todo mundo vai morrer aqui, não vai sobrar nenhum aqui. E se morrer no meio do campo o urubu vai comer ainda. Todo mundo tem o mesmo cheiro. O meu cheiro é igual ao de vocês. Vou feder da mesma maneira.

> Estudo francês, 86% das pessoas pegaram vírus em casa. Vai numa comunidade. Nessa que eu fui aqui, no Rio de Janeiro, mais adensada ainda, tem espaço lá de 4 por 4 [16 m^2], com oito pessoas lá dentro. Obriga todo mundo a ficar dentro de casa, um só contaminado contamina mais sete. A política está errada. Nós temos que enfrentar a realidade, a vida. Não ficar no politicamente correto".

***

Confrontado com os números de mortos por covid-19, em junho, o presidente reafirmou o tom de acusação "Isso é o que está acontecendo geral, qualquer negócio é Covid", ameaçando sair da OMS, acusando-a de ser uma organização partidária e afirmando que não iria mais liberar o número diário de mortes para não disponibilizar mais matéria para o Jornal Nacional. Em 05 de junho de 2020, o secretário do governo, Carlos Wizard, afirmou que o número de óbitos seria recontado:

***

> "porque o número que temos hoje está fantasioso ou manipulado . . . Tinha muita gente morrendo por outras coisas e os gestores públicos, puramente por interesse de ter um orçamento maior nos seus municípios, nos seus estados, colocavam todo mundo como Covid".

***

Em um movimento bélico de ataque contra governadores/prefeitos que adotaram medidas restritivas, em 10 de junho de 2020, declarou para apoiadores na frente do Palácio da Alvorada:

***

> "Cobre do seu governador. Sai daqui . . . Mortes estão havendo no mundo todo, não é apenas a Covid. Agora, querer culpar a mim. Tem muita gente morrendo de fome, depressão, suicídio, uma política feita apenas de um lado".

***

No mesmo dia, em uma *live* transmitida pelo Facebook, o presidente levantou suspeitas contra os hospitais de campanha e incitou seus apoiadores a invadi-los:

***

> "Pode ser que eu esteja equivocado, mas, na totalidade ou em grande parte, ninguém perdeu a vida por falta de respirador ou leito de UTI. Pode ser que tenha acontecido num caso ou outro. Seria bom você, na ponta da linha, tem um hospital de campanha aí perto de você, um hospital público, arranja uma maneira de entrar e filmar. Muita gente tá fazendo isso, mas mais gente tem que fazer para mostrar se os leitos estão ocupados ou não, se os gastos são compatíveis ou não . . . Tem um ganho político, só pode ser

> isso, aproveitando as pessoas que falecem para ter um ganho político e culpar o governo federal".

***

Em agosto, mês em que o Governo recebeu uma proposta de venda das vacinas Pfizer, com proposta de entrega ainda em 2020, a oferta foi ignorada, e em alguns dias Bolsonaro declarou:

***

> "No meu entender, guardando-se as devidas proporções, não vi no mundo quem enfrentou melhor essa questão do que o nosso governo. Isso nos orgulha. Mostra que tem gente capacitada e preocupada, em especial com os mais pobres, os mais humildes".

***

No evento Brasil Vencendo a Covid-19, realizado em 24 de agosto de 2020, o presidente discursou:

***

> "Se ela [cloroquina] não tivesse sido politizada, muito mais vidas poderiam ter sido salvas dessas 115 mil que o país perdeu até o momento . . . Alguns mudam de remédio, eu mudei de ministro . . . O Pazuello resolveu mudar a orientação e botou ali 'em qualquer situação, receitar-se a cloroquina'".

***

Ao se dirigir aos jornalistas presentes, o presidente afirmou que vários ministros haviam sido tratado com cloroquina sem precisarem ser hospitalizados, mas "quando pega [covid-19] num bundão como vocês [jornalistas], a chance de sobreviver é bem menor do que a minha". Em setembro, ao produzir aglomeração na Bahia, declarou:

***

> "Estamos praticamente vencendo a pandemia . . . [o Brasil] foi um dos países que menos sofreu com a pandemia".

***

No evento de posse do ministro Pazuello, o presidente insistiu mais uma vez que a condução da pandemia estava sendo feita de maneira eficaz por seu governo, que as mortes que ocorreram poderiam ter sido evitadas com cloroquina, e que ele havia sido injustiçado por pessoas que não reconheciam que ele estava certo. Sugiro a leitura na íntegra da transcrição fornecida pelo Palácio do Governo do discurso do presidente,[3] mas, em linhas gerais, ele continuou sua argumentação anterior, acrescentando ou reforçando mais alguns indícios de que sua política contra o isolamento era a solução para o vírus, que o isolamento, além de afundar a economia, estava abalando o sagrado valor da família com o aumento dos casos de violência familiar, e que a imprensa era a responsável por provocar o pânico. Em outubro, Bolsonaro declarou em cerimônia oficial:

3 Página 87 do relatório.

***

> "Entramos [em] 2020 e tivemos o problema da pandemia que, no meu entendimento, foi superdimensionado".

***

Nesse mesmo mês, outubro, ao mesmo tempo que surgiam declarações de representantes do governo reforçando terem provas científicas da eficácia de medicamentos como a Annita, o presidente declarou em frente ao Palácio da Alvorada que a cloroquina teve 100% de taxa de cura no tratamento da covid-19 e em um tuite desautorizou a compra de 46 milhões de doses da CoronaVac, que havia sido divulgada pelo Ministério da Saúde. Em 26 de outubro de 2020, ele declarou:

***

> "Todo mundo diz que a vacina que menos demorou até hoje foram quatro anos. Eu não sei por que correr em cima dessa . . . Não é mais barato nem fácil investir na cura do que até na vacina ou jogar nas duas? Mas também não esquecer a cura. A cura aí ...Eu, por exemplo, sou um testemunho. Eu tomei a hidroxicloroquina, outros tomaram a ivermectina, outros tomaram Annita...E deu certo. E, pelo que tudo indica, todo mundo que tratou precocemente com uma dessas três alternativas aí foi curado".

***

Ainda em outubro, no dia 18, o presidente levantou uma teoria da conspiração de que o vírus seria produto de uma guerra entre países:

***

> "Isto existe, os países se preparam para guerras, até com bombas. Aí tem a guerra nuclear, bacteriológica. Pessoal mexe com vírus em laboratório, pode ter escapado isso aí".

***

Em uma longa reunião organizada pelo líder do governo na câmara,[4] deputado Ricardo Barros, encontramos vários dos especialistas que se tornaram aliados do governo, inclusive médicos favoráveis ao tratamento precoce com cloroquina. Dentre várias afirmações encontramos a de que:

***

> "Então, a retomada das nossas atividades normais tem que ser imediata, para o bem da nossa Nação, para o bem de cada um, individualmente, e para a preservação dos nossos mais necessários requisitos de ética, de bem-estar e de convivência. Disso eu tenho absoluta certeza. Do que eu não tenho certeza é se o País pode ainda conviver com políticas que estão

---

4 Páginas 95 e 96 do relatório.

> destruindo a alma e o próprio alicerce da Nação, em termos de ética e de valores básicos, que foram desmontados ou destruídos neste momento de pandemia ou de panicodemia fabricado. Demonizaram um vírus pequeno, que não é mais importante que o vírus da Influenza."

***

Em cerimônia oficial em novembro, o presidente persistiu:

***

> "Tudo agora é pandemia. Tem que acabar com esse negócio, pô. Lamento os mortos, lamento. Todos nós vamos morrer um dia. Não adianta fugir disso, fugir da realidade. Tem que deixar de ser um país de maricas, pô".

***

No mesmo dia, ao comunicar a suspensão dos testes da vacina CoronaVac, seguindo os protocolos científicos que exigiam essa conduta preventiva padrão diante de efeitos adversos graves que deviam ser investigados antes da continuidade da testagem e aprovação da vacina, o presidente afirmou em seu Facebook que:

***

> "Morte, invalidez, anomalia. Esta é a vacina que o Dória queria obrigar todos os paulistanos a tomá-la

> [sic]. O Presidente disse que a vacina jamais poderia ser obrigatória. Mais uma que Jair Bolsonaro ganha".

***

No dia 18 de novembro de 2020, ao conversar com trabalhadores rurais que não pararam de trabalhar, afirmou:

***

> "Parabéns a vocês que não se mostraram frouxos na hora da angústia, como diz aqui a passagem bíblica".

***

E em sua *live* após alguns dias afirmou que:

***

> "A questão da máscara, ainda vai ter um estudo sério falando sobre a efetividade da máscara...é o último tabu a cair".

***

Enquanto em dezembro foi publicado na Folha o artigo "Vacina para todos já"[5], em que onze ex-ministros da Saúde, de diferentes países, denunciam a "desastrada e ineficiente condução do

---

5 Cf. Ex-ministros da Saúde pedem: "vacina para todos já!" – ANESP e Vacina para todos já! - 08/12/2020 - Opinião - Folha (uol.com.br)

Ministério da Saúde em relação à estratégia de vacinação da população contra a covid-19" (p. 107), nesse mesmo mês, no dia 10, o presidente discursou:

***

> "Estamos vivendo um finalzinho de pandemia . . . Não temos notícia dos nossos irmãos da África, abaixo do deserto do Saara, de grande quantidade de óbitos por Covid, e todos esperavam justamente o contrário. A pessoa com alguma deficiência alimentar, pessoas mais pobres, fossem ser em boas quantidades vitimadas. E não foi por quê? Eles tratam lá, muito, infelizmente, a malária. Então o elemento chegava com malária e com Covid-19, era tratado com hidroxicloroquina e ficava bom. Precisa ser muito inteligente para entender que a hidroxicloroquina serve para as duas coisas? Isso é coisa óbvia".

***

A partir de dezembro há cada vez mais declarações ao público em que o presidente se coloca contra o cidadão ser vacinado e que orienta seu ministro a destacar os perigos da vacinação:

***

> "Eu não vou tomar a vacina e ponto final. Minha vida está em risco? O problema é meu".

> "Lá no meio dessa bula está escrito que a empresa não se responsabiliza por qualquer efeito colateral. Isso acende a luz amarela. A gente começa a perguntar para o povo: você vai tomar essa vacina?".

***

Isso intercalado com novas declarações (sem fundamento científico) de que tal e qual cidade nacional ou internacional havia adotado o tratamento precoce com sucesso. Só a título de exemplo, cito mais uma dessas afirmações feitas também em dezembro pelo presidente:

***

> "nós pousaremos logo mais em Porto Seguro, e Porto Seguro é uma cidade da Bahia que marca história também, que ali eu acabei de conversar com ela novamente, mora a doutora Raissa, uma médica, que no meu entender foi uma das pioneiras no tratamento precoce, então vamos nos encontrar, bater um papo, vai estar acompanhada de alguns médicos da região. Inclusive é uma cidade cujo prefeito, cujo governo local adotou esse procedimento, e foi muito bem-sucedido na questão política".

***

E nessa mesma viagem a Porto Seguro, ele continuou:

***

> "Alguns falam que estou dando um péssimo exemplo. Ô, imbecil, ô idiota que está dizendo que dou péssimo exemplo, eu já tive o vírus, eu já tenho anticorpo. Para que tomar a vacina de novo? E outra coisa, tem que ficar bem claro aqui, Dra. Raissa. Lá no contrato da Pfizer, está bem claro nós [Pfizer] não nos responsabilizamos por qualquer efeito colateral. Se você virar um jacaré, é problema de você . . . Se você virar Super-Homem, se nascer barba em alguma mulher aí, ou algum homem começar a falar fino, eles [Pfizer] não têm nada com isso. E o que é pior, mexer no sistema imunológico das pessoas".

***

No mesmo mês, dezembro, diante dos apoiadores em Brasília, continuou no mesmo tom:

***

> "Vocês vão ter que assinar o termo de responsabilidade, se quiserem tomar. A Pfizer é bem clara no contrato: 'Não nos responsabilizamos por efeito colateral'. Tem gente que quer tomar, então toma. A responsabilidade é sua. Para quem está bem fisicamente, não tem que ter muita preocupação. A preocupação é o idoso. . . . Tem uma passagem bíblica,

> Provérbios 24:10. 'Se tu te mostrares fraco na hora da agonia, tua força é pequena'. Tem que encarar, pô! Tem que lutar".

***

Em entrevista a um de seus filhos, o presidente reiterou que:

***

> "A pandemia, realmente, está chegando ao fim. Temos uma pequena ascensão agora, que chama de pequeno repique que pode acontecer, mas a pressa da vacina não se justifica. . . . Vão inocular algo em você. O seu sistema imunológico pode reagir, ainda de forma imprevista".

***

Quando conversou com um apoiador em mais uma das aglomerações que provoca insiste:

***

> "tive a melhor vacina: o vírus. Sem efeito colateral".

***

Começando o ano de 2021, no dia 5, o presidente declarou:

***

> "O Brasil está quebrado, chefe. Eu não consigo fazer nada. Eu queria mexer na tabela do Imposto de Renda, tá, teve esse vírus, potencializado pela mídia que nós temos, essa mídia sem caráter".

***

Após ofícios encaminhados pelo Ministério da Saúde orientando Manaus a administrar o tratamento precoce como cloroquina e ivermectina, em 7 de janeiro de 2021, em uma transmissão junto a Pazuello, o presidente afirmou:

***

> "Quem frequenta a praia, pega um sol e o sol é o que fixa a vitamina D no corpo. Tiveram problemas graves? Não. Tem a solução que está aí. Alguns ficam sempre batendo na tecla: 'Não tem comprovação científica'. Ô, cara pálida, eu sei que não tem, cara pálida, mas daqui alguns anos vai ter".

***

Ainda na mesma transmissão ao vivo, antes de Pazuello criticar a Globo, o presidente segura o jornal Estado de São Paulo enquanto declarou:

***

> "Essa imprensa aqui que não tem qualquer compromisso com a verdade e com a vida do ser humano. E quando vocês pregam mentiras, desinformam, inventam, vidas morrem. Quando vocês levam o terror no tocante à covid, que levam pânico à população, fecham comércio, tomam as medidas de lockdown, levam ao desemprego, e uma pessoa desempregada, ela é levada à morte por outras causas também, como depressão, suicídio. . . . Nós tivemos que enfrentar um fechamento indiscriminado da economia brasileira. Se eu tivesse poder lá atrás de tratar desse assunto nós daríamos uma atenção toda especial pro pessoal de grupo de risco, pessoal com comorbidade e pessoas com mais idade, e o resto da população volta a trabalhar. . . . O que alguns estão fazendo agora novamente de fechar tudo, isso é uma irresponsabilidade".

***

Ainda em janeiro, no dia 13, o Ministério da Saúde lança o aplicativo TrateCov, que seria testado em Manaus e que fundamentalmente realizava um diagnóstico de covid-19 a partir dos sintomas especificados e orientava o tratamento precoce, prescrevendo os respectivos medicamentos. No dia 21, o aplicativo foi removido por solicitação do Conselho Federal de Medicina. Em nova *live* conjunta de Pazuello e Bolsonaro:

***

> "Lá em março eu falava isso é igual uma chuva. Você vai pegar e os mais idosos têm que se proteger . . . Foi tirado de mim o poder de falar sobre pandemia. O STF disse que a responsabilidade de lockdown, de confinamento, de isolamento etc. é exclusiva de estados e municípios. . . . Até poucos meses, o Brasil estava um dos primeiros em número de mortos por milhões de habitantes. Agora está em vigésimo terceiro ou vigésimo quarto . . . Por que o número de mortes está sendo menor no Brasil? Pelo tratamento precoce. Não tem outra explicação".

***

No dia seguinte, o presidente continuou:

***

> "Se um médico não receitar o tratamento precoce, procure outro médico. Não tem efeito colateral. Se esperar sentir falta de ar, ir pro hospital pra ser intubado, mais ou menos 70% morrem".

***

A seguir, o Governo posta no Twitter uma mensagem, que é marcada pela plataforma como contendo informações enganosas/potencialmente prejudiciais, e em seguida o Ministério da Saúde retira a postagem:

***

> "Estudos clínicos demonstram que tratamento precoce da Covid, com antimalários, podem reduzir a progressão da doença, prevenir a hospitalização e estão associados à redução da mortalidade".

***

E ainda no mesmo dia, em entrevista ao apresentador Datena, o presidente reiterou:

***

> "Nós estamos fazendo tudo o possível apesar do Supremo ter me proibido de fazer isso. Eu estou cometendo um crime por ajudar. . . . Há poucos meses atrás o Brasil era o país em que mais morria, agora estamos na casa de 22°, 23° lugar, o que leva a isso, tratamento precoce, que é demonizado pelo João Dória e tantos outros".

***

No dia 17, ao comentar a crise de Manaus, o presidente dá uma longa entrevista à rádio Jovem Pan, da qual recorto alguns trechos:

***

> "O vírus ainda é em grande parte uma questão desconhecida por nós. Eu gostaria de estar participando

> ativamente dessa questão, mas em abril do ano passado eu fui simplesmente proibido pelo Supremo Tribunal Federal de participar das ações que passaram a ser de responsabilidade de governadores e prefeitos. O caso de Manaus. Semana passada a temperatura subiu em Manaus e os problemas começaram a aparecer, conversei com o ministro Pazuello e ele na segunda de manhã foi lá para Manaus e por lá permaneceu por 3 dias, não só tomou pé da situação caótica que se encontrava ali na capital, bem como tomou providências a respeito, apesar de eu estar proibido de tomar muitas medidas no combate ao coronavírus. Enviamos pra lá cilindros, já chegou lá, levado pela força aérea um hospital de campanha, ele imediatamente adotou o tratamento precoce de Covid, que é hidroxicloroquina, que é ivermectina, que é anita, azitromicina, entre outras coisas . . . A política pregada lá atrás – fica em casa que a economia a gente vê depois – bateu em nossa porta. Agora se continuarem ficando em casa de novo, vai ser o caos no Brasil daí a gente não sabe aqui… nós sabemos que não tem cachorro nem gato lá na Venezuela, o pessoal comeu tudo. Aqui nós vamos partir para o caos e nós não queremos o caos porque o caos é o caminho para o socialismo".

***

Essa é uma síntese da narrativa negacionista construída no início da pandemia de covid-19. Os brasileiros sabem bem qual foi o desfecho do pico da pandemia em Manaus. O relatório ainda tem vários outros capítulos dessa tragédia, mas retratar em detalhe esses acontecimentos de uma pandemia tão longa, exigiria um livro inteiro, o que foge ao meu propósito. E penso que com esse recorte o leitor conseguiu se aproximar do efeito bolha originado pelo compartilhamento das fake news dentro da arquitetura das redes sociais. Essa análise pode ser complementada pela leitura da Seção "Apêndice", em que detalho a dinâmica por trás do compartilhamento das fake news e seu rápido efeito de espalhamento nas redes.

4. Narrativas alternativas

O humor em memes e outras produções culturais remix centradas no tema da pandemia

Proponho a seguir apresentar o que considero ser uma contranarrativa ao negacionismo da pandemia. Para tal, me debruço sobre os memes. Vale notar que recorro à linguagem memética para ilustrar como os memes podem ser apropriados como uma forma de resistência ao negacionismo. Certamente, os memes também podem ser utilizados para fortalecer as crenças nas bolhas negacionistas. Assim, considero relevante explicitar que me atenho ao papel dos memes para o compartilhamento de uma narrativa alternativa da pandemia. Sob essa perspectiva, meu objetivo é comentar a interpretação coletiva antinegacionista que encontramos nas narrativas meméticas[1] e em outras produções

---

1 "os memes são caracterizados pela repetição de um modelo básico a partir da qual as pessoas podem produzir diferentes versões do original, sendo possível identificar o cerne da unidade replicadora nas diferentes variações de um mesmo meme. Assim, os memes se diferenciam dos vídeos virais, posto que o viral

culturais remixadas. Como o leitor deve ter notado, realizo essa descrição de narrativas alternativas após ter exposto uma narrativa oficial que nega a pandemia. Desse modo, procuro contrapor essas narrativas oficiais a narrativas alternativas, tentando pensar modalidades híbridas de narrativas de si/do mundo e quanto elas são expressivas dos fenômenos sociais, do lado B da narrativa oficial. Minha tese, aqui, é que encontramos potencializada nesses memes uma expressão criativa reveladora do que foi a vida nesse período sombrio da história humana, em contraposição ao negacionismo oficial tanto da pandemia quanto do sofrimento do cidadão brasileiro.

Pretendo explorar várias produções de *mashup* e remixagens que possuem em comum o substrato cultural popular e que tenham circulado durante a pandemia. Buzato *et al.* (2013) oferecem instigante panorama da história de remix e *mashup*, assinalando diferentes conceituações que já foram dadas a eles, mas meu objetivo aqui é realizar uma breve síntese de como eles serão pensados no presente texto, sem aprofundar especificidades que podem ser consultadas no artigo "Remix e *mashup* designam formas textuais, técnicas de produção e métodos criativos que desenvolveram um conjunto com as técnicas analógicas de reprodução de obras musicais e cinematográficas no século XX" (Buzato *et al.*, 2013, p. 1191, grifos do original). Com o desenvolvimento das tecnologias digitais, viabilizou-se a troca criativa de invenções que utilizam de novos recursos para criar práticas sociais multidimensionais. Aquele (antigo) modelo de justaposição, de recortar e colar, de montagem, se reinventa digitalmente a partir dos modelos originais. Esse conceito engloba tanto as técnicas envolvidas (alicerçadas em procedimentos

---

é algo que se espalha rapidamente sem sofrer alteração, implicando numa reprodução sem cópias. Já o meme, além de se espalhar, ganha versões e pode ter seu significado alterado" (Inocêncio, 2015, p. 5).

como "colar + montar"; sequenciamento em montagem horizontal ou sobreposição/composição) e os processos/métodos criativos quanto sua discursividade dentro de uma cultura (Buzato *et al.*, 2013). Assinalando como as possibilidades técnicas abertas pelas tecnologias digitais favoreceram a experimentação e a multiplicação das possibilidades de manipulação, ampliaram-se as produções não somente de especialistas, mas a de usuários amadores, agilizando as trocas/conversações online e apropriações criativas. E nesse cenário, a remixibilidade é reconhecida pelo transleitor, que assim também vê naquele produto uma abertura/um convite para sua própria criação e apropriação livre, respaldando um trabalho coletivo de criação de conteúdo emblemático da cultura digital em sua arquitetura híbrida (Buzato *et al.*, 2013).

Nesta seção, apresento e discuto como essas expressões meméticas permeiam retratos do sofrimento psíquico durante a pandemia, em contraposição ao discurso negacionista. No caso paradigmático do meme imagético, foco sua versão de uma produção da cultura popular baseada em "imagem + texto" em seu modelo mais básico, de uma sobreposição simples ou modificação de um modelo original que pode ser facilmente encontrado na internet. Meu intuito não é investigar como se constroem essas mixagens, mas enfatizar que elas podem embasar uma narrativa memética ou, no sentido mais amplo, uma narrativa com base na estética da remixagem na apreensão da pandemia de covid-19 no Brasil.

Como narrar uma experiência tão inédita para a nossa geração?

Recebi a Figura 4.1[2] no meu WhatsApp bem no início da pandemia, quando ainda nos dávamos conta de que o mundo que

---

[2] Explicitarei no transcorrer deste capítulo a distinção entre o meme e outras imagens que circulam no WhatsApp, como é o caso da Figura 4.1 que, apesar

conhecíamos até então desaparecia cada vez mais e que teríamos que reinventar totalmente nosso cotidiano.

Figura 4.1 Um resumo dos tempos de Covid: "Nós mudamos algumas coisas de lugar. Os livros de viagem estão na Seção Fantasia, Política em Ficção Científica, e Epidemiologia em Autoajuda. Boa sorte". Fonte: @ThatOneEH | Memes.

Uma das perspectivas de pensar o campo de "memes, humor e narrativas em tempos de pandemia" é a de que "através dos memes, os sujeitos reinventam e editam as ações humanas, dando pitadas de humor, acidez, comicidade e surpreendentes formas de ver a si e ao mundo, mas, principalmente, os memes

---

de partir da cultura popular, não é um meme. Embora grande parte das imagens que utilizo eu tenha recebido no meu WhatsApp, serão reproduzidos somente os memes dos quais encontrei a fonte na internet (Facebook, Reddit, Twitter, museu dos memes e artigos científicos).

proclamam uma reconfiguração da problemática da pandemia" (Damasceno, 2020, p. 119).

Nessa linguagem verbovisual, característica desses remix, é marcante quanto há uma reinvenção do cotidiano. O papel do humor na cultura popular brasileira ganhou destaque antes mesmo da cultura internética; e esse é um ponto de convergência dessa tendência brasileira e do estilo de humor da linguagem memética. Lunardi e Burgess (2020) mencionam como no humor memético brasileiro é frequente a autoironia e o "tiopês" em que se redigem os textos com erros de português feitos de modo deliberado. Os autores sugerem que o termo "zoeira" pode ser um significante para retratar o humor tipicamente brasileiro na internet. É assim, pela via da piada, que o brasileiro tece várias críticas sociais e expressa seu protesto: "para os brasileiros, rir do Brasil significa debater e pertencer ao país. Isso também significa que a Zoeira ajuda a comunidade brasileira a se definir culturalmente na internet. De forma geral, usuários se conectam a memes com o intuito de fazer parte de uma maior rede social e cultural" (Lunardi e Burgess, 2020, p. 452).

O meme[3] possui uma lógica estética própria em seu estilo de retratar as apropriações da cultura popular. Atualmente, os memes são fenômenos corriqueiros nas redes sociais e a circulação discursiva dessas criações precipita incontáveis práticas sociais. Enfatizando como a cultura memética pode ser uma chave para compreender os nossos tempos, Oliveira sobreleva o diálogo entre os memes, assinalando como eles podem funcionar como uma piada interna compartilhada entre membros de uma comunidade que consegue atribuir sentido e decodificar sua "estrutura signíca híbrida" (Oliveira, 2015, p. 14) constituindo parte do estofo da

---

3 Interessante material de referência sobre memes pode ser encontrado no site do Museu de Memes. Disponível em: https://museudememes.com.br/.

produção discursiva que ocorre na rede em um movimento em que os memes estão sempre se miscigenando e se entrecruzando.

Não se deve conceber um meme de modo isolado, mas em articulação com suas várias apropriações criativas, como um objeto cultural cujo sentido surge no compartilhamento, por meio da fluidez de sua circulação nas redes, retratando uma linguagem híbrida característica da internet. A cada nova reinvenção, na criação de um novo meme, entra em cena mais um processo interpretativo. Aqui, me interessa de sobremaneira quão coletivo é o meme e toda essa produção cultural baseada nas remixagens.

Ao explorar como essas invenções podem embasar novas produções de sentido, assim como alicerçar uma memória coletiva da pandemia, Silva (2018) comenta um estudo que toma a autoria coletiva dos memes como uma *fanfiction* política aberta, construída no tempo do imediato. Em um dos acervos digitais de memes políticos, é curioso que a descrição da página é "Já que ninguém faz nada pra mudar, a gente faz humor". Não poderia ser essa a definição das narrativas em oposição ao negacionismo e à necropolítica brasileiros? E mais, será que a própria narrativa memética não é transformadora ao dar voz a narrativas que reconhecem o sofrimento de uma pandemia. Sem adentrar todo o campo metalinguístico, gostaria de assinalar como é interessante que o meme seja criado inicialmente por um autor, mas seja compartilhado na rede em um âmbito de autoria fluída, aberto a transformações e à inclusão de novos traços autorais. Essa zona híbrida não deixa de ter relação com o que será abordado a seguir, que é a psicologia das massas e a questão de quem fala nela, e quanto há ou não de dissolução na distinção do um a um no coletivo.

Acerca da onda de memes na internet gerados na quarentena, incluo inicialmente alguns memes correlatos às hashtags #Covid-19BR e Reinvenção do Cotidiano (Damasceno, 2020). Em seu estudo da narrativa memética, Damasceno (2020) assinala o efeito disruptivo da pandemia e como se criaram novas formas de viver o cotidiano:

> *tarefas simples e rotineiras como lavar as mãos, higienizar alimentos, ser mais comedido e educado na hora de tossir ou espirrar, evitar lugares fechados e dar atenção aos sinais do corpo e do ambiente rumaram para um caminho de policiamento individual e também coletivo. (p. 129)*

Figura 4.2 Coronavida: Nunca imaginei viver como a família Jetson.
Fonte: Damasceno (2020).

Sob essa perspectiva, o autor nos chama a atenção para como os memes retratam as reelaborações que foram feitas de atividades que eram rotineiras, que a partir de então foram vivenciadas de outro modo e pensadas sob outro prisma: o produto freneticamente higienizado, a ideia de que o outro pode te contaminar, a percepção do próprio corpo exposto, apresentados com o recurso do humor, da ironia, do escracho.

Nota-se, na Figura 4.3, como um meme ecoa naqueles que o leem/veem e pode dar origem a memes inspirados no "original".

Encontramos a versão brasileira (Figuras 4.3a e 4.3b) desse meme que rodou o mundo,[4] embora seja praticamente impossível ter certeza de qual é o original quando recebemos uma dessas imagens no nosso *smartdevice*. Além da atividade criativa de quem inventou o meme e de sua interpretação do negacionismo, quando memes como esses circulam na rede (Figuras 4.3a e 4.3b), surge todo um debate nos comentários: "é possível atribuir o negacionismo político a uma deficiência intelectual?; Deveríamos comparar um comportamento genocida com um comportamento sem lógica evidente?; Tudo o que é contra o bom senso é fruto de uma patologia mental?"[5]

---

4 A montagem desse meme tomou como base uma cena do filme "O pianista" em que o personagem principal evita o fuzilamento ao levantar as mãos e afirmar "Não atire. Sou polonês". Em Don't Shoot. I'm a Polish | Know Your Meme, pode ser consultada uma versão estadunidense pandêmica desse meme; ilustrando uma abordagem antivacina em que o personagem afirma "Não atire, sou retardado", os soldados falam para ele provar, e ele diz "Eu acredito que preciso de uma injeção do vírus para não pegar o vírus, e se você não tomar também uma injeção, a minha não vai funcionar". Nos links a seguir é possível consultar versões desse meme antes da pandemia. 1996K – Publicações | Facebook; Súper Perrete no X: "Muncho Murcia https://t.co/vvL3oc6tuy" / X (twitter.com).

5 Os comentários foram extraídos de páginas exclusivas de memes que existem no Facebook.

(a)

(b)

Figura 4.3 Meme bolsonarotiroretardado.
Fonte: (a) Damasceno (2020);
(b) Pessoas que votaram no Bolsonaro (Facebook).

Vários memes que circularam na pandemia fazem aproximações entre o presidente Bolsonaro e outros líderes totalitários atuais e do passado, notadamente Trump e Hitler. Por meio dessa narrativa, se fortalece o sentimento de "nós contra eles/os partidários do negacionismo", e é dada uma vazão ao ódio daqueles que acreditam que existe uma pandemia e que se submetem a todas as privações de uma quarentena.

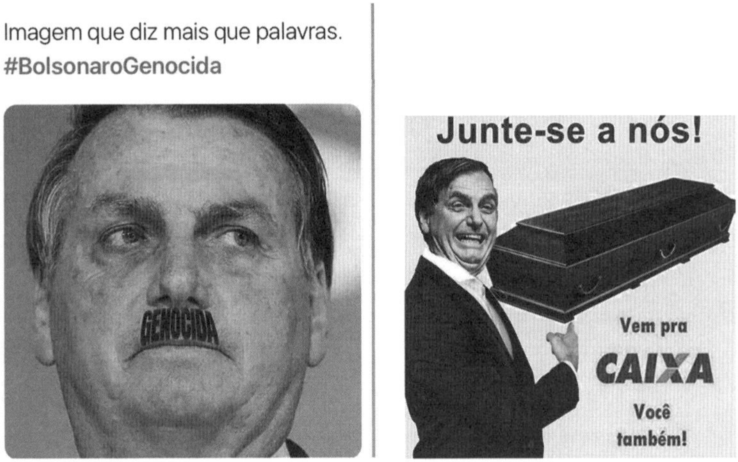

(a) (b)

Figura 4.4 Bolsonaro genocida.
Fonte: (a) Museu de Memes; (b) Memes do Bozo e sua trupe (Facebook).

Conforme descrevi anteriormente, a partir dos resultados de várias análises das redes sociais na internet, é nítido como após cada pronunciamento do presidente havia uma intensificação do fortalecimento da narrativa negacionista, por exemplo, a de que não existe pandemia e de que o tratamento é simples, acessível a todos e se baseia no kit cloroquina e companhia. Em contrapartida, no WhatsApp circulava uma outra narrativa.

Recebi a Figura 4.5 no começo da pandemia, ela ilustra minha hipótese de que, quando começa a circular um objeto cultural como esse, trata-se também de um gesto de resistência, de edificação de uma narrativa alternativa que reconhece a pandemia, e que via compartilhamento na rede busca solidificar laços e assegurar que, afinal, não estamos tão sós assim.

Figura 4.5 Calendário da quarentena – versão 1.
Fonte: Facebook.

Encontrei circulando outras apropriações de calendário da pandemia em versões cômicas que, ao mesmo tempo que fazem rir, expressam um sofrimento intenso de todos os que se submeteram a uma quarentena (Figuras 4.5 e 4.6): Monalisa enlouquecendo, tirando uma *selfie*, ganhando os "quilos quarentenados", com o kit pandemia, com o kit-neurose de estoque de papel higiênico etc.

Figura 4.6 Calendário da quarentena – versão 2.
Fonte: Twitter.

Em outras versões pandêmicas do calendário, mudam as personagens principais:

Figura 4.7 Calendário da quarentena – versão 3.
Fonte: Reddit.

O exemplo da Figura 4.7 é paradigmático de uma interessante costura remix em que se constrói uma narrativa imagética, que estabelece fases da quarentena, um antes e depois no tempo, que parece ininterrupto quando em isolamento. Assim, também se inscreve/retrata um contínuo de piora devido à progressiva estafa com as restrições do isolamento. Há um movimento de troca, uma vez que alguns que recebem a imagem podem brincar de circular ou apontar a imagem que retrata o estágio da quarentena em que se encontram; podem se inspirar e criar uma versão personalizada com outro personagem etc. E, além disso, é um exemplo que possibilita uma apropriação que parte da tradição cultural da humanidade, Monalisa, que, aliás é uma figura cultural[6] recorrente à origem dos memes da pandemia. Aqui,

> *estamos no terreno da memória, e os memes são de certo modo, uma encruzilhada, na qual se mostra a filiação a uma memória discursiva e também na qual se expõe a necessária memória cognitiva do leitor. Além disso, remete também a uma memória que é coletiva, na medida em que é compartilhamento de dizeres que se repetem e são compartilhados por uma determinada comunidade discursiva. (Gatti, 2020, p. 101)*

Outra narrativa visual que ganhou força foi constituída por vários memes e outras produções imagéticas retratando o "novo normal", em que, para parcela significativa da população mundial, a vida migrou para o online. O novo normal também deu um criativo impulso aos memes, e sublinho como vários deles retratam cenas de pessoas seguindo as medidas sanitárias preconizadas pela OMS e não condizentes com o negacionismo presidencial.

---

6 Uma interessante produção foi a criação de um escritório em Córdoba que traz várias pinturas clássicas (inclusive a Monalisa) adaptadas com o uso dos utensílios de proteção da vida pandêmica. São produções com outra estética, mas que fazem parte desse mesmo mar cultural onde nascem e proliferam os memes. Cf. idealista/news. Disponível em: https://www.idealista.pt/news/imobiliario/internacional/2020/03/30/42891-quando-a-arte-se-une-na-luta-contra-o-coronavirus.

Figura 4.8 Em tempos de quarentena, é possível usar as redes sociais para disseminar o vírus do bem, a informação.[7]
Fonte: Extra online (2020).

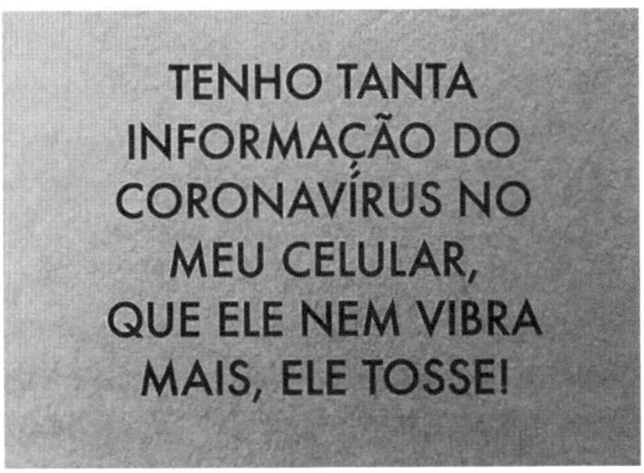

Figura 4.9 O humor na coronavida.
Fonte: Gazeta Digital (2020).

---

7 Memes sobre coronavírus caem na internet: brincadeira pode ser educativa – Jornal O Globo.

Na Figura 4.10 pode-se notar uma apropriação criativa de um conto de fadas para falar com bom humor da pandemia, recriando uma imagem clássica do arcabouço cultural transmitido entre gerações, pela literatura, para nomear e falar do presente.

Figura 4.10 Em tempos de pandemia: Branca de Neve e seus seis anões.
Fonte: Facebook.

Na narrativa do que foi a vida em quarentena na pandemia e como foi essa experiência de sofrimento:

Figura 4.11 Especificidades do Natal de 2020.
Fonte: O Dia (2020).

Todo o movimento antivacina alavancado pelo bolsonarismo repercute em incontáveis memes.

Figura 4.12 As ofertas de vacina ignoradas pela família Bolsonaro.
Fonte: Poder360.

E a chegada da vacina dá origem a memes contra o movimento antivax:

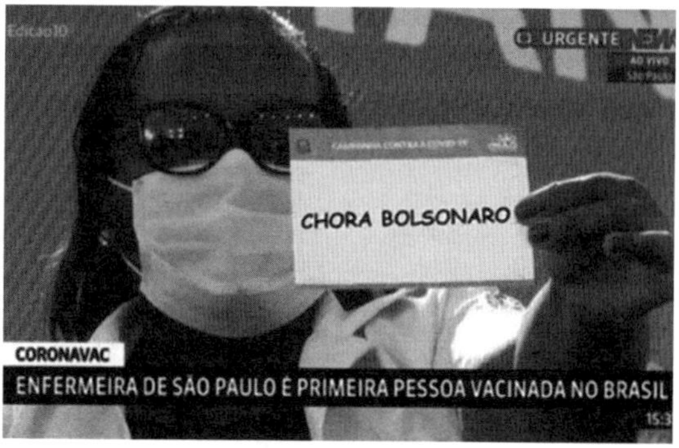

Figura 4.13 A liberação da Coronavac e da Oxford gera uma onda de memes.
Fonte: Jornal Estado de Minas (2021).

E Monalisa ressurge na nova etapa da pandemia, agora vacinada.

Figura 4.14 Monalisa tomando vacina.
Fonte: Casa dos Memes.

O mesmo humor satírico circula às vésperas do dia dos namorados em uma versão atualizada do dilema do objeto desejado a escolher, como podemos notar no meme "Que vacina você é no amor?", produzido pelo Laboratório de Investigação Pulmonar da UFRJ. A CoronaVac era a vacina que "chega logo, atende ao que se propõe, segundo date garantido, sempre disponível, só vão em você quando não tem outra opção". A Pfizer era "disputada mas delicadah, demonstra interesse, manda zap, DM, meme e figurinha, já se acostumou aos vácuos que recebe". Já a AstraZeneca era descrita como "ninguém é perfeito, está tentando melhorar, tem a melhor das intenções, não é fav mas é braba demais". A Fakecina de BH "não era amor, era cilada; o golpe tá aí e teve gente que caiu; desinchá imunológico; chave de cadeia com ghosting de quero mais". A Jansen é a vacina que "demora demais pra tomar iniciativa, vários botes errados; tem que ter paciência com você, um dia engata e a espetada vem". A Sputnik "não desperta confiança, tem uns contatinhos de fé, seu corre é maior e você tem que se provar". Enfim, a ButanVac "chega chegando, empolgadaça, mas no timing errado; todo mundo já se arrumou com alguém e você fica ali no step".

Os memes e as demais invenções humorísticas de estilo similar retratam formas de se apropriar de modo criativo de produtos de circulação massiva. Considero que algumas dessas invenções são explicitamente atos de resistência contra o negacionismo; mas, mesmo várias dessas, aparentemente inocentes, revelam que houve um sofrimento coletivo na pandemia que foi negado na versão oficial que o presidente e partidários quiseram construir. Ainda mais em um momento em que a orientação de saúde pública era o isolamento. A expressão dessas imagens que circularam na internet pode ser reveladora de uma saída da posição de impotência para uma tentativa mais ou menos deliberada de provocar uma ruptura com o negacionismo.

Mesmo aqueles que só compartilharam os memes também podem ter fortalecido ativamente uma outra versão dos acontecimentos ao atribuir esse outro sentido simbólico a tudo o que viveram. Há, certamente, um poder rir de si mesmo; ou mais exatamente, é um "nós podermos rir de nós mesmos".

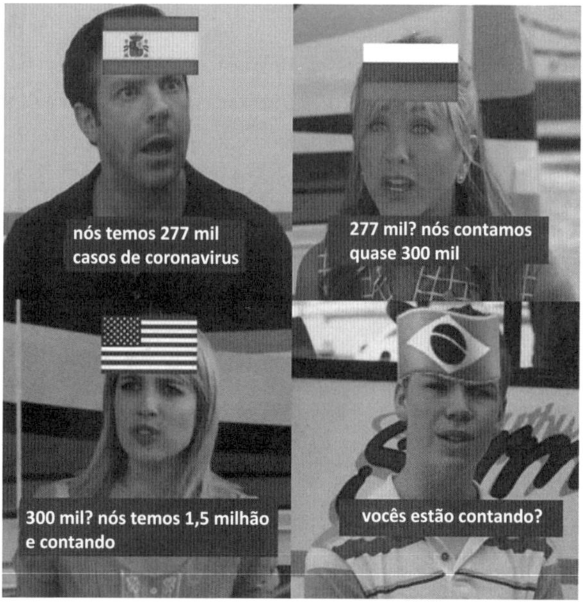

Figura 4.15 Meme ironizando o modo de gerenciar a pandemia realizado pelos órgãos governamentais, notadamente a ausência de transparência na coleta e divulgação da mortalidade da doença.
Fonte: Damasceno (2020).

Um dos aspectos que diferencia essa cultura memética daquela mais ligada ao humor divulgado pela mídia tradicional abarca a quebra do paradigma de autoria. Embora uma primeira versão de um meme possa ter um autor, na modalidade de circulação dele na rede internética, a ideia de autoria perde relevância. Cada um pode alterar, adicionar, subtrair, suplementar elementos da versão original, manipulando-os como bem quiser. Nessa exploração criativa, há um movimento que se assemelha às narrativas orais – em que cada vez que se narra uma história, ela é modulada por aquele que fala e por seu público, e ficamos imersos em múltiplas vozes que caracterizaram a narrativa oral em sua polifonia.

Proponho que também se possa aplicar à cultura memética aquilo que foi descrito como o "direito dos leitores de brincar livremente" (Jenkins, 2015, p. 50). No caso da narrativa memética, seria o direito de todos imersos na cultura cibernética realizarem uma apropriação do meme e poder atribuir sentido à realidade pandêmica a partir dessas narrativas alternativas cotejadas com as oficiais. Em outras palavras, trata-se da construção de narrativas e de bricolagens de outros sentidos que são realizados e transmitidos nas redes sociais.

Nas conversas online em que circulam memes e outras produções culturais remix, há um compartilhamento de narrativas, o estabelecimento de práticas sociais que solidificam uma ruptura parcial do isolamento em torno de um novo estofo narrativo das experiências. Nesse sentido, me inspiro em Recuero (2015) e seus comentários acerca dos *fandoms* para propor que, em relação às narrativas meméticas, constroem-se "repositórios de conhecimento" (p. 8) que podem desembocar em práticas colaborativas. É nesse contexto que gostaria de sobrelevar a relevância de pensarmos quais narrativas são tecidas na internet, com destaque para como se inventaram memes para falar dessa experiência pandêmica disruptiva, sendo especialmente marcante a constituição de uma narrativa dialógica, aberta a novas apropriações subjetivas.

Outro ponto que me parece interessante mencionar é como se imbricam os memes amadores que circulam nas redes com outras manifestações de humor que se ancoram em mídias mais tradicionais, como a imprensa que se posiciona de modo crítico ao negacionismo. Conforme assinala Inocêncio (2015), a cultura memética é "nada mais que uma evolução digital de longas tradições de brincadeiras, humor subversivo, piadas internas e bordões que sempre permearam o imaginário popular" (p. 3). Embora não tão informais, populares e artesanais como os memes, as invenções humorísticas de charges estão frequentemente em oposição ao negacionismo propagado pela narrativa mais oficial governamental.

Ainda no âmbito de produções não meméticas, gostaria de comentar brevemente o programa humorístico *Porta dos Fundos*, por ser um dos principais canais do YouTube – com uma das maiores audiências do público brasileiro – e por ter exercido um papel significativo de crítica social ou do chamado "humor político" na pandemia. É interessante como os vídeos do *Porta dos Fundos* circularam na pandemia, e seria muito restrito pensar o alcance dessas produções ao nos atermos somente aos comentários no próprio canal no YouTube. Esses vídeos se espalharam amplamente em todas as redes sociais e se mostraram um instigante disparador de conversas. Nesse sentido, penso esse modo de transmissão cultural, por meio de vídeos online, como ocorre com memes como alicerces de um estofo narrativo antinegacionista.

Os efeitos psíquicos do humor, do "rir para não chorar", já foi reiteradamente abordado nos estudos freudianos. Assim, meu interesse é somente enfocar as contribuições desse discurso de humor político para a construção de uma narrativa antinegacionista. De modo complementar às charges e aos memes, nos vídeos do YouTube encontramos um retrato mais encadeado de cenas cotidianas pautado no discurso humorístico. Muitas vezes personificando cenas da nossa vida pandêmica – o médico que atende o paciente negacionista; o fanático pela *selfie* da vacina – encontramos uma forma de narrar e rir dessa experiência pandêmica e pandemônica.

Antes mesmo da pandemia, o *Porta dos Fundos* conseguia produzir conversações cotidianas sobre política: "o humor provocativo de tal canal ironiza temas cotidianos da sociedade de modo a levar os espectadores à fala" (Guimarães & Mafra, 2015, p. 323). Em uma época em que a incapacidade das pessoas falarem entre si, em dialogarem com as diferentes opiniões, já era marcante o potencial de fazer circular a palavra em conversações políticas online propiciadas por esse humor. Assim, ao olhar pela "porta dos fundos" da sociedade, de nós mesmos, seria revelado algo extremamente "falante" de nós. E esse modo de se narrar pelo recurso do humor seria especialmente convidativo para fazer circular a palavra.

Achei relevante trazer o *Porta dos Fundos* para essa discussão por ser um programa que é intimamente vinculado a uma rede social e que se utiliza da dimensão política desse ciberespaço, o digital, para incitar o debate, para nos ajudar a rir dessa experiência insólita que foi a pandemia em um país governado por negacionistas. Sugiro o acesso aos vídeos no YouTube com a temática da pandemia, especialmente o vídeo *Ministro da Saúde*[8] do programa em que se falava das trocas dos ministros da Saúde – e que podemos articular às outras narrativas mencionadas anteriormente acerca do mesmo acontecimento. Particularmente, considerei o vídeo *Doente de Brasil*,[9] disponível no canal do programa, uma obra-prima do que há de melhor nas redes sociais, fornecendo uma apresentação estética e narrativa, marcada por humor,

---

8 Cf. vídeo do canal *Porta dos fundos*. Disponível em: https://www.youtube.com/watch?v=bru1ffScY-g.

9 Cf. vídeo do canal *Porta dos Fundos*. Disponível em: https://www.youtube.com/watch?v=Lu39Ltm60s4.

para falar do que está sendo viver a pandemia no Brasil. Podendo, ao mesmo tempo, falar sobre as várias facetas do dogmatismo negacionista, mas de um modo que nos permite rir, oferecendo um espaço que não seja o de extermínio da alteridade.[10]

Em homenagem do *Porta dos Fundos*, após a morte do humorista Paulo Gustavo em decorrência de covid-19, encontramos uma frase do humorista em destaque na tela: RIR É UM ATO DE RESISTÊNCIA.

Nesse cenário, procuro avançar a hipótese de que a narrativa memética se tornou uma produção discursiva de nossos tempos e que deu origem a contranarrativas, que teceram um lado B da pandemia em contraposição ao discurso governamental.[11] Os memes a seguir, ao contrário dos demais, não fizeram parte da minha rede de memes, e me deparei com eles a partir da pesquisa realizada para a escrita deste livro.

Os dois memes reproduzidos (Figura 4.16) fazem parte do estudo de De Souza (2020) como expressões da categoria "A pandemia não vai durar muito tempo". Há uma imagem oriunda de uma série de TV de longa duração e outra imagem da monarca, rainha Elizabeth II, do Reino Unido que estava há muito tempo no poder.

---

[10] Um dos membros do *Porta dos Fundos* afirmava que "Cada um de nós no Porta tem uma posição política e cabe ao outro respeitá-la sem prejuízo da amizade que nos uniu. Isso é civilidade. E nós, como grupo, refletimos essa pluralidade no nosso trabalho quando existe mais de um lado da moeda, o que é saudável num país onde política é futebol, futebol é religião e religião é política" (Fernandes & Lima, 2017, p. 3).

[11] Em Chagas (2020) é possível consultar uma interessante revisão da literatura acerca da produção memética, tendo como um tópico crucial os memes subversivos, dando voz a discursos não hegemônicos, assinalando como os memes podem ser incitadores de um pensamento crítico. Já um exemplo interessante centrado em um único fenômeno social pode ser estudado na abordagem de Milner (2020) dos memes em torno do Occupy Wall Street (OWS).

Essa série memética destaca justamente a contradição com a ideia de que a pandemia teria curta duração. O riso surge do contraste entre o texto escrito e a imagem, potencializando o efeito de rir da perspectiva veiculada de que aquilo era uma gripezinha que não impactaria nossas vidas.

(a) (b)

Figura 4.16 A pandemia não vai durar muito tempo.
Fonte: Museu de Memes.[12]

A menção à rainha da Inglaterra e à série *Grey's Anatomy* me parece um momento oportuno para salientar como os memes têm esse perfil de nicho que funciona tão bem nas redes. Com isso, quero frisar que o meme que funciona para quem se interessa pela série, por exemplo, é diferente do meme que fará rir um adolescente. Que avós, pais, filhos, netos etc. serão permeáveis a diferentes memes dependendo de sua geração, de seu pertencimento cultural, de seus interesses específicos. No meu caso, por exemplo, é nítido que uma parcela significativa dos memes que recebi falavam dos meus grupos de pertença, notadamente memes envolvendo figuras psicanalíticas (e que podem ser sem sentido ou humor para outros perfis).

---

[12] Fonte dos memes: Memes constam do museu dos memes: Essa pandemia não vai durar muito tempo – #MUSEUdeMEMES (acesso em 21.08.2023).

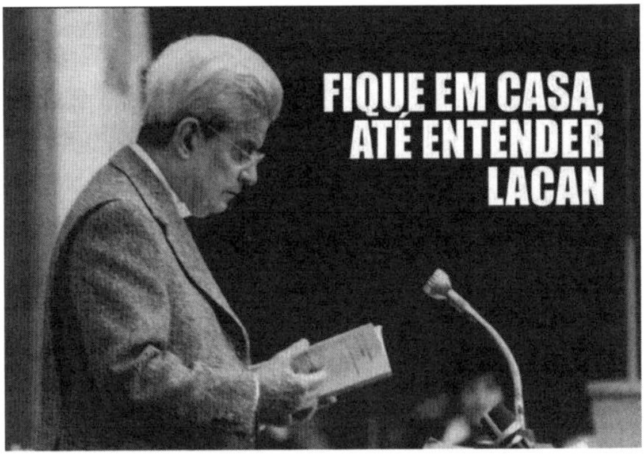

Figura 4.17 Fique em casa até entender Lacan – a pandemia vai durar muito tempo. Fonte: Facebook.

Figura 4.18 Meme brincando com uma formulação do psicanalista Winnicott. Fonte: Meme twitter (Twitter).

O exemplo seguinte, embora se refira a uma série de filmes que atravessa gerações, repercute de modo mais nítido nos fãs de *Star Wars*, que entendem imediatamente o humor e a mensagem acerca do perigo de não se usar máscara e quanto isso carrega riscos mortíferos.

Um aspecto determinante para esse humor é o recurso de elementos da cultura popular para falar de algo horrível, como uma pandemia que não termina. Em vez de estatísticas com o número de mortos ou fotos de cemitérios, aqui se fala de modo lúdico de uma catástrofe que ainda iria durar muito tempo e cujos efeitos em terras brasileiras seriam nefastos. Vale notar novamente como todo o humor, para ser reconhecido nesses memes, exige um certo repertório cultural.

Figura 4.19 Meme pandêmico com personagens do Star Wars. Fonte: Coronavirus Star Wars Memes! | Fandom.

A seguir reproduzo mais duas categorias de memes identificadas por De Souza: a Figura 4.20, designada histórico de atleta, está relacionada à frase reiterada pelo presidente Bolsonaro de que pelo seu histórico de atleta ele estaria imune a complicações da doença.

Figura 4.20 Histórico de atleta.
Fonte: De Souza, 2020.

As Figuras 4.21 e 4.22 se relacionam às cenas em que o presidente mostra uma caixa de cloroquina para as emas do palácio (Canal Uol, 2020):

Figura 4.21 Bolsonaro oferecendo cloroquina para uma ema.
Fonte: Memes contra o bolsonarismo (Facebook).

Figura 4.22 Bolsonaro e sua cloroquina x as emas do palácio presidencial. Fonte: De Souza (2020).

Ou ainda, uma das mais clássicas do período pandêmico: a máscara que salva vidas se torna um tapa boca do presidente. Era preciso estar a par do que ocorria no Brasil para entender rapidamente que se trata de uma crítica à necropolítica do presidente e como suas falas colocavam a população em risco, aumentando a probabilidade de morte por não ter um governante que validasse justamente o uso da máscara de proteção. E nesse tipo de memes, muitas vezes, é enfatizado justamente o saber da ciência, tão vorazmente atacada pelo negacionismo.

Um meme reiteradamente reproduzido e estudado nas pesquisas focadas na linguagem memética foi o seguinte:

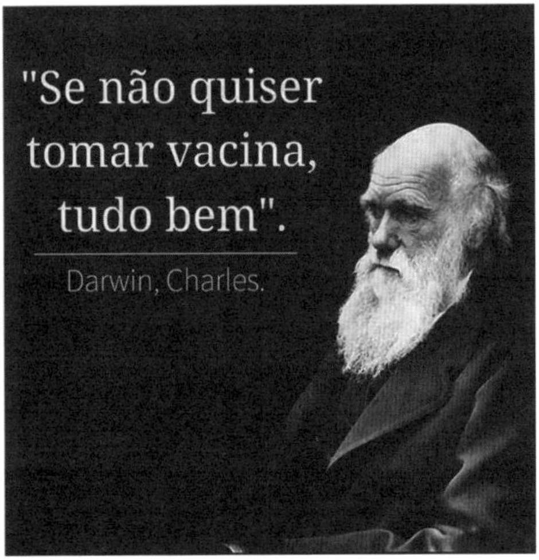

Figura 4.23 O conselho de Darwin para os negacionistas.
Fonte: Canal Uol (2020).[13]

O que se lê nas entrelinhas é que a sociedade fica melhor sem aqueles que não tomam vacina. Que a seleção natural se articula à opção negacionista que implica substancial aumento de risco de morte.

Outro meme que encontramos nas pesquisas sobre as narrativas meméticas retrata quanto o humor depende dessa leitura das entrelinhas: a brincadeira entre o paralelo da curva de mortos por coronavírus e a curva do ganho de peso daqueles que fazem isolamento em quarentena para evitar morrer e transmitir o vírus.

[13] Fonte do meme: Memes à solta aliviam tensão durante pandemia de coronavírus – #hashtag (uol.com.br) que reproduz imagens das redes sociais. Acesso em 21.08.2023.

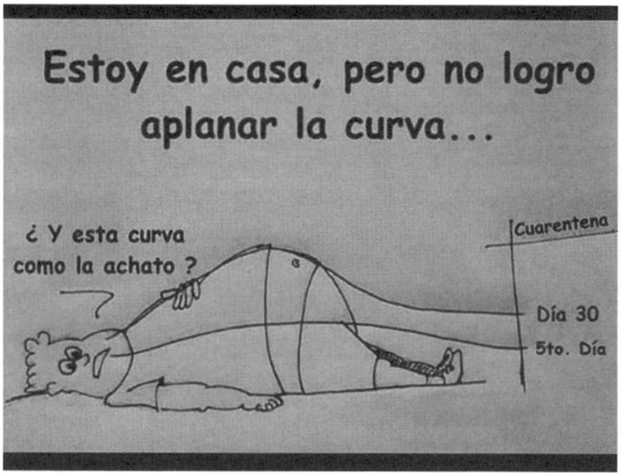

Figura 4.24 A curva da pandemia.
Fonte: Twitter.

Na narrativa memética da pandemia, os acontecimentos são sempre pretextos para novas séries, como no caso de uma competição futebolística internacional agendada em terras brasileiras durante um dos picos de contaminação.

Figura 4.25 Copa América no Brasil em plena pandemia.
Fonte: Mais que um Jogo (2021).

Há também toda a leva de memes que são criados com as novas variantes e que expressam a sensação de que tudo começava de novo, por exemplo nas remixagens que tomavam por base o filme *Feitiço do tempo* (referido ao dia da marmota), em que o personagem revivia sempre o mesmo dia.

Quando todos começavam a viver algo próximo ao "antigo normal", a variante ômicron, que aparece no final de 2021, se espalhou rapidamente, seguida por mais uma variante – mistura da ômicron com a delta.

Figura 4.26 Exaustão diante de infindáveis novas variantes.
Fonte: Bored Panda.

Figura 4.27 As ameaças de novas variantes piores – "Se você pensa que eu sou o mal, bem, só espere até você encontrar as minhas variantes". Fonte: Know Your Meme.

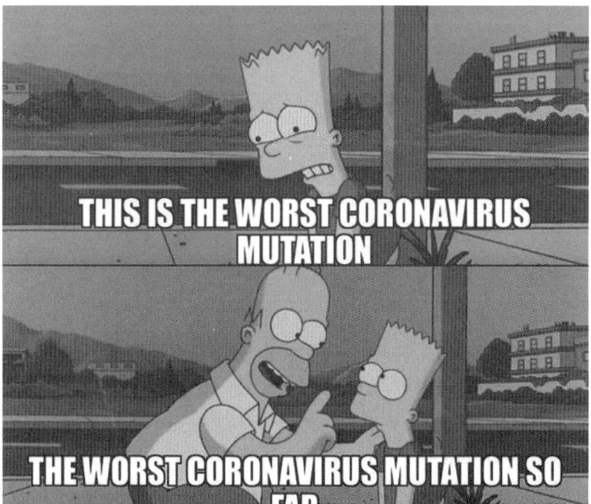

Figura 4.28 As mutações do coronavírus. Bart Simpson: "Esta é a pior mutação de coronavírus". Homer Simpson: "A pior mutação até agora". Fonte: Reddit.

E a sensação de que a pandemia ainda estava longe de terminar assombrava o mundo no fim de 2021, e depois se alastrou em 2022, dando origem a mais uma etapa da narrativa memética da pandemia.

Figura 4.29 A guerra contra covid ilustrada por um ponto qualquer no símbolo do infinito. Fonte: Bored Panda.[14]

Existe um movimento de circulação dos memes em que eles são reapropriados de modo diferente e só então circulam de modo mais viral. Por exemplo, só no começo de 2022 que conheci o grupo de memes que brincava com "pandamia/pandemia" por meio de várias mensagens no WhatsApp, criando uma série a partir da deltacron. Além da similaridade sonora, o fio condutor é a gênese chinesa do vírus representado por um dos símbolos do

[14] Meme referenciado em 30 Of The Freshest Jokes About The Pandemic And New Covid-19 Variant "Omicron" To Make You Laugh Or Cry | Bored Panda, com imagem retirada do Twitter.

país. Contudo, um ou outro panda já aparecia nos primeiros memes pandêmicos, mas, ao menos na minha rede de contatos, a série viral só se deu na época da ômicron.

Figura 4.30 Bolsonaro devaneando uma pandemia como uma invasão de pandas. Fonte: Facebook, memes operários (Facebook).

Figura 4.31 Um panda ilustrando a Deltacron como junção de duas variantes anteriores – do Urso Omicron e do Urso polar Delta. Fonte: Reddit.

Há outras invenções meméticas, como a apropriação da nova cédula, que estampa o presidente brasileiro usando máscara de proteção e oferecendo cloroquina para as emas do Palácio do Planalto. Vale notar que na cédula há, de um lado, o número 100 e, de outro, 200; ou seja, é uma nota fake.

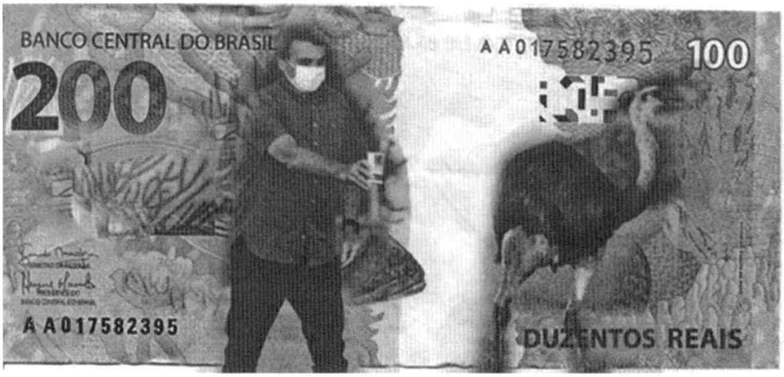

Figura 4.32 Cédula de 200 reais com Bolsonaro, cloroquina e uma ema. Fonte: Memes contra o bolsonarismo (Facebook).

Em outra versão da cédula de 200 reais,[15] temos em uma mesma nota o 20 e o 200, e na mesma imagem os novos inimigos, Bolsonaro e Moro, além da coexistência de dois animais distintos – um lobo e um boi.

A série de "memes-notas-Bolsonaro" possui outras versões anteriores à pandemia, como o grupo de imagens criadas a partir da nota argentina, incluindo a palavra morto justaposta à imagem do presidente dormindo, figurando assim um peso morto.

---

15 Imagem remix: A nota que você nunca vai ver | Metrópoles (metropoles.com).

Figura 4.33 Cédula argentina de um peso morto com a imagem de Bolsonaro. Fonte: Revista Fórum (2023).

Ou ainda uma cédula de teor crítico ao presidente, brincando com o valor de 100 reais que vira 100/cem/sem mitos.

Figura 4.34 Duas cédulas com imagens de Bolsonaro – uma de 50 bonoros e outra de 100 mitos. Fonte: Facebook.

Em contraponto ao discurso oficial do governo, mas também em oposição ao discurso da mídia tradicional, observamos uma leitura alternativa dos acontecimentos pandêmicos. Por meio de diversas remixagens são expressas vozes plurais que assim participam mais ativamente, em direção a um maior engajamento político, à possibilidade de circulação dessa polifonia discursiva. O tom de deboche mostra o ridículo de certas situações que seriam trágicas se não fossem cômicas. No auge da pandemia, máscaras de proteção foram distribuídas em 2020 para que os alunos, no Amazonas, frequentassem as escolas, mas o tamanho da máscara era tal que cobria a face inteira deles, dando origem a uma série memética.

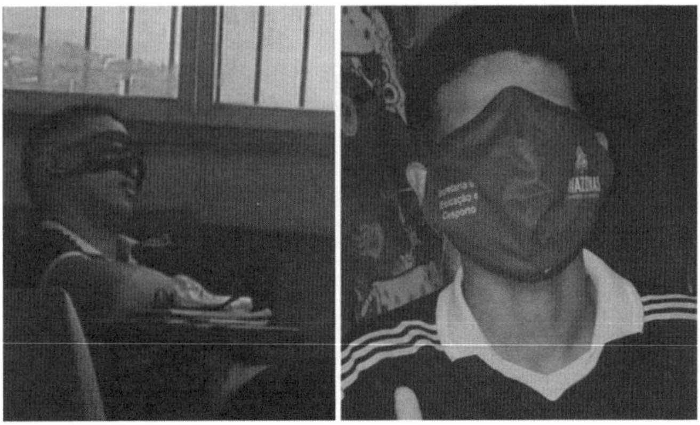

Figura 4.35 Estudantes do Amazonas usam a máscara de proteção contra covid como máscaras de dormir. Fonte: Gurgel (2020).

Ao invés de simplesmente ficarem quietos diante do erro grotesco, os alunos criam imagens, ironizam esse absurdo, e ressoam mais perspectivas no espaço público. É pela reação imprevista (e inventiva) dos alunos que notamos de modo gritante e divertido mais uma inconsistência na maneira do governo conduzir o combate à pandemia. A seriedade do uso de máscara como item indispensável para a segurança é ironizada quando pensamos o envio de máscaras no tamanho errado. Nesse sentido, essa série memética é um retrato do que foi a modalidade de enfrentamento da pandemia no Brasil.

Figura 4.36 Estudantes do Amazonas usam a máscara de proteção contra covid como rede de dormir. Fonte: O Tabuleiro (2020).

Nos memes, mais do que somente condenar o uso incorreto do acessório de proteção, trata-se de uma "zoação" à condução da pandemia. E pela reverberação rápida viável pela internet, essas montagens rapidamente viralizaram, despertando o interesse da mídia tradicional (G1 AM, 2020). Ou ainda a reação memética à declaração do Ministro da Saúde Pazuello, que em junho de 2020, afirmou que havia maior número de óbitos nas regiões Norte e Nordeste do país pelo clima estar relacionado ao inverno do hemisfério Norte. Aliás, o título do artigo que aborda esse acontecimento é digno de nota: "Na pandemia brasileira, tá tendo boneco de neve no norte e no nordeste do país! Pós-verdade em debate" (Teixeira & Couto Júnior, 2021).

Essa modalidade memética transmite uma narrativa antinegacionista dos tempos pandêmicos e assegura o estofo comum de modos de falar sobre sofrimento nesses tempos. Por meio do compartilhamento dessa produção coletiva, são criados cada vez mais memes ironizando a atitude presidencial e se fortalece um discurso que deu origem a toda uma nova terminologia – memeflix, a migração do "aconteceu, virou manchete", para "aconteceu, virou meme", "memecrônica", "bolsomemes", "memelândia". Menciono a seguir uma síntese da relevância atual dessa forma discursiva:

> *Receber uma postagem qualquer e compartilhá-la numa rede social, fazer alguma interferência nela ou deixá-la como estava não são atividades mecânicas. Os textos diversos que lemos são elementos que interferem, fortemente, naquilo que consideramos que é real, que é verdadeiro, que é aceitável, que é condenável etc. Apreendemos o mundo também por meio deles. Além disso, é preciso lembrar que não recebemos as postagens de forma passiva. Como enunciatários, interpretamos, aceitamos, condenamos, rimos, duvidamos, a partir de nossos valores, crenças e saberes, construídos com base em outros textos, outros discursos, outras vivências. Além disso, podemos passar ao papel de enunciadores para replicar essas postagens, modificá-las e, quando possível, até mesmo deletá-las. Os memes da internet fazem parte desse conjunto de produções que, neste momento, talvez mais do que em outros, se levarmos em conta o crescimento das redes sociais no Brasil e o contexto da pandemia, contribui para fomentar determinadas visões e atitudes. (Barros, 2021)*

Gostaria de reiterar um aspecto já mencionado: os memes não são unidades isoladas, mas sempre se inserem em uma série de memes. Existem, inclusive, museus de memes que permitem maratonar os memes ou sites como Know Your Meme[16] dedicados a traçar as origens deles. Esses objetos digitais começam a ser reconhecidos como retratos de sua época e observa-se nas mídias tradicionais inúmeras reportagens que têm "escutado" os memes. Para alguns autores, o meme surge como uma alternativa para "a crise de credibilidade do jornalismo institucional no Brasil e a onda de desinformação sobre a pandemia de Covid-19" (Souza, 2020). Nota-se que em várias dessas produções meméticas há um compartilhamento de orientações sanitárias, havendo inclusive memes destinados intencionalmente a esse objetivo. Mas a forma de transmitir as informações, por meio de humor, é designada por alguns pesquisadores de "infotenimento" (Araujo & Teixeira, 2020), assinalando que por muito tempo se ignorou o potencial informativo dessa produção justamente por ser popular e objeto de humor.

A própria estrutura do meme de internet é convidativa: pode ser apropriada e transformada, e a graça está também nessa possibilidade de apropriação criativa, respeitando alguns elementos da estrutura "gramatical" inicial. Esses elementos estruturais que se preservam, asseguram que se reconheça a série a qual pertence cada meme. O que também favorece a solidificação do estrato comum, do sentimento de pertencimento aquele grupo que ri do meme, que participa do caldo cultural que viabiliza achar graça naquele meme. Desse modo, se articulam elementos variáveis (imprevisíveis) e outros invariantes (o que se repete) que propiciam o efeito memético a despeito da alta velocidade transformativa da circulação nas redes.

---

16 Cf. Know Your Meme: Internet Meme Database. Disponível em: https://knowyourmeme.com/.

Há o efeito de surpresa diante do que se encontra de novo em cada meme e há o prazer de se reencontrar aqueles elementos invariantes que asseguram a série, que dão os alicerces para uma estrutura basal comum. Autores como Barros (2021) reiteram que é a interação entre estrutura invariante e dinâmica variante que assegura o efeito de se sentir pertencente a um universo conversacional compartilhado, que todos fazemos parte daquela mesma conversa, que todos podemos ler o que se expressa nas entrelinhas dos memes por meio do recurso lúdico, muitas vezes centrado na possibilidade de rir do próprio sofrimento na pandemia. E a própria construção da série memética se calca em imbricações, apropriações imprevistas, inusitadas, complexas e criativas originadas da cultura popular horizontal – também designada *bottom-up* e modelo de cultura participativa –, e uma circulação micro que pode rapidamente se tornar macro quando um meme vira hit (Shifman, 2014).

O título do artigo "Como era aquele meme mesmo? Uma análise do espírito de nossa época através dos memes que se reproduzem", de Moon e Rossi (2020), me parece uma excelente síntese de como tenho pensado os memes, especialmente aqueles produzidos e circulantes na pandemia. Um desafio, aliás, da própria dinâmica de circulação dos memes é como se dar conta de qual história é contada; de como rememorar (e pausar mesmo que temporariamente) os memes que rapidamente cruzaram nossa tela do smartphone. Ao constatar o quanto a pandemia afetou nossa possibilidade de circular nas ruas, no espaço público tal qual definido anteriormente, alguns autores chegaram a afirmar que "quem vai contar a história dessa coronavida são os memes":

> *Há quem diga que a coronavida poderia ser pior. Poderia não ter memes, a dádiva da Internet no tempo das redes sociais. É fato que quem vai contar a história dessa nossa coronavida são os memes. Difícil lembrar*

> *todas as surpresas que vivemos, da adaptação ao isolamento social às sandices do presidente Bolsonaro, e foram realmente os memes que fizeram a crônica do coronavírus. É nesse bem-humorado jornalismo à queima-roupa que o cotidiano, os novos costumes e a intensidade dos revezes políticos do país foram e são registrados. E é na "Memeflix" da coronavida que mais rapidamente se põe em questão o cotidiano. (Beiguelman, 2020, p. 31)*

Os vários estudos acerca da estrutura intertextual dos memes enfatizam esse movimento de produção de sentidos propiciada pela circulação de memes. Não importa tanto a origem do meme primordial; no campo dos memes digitais o que importa é uma voz polifônica, híbrida, que se faz escutar nessa série de reproduções meméticas.[17] Quando alguém intervém, modificando o meme, ele se inscreve nesse discurso, sabendo que seu traço singular (o que ele muda no remix) pode ser incorporado e transmitido dentro dessa cultura digital mais ampla. Assim se tece uma narrativa memética aberta que se transmite, modificada, pelos fluxos da internet. Há um deslocamento de sentidos, um traço a

[17] Por outro lado, não deixa de ser curioso que, embora o meme circule desse modo transformativo, com uma autoria aberta para que cada um modifique o meme como quiser, há um autor que criou o primeiro meme. E alguns memes podem ser adquiridos sendo pagos valores consideráveis por essa propriedade de um bem digital. "Memes à venda: tecnologia permite dar valores milionários a bens digitais" (Estadão, 2021) e "O que é NFT e como isso está movimentando a internet"(Canaltech, 2021). Aliás, os memes trazem esse desafio ininterrupto sempre no campo entre a reprodução e a unicidade, o mimetismo e a intervenção autoral. Nesse compartilhamento em massa, vemos surgir os fragmentos autorais, de crítica social, de humor, de inscrição de um traço autoral.

mais ou a menos, uma alteração metonímica, a transposição de textos e vários recursos que reinterpretam o modelo original.

Os memes apresentados expressam uma crítica social contra o negacionismo e se utilizam do substrato da cultura popular para um "discurso de resistência" (González-Puereco & Rivera-Magos, 2020, p. 30). E um ponto que gostaria de reiterar: trata-se de memes digitais e que, portanto, circulam a partir do mesmo estrato em que ganham força as fake news.

Em relação aos memes e à escolha dos vídeos – oriundos do *Porta dos Fundos* – que circulam nas redes sociais, gostaria de mencionar que sei que eles falam do meu lugar no mundo e da minha perspectiva: meu material de pesquisa e discussão tem esse viés de questionamento do negacionismo. Ou seja, certamente há memes da outra vertente – negacionista. De outra parte, me parece válida a linha argumentativa de pensar os memes como estofo para a construção de uma narrativa coletiva antinegacionista, pelo convite à circulação da palavra e para o compartilhamento do sentir-se com, do ser afetado pela pandemia em seus efeitos de sofrimento. E, assim, pelo humor, pensar os efeitos que se abrem quando mesmo isolados podemos rir juntos da pandemia.

Há uma tendência nos meios psicanalíticos de circular um tipo de crítica, sem o devido fundamento, em relação ao que se produz na internet. Li e ouvi incontáveis vezes que os memes na pandemia eram um exemplo de uma retórica pobre, do empobrecimento de linguagem que estaria na base das estratégias bolsonaristas de ataques à palavra. Conforme descrevi antes, me parece que, ao contrário, os memes podem tanto funcionar para reiterar uma mensagem negacionista quanto ser retrato da potência criativa de resistência (Martinez, 2021). Nesse sentido, não vejo tanta diferença do meme em relação à charge, que era outra modalidade irônica que poderia expressar com humor uma crítica social. Os memes certamente são oriundos de uma cultura mais popular, mas acho que não se deve negligenciar que a cultura (inclusive em formas de resistência) se transmite na charge, na ópera, na bossa nova e na MPB, mas também nas músicas populares sertanejas, no forró, no funk, nos memes. Escolhas estéticas como a simplicidade dos memes são, aliás, consideradas na cultura internética como um convite à participação popular e são um dos pilares desse potencial de resistência coletiva dessa forma de produção digital.

A rapidez da era digital é mais propícia à temporalidade de circulação dos memes do que da leitura de um romance. Por outro lado, não me parece que os memes sejam em si o problema, mas, sim, a ausência de disponibilidade para todas essas outras formas narrativas de se atribuir sentido ao que se vive, como o que se encontra nos romances de diferentes autores. É importante a oferta de toda a multiplicidade transmitida em narrativas, e a sabedoria da humanidade se transmite também em livros longos que exigem um tempo de leitura bem mais amplo do que a rapidez do meme. Mas, como alguns autores, penso que "o conteúdo de origem digital está se tornando cada vez mais o primeiro rascunho da história" (Rees, 2020, p. 496). E os memes são parte do patrimônio cultural internético e parte da maneira como se interpreta a vida contemporânea.

A viralidade/a rapidez de produção/circulação dos memes se soma a uma estética, aberta à participação: programas básicos de intervenção em imagens, que viabilizam que sem grande expertise se possa editar um meme. Isso pode ser aproximado a movimentos como a expressão contestatória em grafites, mas que com a internet ganham um alcance muito maior.

São interessantes e elucidativos os resultados de investigações de pesquisadores que se dedicam a pensar os memes como formas de resistência em países de regimes totalitários. Nesse âmbito,

Mina (2014) se dedica ao estudo das remixagens populares, dos memes como forma de crítica social e política na China. Em um país em que há uma forte censura à mídia tradicional, como incontáveis tentativas de controle descentralizado do que é publicado na internet, a autora destaca o papel subversivo dos memes contestando narrativas hegemônicas. Não entrarei em detalhe nos resultados dessas investigações científicas, pois meu intuito é assinalar brevemente o surgimento inesperado dessas invenções criativas por meio de objetos digitais. A autora delimita várias estratégias de resistência que são criadas para contornar novas ações repressivas e tentativas de dominação. Nesse sentido, ao contrário de pensar essas atividades como "ativismo de sofá" (*slacktivism*), é enfatizado o papel simbólico dessas pequenas ações interventivas, de remixagens e compartilhamentos. Desse ponto de vista, o meme transmite uma mensagem de crítica social pelo humor e assim atinge um público mais amplo daquele que estaria inicialmente interessado nos tópicos políticos de cunho mais crítico.

A teoria do gato fofo do ativismo digital foi proposta por Zuckerman (2020). Sua tese principal é de que a internet se centra cada vez mais no entretenimento e na distração, muitas vezes por meio da produção de conteúdo amador cujo paradigma é o compartilhamento das imagens fofas de gatos. Autores, como Mina, sugerem que é ao utilizar dos recursos da rede digital centrada no compartilhamento rápido dessas imagens divertidas, de entretenimento, que os ativistas podem melhor se utilizar dessas plataformas para transmitir rapidamente suas mensagens críticas, subversivas, contestadoras. Pois mesmo quando um governo autoritário censura uma dessas mensagens ativistas, quando ela circula numa rede social de largo alcance, dificilmente ela não se espalhará mais rápido do que a censura; e bloquear toda a rede implica que todos os cidadãos fiquem a par da censura, chamando a atenção inclusive dos desavisados que não haviam recebido a mensagem ativista inicial. É assim que Mina (2014) enfatiza que os ativistas podem incluir nas imagens de gatos fofos as mensagens que querem enviar, ao se utilizar dos recursos de entretenimento para transmitir sua crítica social. Mas, além de enviar uma mensagem específica, o que seria transmitido seria uma postura mais crítica em relação à ideia de uma narrativa única. Assim, mesmo que não compartilhe o meme, o fato dos memes subversivos circularem já teria um efeito de reverberar uma posição de resistência.

Embora não seja um caminho sem desafios e perigos, procurei demonstrar como os memes permitem vislumbrar como é também na internet, inclusive nas redes sociais, que podem ser fortalecidos movimentos de criatividade, de resistência democrática, de reverberação de vozes múltiplas. Os memes trazem esse elemento que tangencia o ponto em que há a massificação (a imitação, o que se repete invariável) e a expressão do singular, do subjetivo, do criativo; do processo de apropriação e ressignificação. Optei pela análise dos memes neste capítulo como um elemento-chave tanto por ser um fator tangente entre massa-singularidade, quanto porque me diverti com os memes na pandemia, e acho interessante quando podemos levar o que nos dá prazer para o que redigimos, inclusive academicamente.

Em relação à temática das massas & multidões digitais, o percurso memético me pareceu ilustrativo do modo de funcionamento em fluxo das redes digitais. E essa investigação da forma de circulação dos memes (e de sua linguagem) me parece sinalizar a relevância de pensarmos uma lógica associativa que ocorre muito mais pelo campo rápido do contágio, da reverberação, do que de identificação. Partindo dessa análise memética e da relevância de uma associatividade que não tem um único centro, proponho a seguir avançar em um modelo de análise das redes sociais que me parece poder nos ajudar a compreender outras facetas estruturantes dessa dinâmica digital e alargar nossa compreensão do que está em jogo na psicologia da massas em tempos digitais.

Quando pensamos o meme, há um elemento imprevisível que surge daquilo que será criado em cada meme, de qual será cada série memética, de qual meme se tornará viral. E aqui temos outro ponto de interface com os modelos de reverberação na psicologia das massas. Lembremos que uma das diferenciações freudianas no *Psicologia das massas* é justamente entre a identificação e o modelo de contágio e reverberação. Podemos pensar que a rapidez da internet, assim como o aceleramento que presenciamos na transmissão pandêmica dos memes, e também das fake news, foi um fator propício a um modelo de contágio e reverberação horizontal, o que pode ser um paradigma para pensarmos outros fenômenos de contágio das massas & multidões em tempos digitais. Além disso, me parece que para pensar como ocorre a transmissão contagiosa, devemos nos referenciar tanto à teoria do contágio que já foi abordada neste livro quanto ao que podemos aprender com o método de análise das redes sociais digitais.

5. Psicologia das massas & multidões digitais

Introduzindo o método de análise das redes sociais digitais

Uma das minhas principais linhas investigativas para delimitar especificidades da psicologia das massas e das multidões digitais tem como pilar o estudo da estrutura das redes sociais. Desde os escritos, hoje clássicos de Lévy, cada vez mais se pensa a internet, especialmente as redes sociais, pela "ausência de controle centralizado imposto"; "natureza autônoma das subunidades"; "alta conectividade entre as subunidades"; "causalidade em rede não linear de iguais que exercem influência entre iguais" (Santaella & Lemos, 2010, p. 21).

No ciberespaço, em cada rede, os fluxos se cruzam, se sobrepõem, caminham em paralelo, dando origem a junções de vários nós. Cada pessoa na rede representa um fluxo de informações. Ou melhor, ela se apresenta na rede como um fluxo fluido, cujas direções são moldadas pelos enodamentos nas redes. Aqui, reitero a relevância da formação de uma arquitetura de direcionamentos, pois cada rede social constitui uma rede com fluxos próprios que originam nós dentro das redes, criando rotas para o intenso e rápido fluxo da rede, por sua vez, interligados a outras redes.

Sob essa lógica me inspiro nos escritos de Recuero[1] para pensar como cada rede social modifica a topologia do ciberespaço, criando novos nós, novas dinâmicas de fluxos, que por sua vez reconfiguram as redes. Cada rede social altera a topologia da rede, complexifica seus fluxos. Em sua fluidez e abertura, as redes estão sempre constituindo novos nós descentralizados que direcionam os fluxos, estruturando de modo diferente as relações sociais, próximo ao que Castells (2013) definia como sociedade-rede.

A análise (estrutural) de redes sociais propõe a investigação dos aspectos sociais do ciberespaço por meio de diversos recursos como representações gráficas e topológicas, com o objetivo de facilitar a visualização e o estudo de como a estrutura da rede impacta as formações dos agrupamentos sociais, as possibilidades relacionais e a detecção das diferenças de um grupo para outro (Recuero, 2020). Dentro dessa perspectiva, a rede social é uma metáfora estrutural de grupos humanos como algo dinâmico, em contínua mudança.

A Análise de Redes Sociais (ARS) é uma metodologia[2] científica que antecede as redes sociais digitais, encontrando suas raízes no campo da Sociometria. Abrange uma modalidade de coleta e apresentação de dados focada na apreensão das dinâmicas das redes sociais, fornecendo dados que, por seu turno, são apresentados

---

1 Essa é uma expansão e apropriação livre de comentários de Recuero (2004, 2012, 2020) acerca de *weblogs*.

2 Síntese da metodologia de análise de rede sociais baseada em uma apresentação de Recuero, 24 ago. 2021, e de Zago, 26 jan. 2022, no YouTube, ambas pesquisadoras do MIDIARS – Grupo de Pesquisa em Mídia, Discurso e Análise de Redes Sociais.

por meio de gráficos, notadamente pela estrutura de rede. Ou ainda, pode ser definida como conjunto de métricas e técnicas de pesquisa. Trata-se de um modo de olhar para grupos humanos tentando entender a estrutura desses grupos: por meio dos recursos analíticos, de visualização gráfica, você tenta entender como esse grupo se forma, como as pessoas se relacionam entre si, consigo mesmo, dentro de um grupo e com outros grupos, como o que acontece em um grupo transborda para outros, o que torna alguém influenciador.

Recuero enfatiza quão diferente é o modelo de rede social (antes da internet) em que você iria pesquisar uma rede[3] social, seria como tentar ver numa vizinhança quem conhece quem, do que numa rede digital, muito mais complexa, em que pessoas distantes impactam umas às outras, que uma mensagem permanece na rede mesmo quando a pessoa que emitiu não está mais lá, e que se reproduz de modo muito rápido contando com superparticipantes.[4] Se em um primeiro momento, a ideia era que uma pessoa levaria para a sua rede social online quem conhecia na vida offline, e faria a mesma conversa intermediada pelo computador, atualmente presenciamos cotidianamente como e com quem se mantém contato na rede extrapola em muito essa lógica, por meio de redes acessíveis no smartphone e por meio de vários aplicativos.

Hoje grande parte das pessoas também se informa por meio das suas redes sociais digitais. A informação passa por essas redes, por meio das plataformas de mídias sociais. E, ao contrário da mídia tradicional (como a TV, por exemplo), na rede social para que

---

[3] Síntese das ideias expressas por Recuero em *live* com essa temática no YouTube, 05 jun. 2020.

[4] Superparticipante é um tema reiterado por Recuero para enfatizar em várias de suas produções quanto precisamos levar em conta o efeito desses nós da rede, esses polos que impactam rápida e intensamente toda a rede.

a informação circule, as pessoas precisam não somente acessar suas redes sociais como compartilhar aquela informação. E as informações a que cada um tem acesso são diferentes. A rede social ganha capital social pelo tempo que você fica na plataforma, então ela vai enviar aquilo que o algoritmo identifica que mais atrai você e menos daquilo que não chama sua atenção, e essa dinâmica em si já é propícia à formação de bolhas.[5]

No caso das redes sociais digitais, utilizam-se dos vários rastros deixados na rede para coletar o material de estudo. Recuero recorre à ARS para analisar a estrutura da rede, mas conjuga esse método aos métodos de análise de conteúdo e métodos de análise do discurso (desembocando em inúmeras pesquisas dentre as quais menciono algumas no Apêndice deste livro).

Um dos fatores mais instigantes nas aplicações possíveis de ARS decorre pelo fato de se tratar de um método capaz de analisar grande quantidade de dados. Trata-se de uma coleta que pode ser feita manualmente, mas exigiria, por um longo período, uma equipe inteiramente dedicada à pesquisa. Por isso notamos que a maior parte dos procedimentos metodológicos inclui o recurso de ferramentas de coleta e de análise do material. No caso do MIDIARS (Grupo de Pesquisa em Mídia, Discurso e Análise de Redes Sociais), Recuero elenca como principais ferramentas de coleta de dados nessas redes: no Facebook, CrowdTangle e Social Science One; no Instagram, CrowdTangle; no Twitter, API Pesquisadores, NodeXL, R e Social Feed Manager; no YouTube, API, NodeXL e Youtube crawler DMI.[6] Em relação ao WhatsApp público, utiliza-se o banco de dados de outro pesquisador, que por

---

5 Síntese das ideias expressas por Recuero em *live* com essa temática no YouTube, 05 jun. 2020.

6 Síntese baseada nas apresentações de Recuero no YouTube, 24 ago. 2021 e 05 jun. 2020.

meio do WhatsApp monitor usa bots para coletar dados. Já as principais ferramentas de visualização dos dados obtidos são GEPHI, NodeXL, UCINET, Textometrica e Tableau. Meu interesse não é abordar as nuanças dessas ferramentas, mas somente alguns aspectos metodológicos que são utilizados nessa abordagem de modo a processar grande quantidade de dados.

Estudar os agrupamentos sociais nas redes exige levar em conta as especificidades do ciberespaço, de modo que se possa abranger "o problema de como as estruturas sociais surgem, de que tipo são, como são compostas através da comunicação mediada pelo computador e como essas interações mediadas são capazes de gerar fluxos de informações e trocas sociais que impactam essas estruturas" (Recuero, 2020, p. 24). Aqui, rede social é definida em termos de atores (nós da rede/nodos da rede, pessoas, grupos, instituições) e conexões (laços/interações sociais).

A abordagem estrutural da rede foca "na estrutura social, onde não é possível isolar os atores sociais e nem suas conexões" (Recuero, 2020, p. 24). Tratando-se de internet, não é nítida uma distinção quando um ator da rede é uma pessoa ou um grupo, pois quando várias pessoas escrevem um blog, por exemplo, aparecem como um único nó. Assim, os atores – que ocupam papel chave na forma de moldar as estruturas sociais das redes sociais na internet, dependendo de como fazem laço com os outros – não são exclusivamente humanos, e mesmo quando o são, não são atores independentes, por exemplo, do seu perfil no Twitter. É a partir da maneira dos atores se relacionarem uns com os outros que vai se formar e se alterar a estrutura desses agrupamentos sociais.

Para alguns pesquisadores, a representação das redes em topologias é indispensável para o estudo estrutural delas. Ou melhor, que a investigação estrutural das redes é imprescindível e é viabilizada pelo recurso à topologia. Aqui ganha destaque que a estrutura determina as maneiras pelas quais os fluxos podem ocorrer e quais dinâmicas podem se dar nas redes.

Em termos topológicos, a rede centralizada tem um formato que parece o de uma estrela, com um nó que centraliza a maior parte das conexões. Já a rede descentralizada tem vários centros – "ou seja, a rede não é mantida conectada por um único nó, e sim, por um grupo pequeno de nós que conecta vários outros grupos" (Recuero, 2020, p. 57). A rede distribuída é outra topologia de rede em que todos os nós possuem uma quantidade equilibrada, similar, de conexões. Essas diferentes estruturas delineiam fluxos diferentes e são mais um elemento para pensar a rede e usar um método de investigação que contemple sua dinamicidade. Essas três estruturas topológicas podem ser encontradas nas redes sociais, podendo coexistir. Há uma dinamicidade nessas estruturas, e embora haja alguns tipos mais usuais de topologias para certas modalidades de agrupamento social, uma mesma rede pode possuir diferentes estruturas (topologias). Por meio desse método de pesquisa estrutural, autores como Recuero procuram investigar a rede considerando sua constante mudança tanto em termos de tempo quanto de espaço, e sua dinâmica alicerçada em interações fluidas, dinâmicas.

Gostaria de destacar alguns pontos assinalados por Recuero que me parecem relevantes para a maneira como tenho entendido a questão dos agrupamentos sociais nas redes digitais. Mesmo numa rede que se forme de modo espontâneo, sua formação não é aleatória, no sentido de que um nó que possui mais conexões sempre terá mais chances de conexões. Há nós que são muito conectados (lembremos aqui os influenciadores, que englobam desde os representantes do governo até aquele cotidianamente chamado de influenciador digital) – que tendem a formar os hubs e outros com poucas conexões.

Outro aspecto que me parece relevante é que estamos falando de sistemas complexos e de estudos em larga escala: os comportamentos observados podem não ser encontrados separadamente em uma parte do sistema. É no ecossistema complexo de redes que podem emergir comportamentos imprevisíveis, espontâneos, descentralizados. Trata-se aqui de uma emergência coletiva que não foi predeterminada de cima para baixo por hierarquias etc. A organização da rede, no equilíbrio entre ordem e caos, ocorre de uma forma emergente que não é previamente dada.

Há várias formas de descrever os movimentos da rede, mas não enfocarei em detalhe nenhuma dessas designações. Só menciono muito brevemente que o estudo das redes inclui levar em consideração dinâmicas como cooperação, considerada indispensável para a sua formação; conflito que permite que pela discordância e dissonância haja mudanças; e rupturas. Uma das características da rede social como sistema complexo é que "todo processo dinâmico nas redes sociais será considerado como emergente e capaz de impactar a estrutura" (Recuero, 2020, p. 80). Recuero se baseia nessa teoria para afirmar que em tais sistemas complexos surgem "padrões de comportamento em larga escala, que não são necessariamente determinados em microescala" (p. 80). Isto é, são "propriedades emergentes" (p. 80) do coletivo e não são nem restritas a indivíduos nem centralizadas. Os comportamentos emergentes podem ser de cooperação, mas também de competições e conflitos (os últimos podem desembocar tanto em rupturas, por exemplo, a partir da intervenção de haters e trolls, quanto podem propiciar mudanças). Além disso, a "clusterização tende a produzir agrupamentos de nós muito mais densos do que o restante da rede" (p. 86) o que se articula aos conectores/clusters em seu "papel fundamental na topologia da rede, porque seriam os grandes responsáveis pelo espalhamento das informações em um determinado grupo" (p. 86). Embora haja rupturas oriundas de conflitos, outras rupturas ocorrem de modo natural simplesmente pelo limite de conexões que uma pessoa consegue manter. Assim, haveria um tanto de conflito e ruptura necessários "para permitir que os grupos continuassem em tamanhos nos quais fosse possível a todos os seus membros interagir socialmente" (p. 87).

No modelo de análise estrutural das redes, enfoca-se uma auto-organização que não pode ser previamente planejada, mas que emerge do coletivo (complexo). E quando se estabelecem novas interações, novos padrões de conexões entre os nós, os comportamentos emergentes podem impactar a estrutura da rede. Por exemplo, em um meme construído coletivamente, o próprio processo de colaboração, emergente, muda a estrutura da rede. Os clusters (e bolhas) são outro exemplo de comportamentos emergentes das redes: quando se forma uma clusterização de nós, entra em ação um processo de agregação nas redes sociais. Assim, há uma oscilação de movimentos de agregação/desagregação e de ordem/caos, dando origem a vários padrões regulares e irregulares. A clusterização que caracteriza o movimento de agrupamento de pessoas e que se centra na presença de conectores, que são aqueles que possuem mais conexões do que a média, favorecem fenômenos como o espalhamento das fake news. É assim que tem origem um agrupamento mais denso de nós, e esse é um dos pilares do que é abordado como câmaras de eco nas bolhas.

Estamos no âmbito da macroescala e de como se formam agrupamentos sociais nas redes – qual sua estrutura e dinâmica. Sob essa perspectiva, o próprio aparecimento de *Redes Sociais na Internet* é um comportamento emergente, não previsto, auto-organizado. Outro exemplo de comportamento emergente é o fenômeno dos memes.

Recuero (2020) propõe que "são as conexões o principal foco do estudo das redes sociais, pois é sua variação que altera as estruturas desses grupos" (p. 30) sendo que "as conexões em uma rede social são constituídas dos laços sociais, que, por sua vez, são formados através da interação social entre os atores" (p. 36). Analisar as redes sociais, sob essa perspectiva, implica concebê-las como mutantes, não estáticas. "Essas dinâmicas são dependentes das interações que abarcam uma rede e podem influenciar diretamente sua estrutura" (p. 79) formando novos nós e relações entre nós, fazendo laços e desfazendo outros, enfraquecendo uns e fortalecendo outros, centralizando ou descentralizando os fluxos em clusters. Mas também significa enfocar como elas se estruturam dentro da lógica "dos sistemas complexos" (p. 80).

Há uma distinção entre redes sociais emergentes e redes de associação/filiação que me parece importante destacar: não se trata de duas modalidades de interação excludentes, e em uma rede ambas podem estar presentes. O que elas caracterizam são duas modalidades de interação, de relação, entre os atores sociais, e demonstram como se criam laços e se estabelecem narrativas compartilhadas, diálogos, na rede. É por meio dessas interações que um ator social se sente pertencente à rede, e esse sentimento de pertencimento é algo emergente. Na rede de filiação pode haver uma relação de pertencimento sem que haja interação: aqui se trata de redes mais estáveis e estáticas, e que não pressupõem a interação dos atores para que a rede exista. Mesmo que o ator não interaja com os outros, ele tem seu lugar na rede assegurado por afiliação. Por permitirem que todos esses atores existam nela sem que eles precisem interagir, essas redes podem ser muito grandes, maiores do que a rede emergente. Na rede associativa ou de filiação, por exemplo, o sistema mantém as conexões entre pessoas que não interagem significativamente entre si, mas que seguem alguém "no papel" ou constam na lista de amigos. Essas definições de rede não são, portanto, intuitivas: a rede de filiação não se alicerça nos laços; no entanto, a estrutura da rede permite que as pessoas interajam e assim formem laços. E é possível que as redes de filiação e as emergentes coexistam.

Já a topologia emergente implica uma grande quantidade de nós, pois é ao se conectarem uns aos outros que se faz rede. A rede emergente é muito mais instável, suscetível a movimentos de ruptura e agregação. Uma vez que essa rede depende dos atores sociais para sua manutenção, ela acaba tendo uma topologia descentralizada, com vários atores interagindo ativamente.

Estando em constante dinâmica, de acordo com Recuero (2020), as redes sociais implicam o "aparecimento de novos padrões estruturais" (p. 88) e essa auto-organização se baseia em "novos padrões de interação" (p. 88) que originaram "novas formas de sociabilidade e novas organizações sociais" (p. 88). As interações nas redes sociais envolvem, portanto, um fluxo de informações que circula entre as conexões, e que é indissociável dessa nova maneira de se relacionar, de estruturar os processos sociais coletivos.

Os estudos das redes sociais, que analiso a partir de Recuero, demonstram a relevância da indeterminação, do imprevisível que surge dos fluxos. Todavia, também se detectaram propriedades emergentes organizadoras do fluxo, de modo que a fluidez das conexões se estrutura de acordo com as características da arquitetura da rede. Assim, esses estudos revelam como há uma dinâmica na forma das pessoas se relacionarem e se conectarem, que é em grande parte impactada pela arquitetura/estrutura das tecnologias digitais. E que há certos alicerces e determinantes de fluxos interacionais que são indissociáveis das estruturas arquitetônicas das redes sociais.

Outro efeito dessa estrutura de rede é o funcionamento em cascata. Vários autores já mencionados usam esse termo para caracterizar o efeito de rápido impacto de comportamentos, de informações que se tornam virais. Embora cada pessoa decida compartilhar um meme ou uma fake news, há algo da própria arquitetura da rede que estimula essa forma de transmissão rápida, viral, que logo desemboca no que se chama de cascata.

Análise das redes sociais digitais e o espalhamento da desinformação

O método de ARS[7] tem ganhado força nas ciências sociais e humanas por viabilizar a investigação dos rastros de interações online em grande escala e pela capacidade de transformar os dados obtidos em apresentações gráficas e topológicas, que favorecem a compreensão da estrutura e da dinâmica das redes. Assim, criam-se representações de como se dão as interações nas redes sociais digitais, mostrando, por exemplo, o que alguém tuitou, quem retuitou aquilo, quem citou/foi citado, quem mencionou/foi mencionado; e a partir disso identifica-se quem é mais conectado e quem influência quem, onde existem bolhas, que tipo de informação torna essa bolha mais ou menos permeável a outra bolha. Esse modelo de pesquisa também rastreia como circula a informação nas redes e a análise dessas informações traz resultados bem interessantes para investigar fenômenos como o espalhamento da desinformação. Nesse sentido, Recuero comenta que pela forma de estruturação desses dados, muitas vezes, se identifica um bot – por exemplo,

---

7 A síntese da metodologia de ARS se baseia nas apresentações de Recuero 24 ago. 2021 e de Zago, 26 jan. 2022 no YouTube.

pelo padrão de reprodução de uma única mensagem, replicada incontáveis vezes, ou por um perfil que estava totalmente fora do radar, aparecer de repente como extremamente ativo e repetindo sempre as mesmas mensagens, com frequência e com temática da alçada política.[8]

É por meio de uma vasta quantidade de dados coletados nas plataformas de mídias sociais que se consegue identificar no gráfico o movimento que pode ser chamado de massa/multidão, e assim detectar o fenômeno de polarização de bolhas, o padrão de permeabilidade e o tipo de informação em cada grupo – o que se compartilha tão pouco, que vai sendo deixado de lado, e o que é alvo de uma quantidade imensa ou mesmo viral de compartilhamentos em cada grupo.

A coleta e análise desse material de pesquisa leva em conta algumas especificidades da interação em rede social digital, que ocorrem de modo síncrono e assíncrono, que tem como características "linguagem híbrida", "espalhamento e migração", "multimodalidade", "persistência", "buscabilidade", "reprodutibilidade" e "anonimato".[9] É assim que se evidencia a pertinência de pensar que esse método surge inicialmente do campo de pesquisa da Sociologia.

Acerca do uso desse método para investigar a circulação de desinformação na pandemia, faço uma breve ilustração, recorrendo novamente a Recuero:[10] pretende-se fazer um estudo científico acerca da CPI da pandemia. O (pesquisador) decide averiguar sobre o assunto no Twitter, e faz uma coleta de dados usando a

8 Síntese baseada nas apresentações de Recuero no YouTube, 24 ago. 2021 e 05 jun. 2020.

9 Síntese baseada nas apresentações de Recuero no YouTube, 24 ago. 2021 e 05 de jun. 2020.

10 Síntese baseada nas apresentações de Recuero no YouTube, 24 ago. 2021 e 05 de jun. 2020.

hashtag #cpidacovid. Antes da coleta de material, o pesquisador decide qual ferramenta de coleta irá aplicar – considerando as especificidades (limites e possibilidades) de cada uma e do que se quer investigar. Utiliza-se da análise de redes para apresentar os dados coletados sob a forma de gráficos que permitem a visualização das redes; por exemplo, um retuite será representado pela conexão gráfica entre dois nós, quem tuitou e quem replicou. O pesquisador conseguirá identificar o que foi mais citado, quais os nós mais citados. A apresentação gráfica do material coletado permite que se identifique dois grupos maiores distintos e assim é possível visualizar o padrão de câmaras de eco. É plausível que o pesquisador consiga visualizar a dinâmica das conversas, quem compartilha com quem, e detecte uma redução de pontos de contato entre as bolhas, retratando o fortalecimento de clusters, grupos que se isolam e que se tornam cada vez mais homogêneos. Os nós mais extremistas do grupo ficam tão isolados que Recuero comenta em outra *live* que o padrão parece o de extremistas fanáticos. Cada vez mais o gráfico evidencia uma exposição seletiva à própria bolha, caracterizando uma homofilia. Assim, a polarização vai se direcionando para uma extremização com mais dificuldade de contato e pontos de vista divergentes, gerando o bias de confirmação em que você busca confirmar o que já pensava, e tudo é validado pelos pares, dentro da própria bolha.

Reitero que estou explicitando a abordagem do MIDIARS, que utiliza o método ARS, mas que geralmente também utiliza métodos de análise de conteúdo e de discurso para investigar a estrutura e a dinâmica dessas redes sociais digitais.

Na análise estrutural, detectou-se que se formavam clusters de grupos, com membros em comum que compartilhavam as mesmas postagens, fazendo com que um grupo/cluster se interconectasse a outros semelhantes, formando hubs centrais que conectavam os grupos simultaneamente. Ou seja, estamos diante de algo que foi descrito por Lifton (2019) quando ele analisou o fenômeno de fanatização de grupos, e aqui não há necessidade de os grupos estarem com qualquer proximidade física, pois a conexão ocorre pelas redes digitais. No cenário de algoritmização da formação das massas, já abordado neste livro, a análise das redes sociais nos enriquece com uma representação da dinâmica desses sistemas complexos.

Quando começou a pandemia, o MIDIARS decidiu estudar o impacto da desinformação nesse cenário. Recuero[11] comenta que eles selecionaram palavras-chave que tinham relação, por exemplo, com o discurso de que cloroquina e ivermectina eram a cura/prevenção para covid-19. Quando investigaram por onde circulava essa desinformação, eles cruzaram esses dados com uma pesquisa anterior em que analisaram a circulação de desinformação desde as vésperas da eleição de 2018. Descobriu-se que o padrão de circulação de desinformação era o mesmo. Ou seja, a desinformação sobre a pandemia circula nos mesmos grupos em que circulava a desinformação política.

Trata-se de "desinformação com superpoderes nas redes sociais",[12] que atinge muitas pessoas de uma vez só, e faz parte de toda uma campanha deliberada turbinada por grandes investimentos para manipular a massa. Uma vez que as contas que replicam a desinformação, replicam muito mais do que as que mostram que aquilo é falso, o que ocorre é que se fortalece um clima de ódio que vai sendo usado em vários ataques nas redes, como os ataques contra instituições democráticas – processo eleitoral,

---

[11] Síntese baseada nas apresentações de Recuero no YouTube, 24 ago. 2021, 05 jun. 2020 e 06 ago. 2020.

[12] Síntese baseada nas apresentações de Recuero no YouTube, 24 ago. 2021, 05 jun. 2020 e 06 ago. 2020.

Tribunal Superior Eleitoral (TSE), STF e universidades. A desinformação continua impactando a rede: a desconfiança em relação às vacinas, algo que já existia em nichos muito específicos antes da vacina de covid-19. E o que se percebe é que a confiança da população em relação às outras vacinas também foi perturbada, não à toa houve a redução das taxas de vacinação, alertando-se para o risco da volta de doenças já erradicadas pelo uso da vacinação em saúde pública. As pessoas espalham rapidamente para sua rede a desinformação, muitas das quais são ataques a instituições e à própria democracia. Desde a eleição de 2018, houve um enrijecimento das bolhas. E isso foi marcante também para a circulação das informações acerca da pandemia. Ou seja, a desinformação sobre a pandemia segue as rotas de desinformação que já haviam sido constituídas desde o período prévio às eleições de 2018. O que circula no cluster pró-Bolsonaro não circula no cluster contra-Bolsonaro, o grupo pró-Bolsonaro é uma bolha muito mais fechada e recebe desinformação do seu próprio cluster. Assim, o alto nível de polarização se mostra determinante para a circulação de desinformação na pandemia:[13] e isso se detecta em toda a dinâmica do espelhamento das fake no nível macro analisado na metodologia.

Há estratégias discursivas específicas direcionadas ao espalhamento das fake em cada rede digital, mas alguns elementos gerais destacados por Recuero[14] são estratégias de enquadramento categorizadas em: "referência ao discurso populista como modo de legitimação"; "versão alternativa dos fatos (aquela que ninguém quer que você saiba"/"desinformação enganosa"; "veículos hiperpartidários (em oposição às fake news da mídia tradicional";

---

13 Cf. vídeo "Desinformação, Mídia Social e Covid-19", de Recuero. Disponível em: https://www.youtube.com/watch?v=xd8g8441YgQ.

14 Síntese realizada a partir de *live* de Recuero e Barros no YouTube, 04 nov. 2021.

"avaliação moral e historietas que legitimam o conteúdo (evidências anedóticas)"; "uso das autoridades para legitimação"; "enquadramento político". As designadas estratégias de circulação categorizadas em: "bolhas informativas"; "circulação de conteúdo que concorda com os vieses presentes no grupo"; "alinhamento do discurso desinformativo com outros discursos em que já há filiação" (por exemplo, discurso religioso); "filtragem do conteúdo"; "enquadramento político"; "legitimação por autoridades/laços fortes"; "uso de fazenda de robôs"; "chamado à virtude" (pessoas de bem repassem).

Ao assinalar a relevância do estudo das estratégias discursivas utilizadas para a construção e o espalhamento dessas desinformações como parte de um discurso mais amplo de intolerância, a pesquisadora de semiótica Diana Barros (2020) se dedicou a estudar o papel das fake news na pandemia. A título ilustrativo ela citava um dos vídeos fake que circulou na pandemia e que mostrava um homem que dizia se chamar Jorge Gustavo e que seria um químico autodidata, instruindo a todos a não mais usar o ineficaz álcool em gel, mas em seu lugar o vinagre, desfilando explicações que justificariam as razões pelas quais a solução mágica para matar o vírus seria o vinagre. Outro exemplo de vídeos que continham informação falsa mencionado pela autora mostrava uma pessoa que se colocava no lugar de autoridade, dessa vez mostrando os resultados de um estudo da Universidade de Oxford para minimizar a mortalidade da covid-19 e afirmar que a mortalidade da doença na Itália tinha sido falsificada. Nesse caso, utilizava-se de um estudo que havia de fato sido feito, mas que tão somente sinalizava que os dados contabilizam mortes de todos os que haviam testado positivo para covid, mas não excluíam ou separavam os dados daqueles que morreram e estavam com covid, mas tinham outras doenças prévias. A pesquisadora discute inúmeros textos e vídeos desinformativos, mas me atenho a comentar que são analisados exemplos de montagens mais fáceis de serem desmascarados, e que ainda assim colaboraram para prejudicar o combate da pandemia. Nesse cenário, a pesquisadora acentua que o desafio será ainda maior quando a infodemia se utilizar da inteligência artificial para criar vídeos deep fake, colocando, por exemplo, imagens de alguém dizendo algo criado por um programa computacional, recorrendo a tecnologias digitais que impossibilitem para o usuário comum diferenciar uma imagem falsa.

A seguir apresento algumas especificidades das estratégias discursivas que embasam o espalhamento da desinformação em cada rede social da internet, retomando a investigação realizada pelo grupo MIDIARS. No Twitter é frequente se deparar com desinformação que apresenta link, uma aparência mais séria, não se encontrando historietas ou teorias de conspiração. Isso se relaciona com a própria arquitetura dessa rede e com seu lugar social de fonte de informação, de divulgação de notícias também pela mídia tradicional e por autoridades governamentais. Para se acompanhar uma fake news (ou qualquer outra informação) muitas vezes não adianta somente ver um tuite, mas, sim, acompanhar o thread, o encadeamento das notícias, a narrativa que permite conectar certos tuites, que permitem dar uma ou outra interpretação a um acontecimento. No Twitter, várias autoridades se colocam diretamente, passando a imagem de que estão se comunicando com o eleitor. Às vezes quem tuita divulga um fato, algo que está ocorrendo como uma CPI, e então tenta enviesar, oferecer outra narrativa, gerando dúvida nas pessoas, por exemplo, de que a vacina não funciona etc. Nesse âmbito, Recuero comenta como é frequente detectar que uma conta que foi criada quando nasceu o Twitter, fica inativa até começar a participar com grande intensidade, sempre divulgando uma posição política a favor/contra uma pauta. Esse padrão geralmente é identificado nas análises como um possível bot, que roubou a senha e se apropriou de uma conta para participar de campanhas de desinformação. Além de um perfil de fotos que parecem oriundas de banco de dados e nomes repletos de números – que geralmente não são encontrados em contas de não bots.[15] São, sobretudo, contas massivas usadas para que algumas pautas ganhassem visibilidade.

Analisando as circulações de desinformação política desde 2017, Recuero[16] comenta como se observava redes de bot que ficavam falando entre si, um bot marcando o outro na mensagem, e então começam a marcar os influenciadores, dentre os quais alguns começam a compartilhar a postagem para toda sua rede de seguidores. Um exemplo ilustrativo de como se dá o processo de difusão e legitimação de desinformação no Twitter é dado por Recuero, citando o tuite original (na época da eleição de 2018) em que aparecia a imagem de uma urna e um vídeo mostrando o voto se autocompletando com o "13" de Fernando Haddad. Essa notícia falsa foi tuitada, retuitada, e os grupos que repassaram citam outros atores (marcam pessoas, influenciadores). O influenciador da rede reproduziu a mensagem e a mensagem viralizou levando ao espalhamento da desinformação. Nesse cenário, quando era publicada uma notícia negativa em relação a Bolsonaro, surgia quase imediatamente todo um movimento de bots produzindo mais notícias para invalidar a notícia anterior, de modo a criar uma narrativa alternativa no *trending topics.*

Se no Twitter a desinformação não é totalmente fabricada, ela é enviesada em uma "narrativa alternativa" legitimada por influenciadores, no WhatsApp se encontra muito mais conteúdos totalmente fabricados e onde circulam teorias da conspiração e

---

15 Síntese baseada nas apresentações de Recuero no YouTube, 24 ago. 2021, 15 set. 2020, 06 ago. 2020 e 05 de jun. 2020.

16 Síntese baseada nas apresentações de Recuero no YouTube, 24 ago. 2021, 15 set. 2020, 06 ago. 2020 e 05 jun. 2020.

desinformação como o discurso do "comunismo chinês que quer dominar o mundo", e de que "as máscaras estão vindo da China e que se você as usar, você será contaminado pelo vírus chinês". Recuero[17] comenta que circulava no Twitter um estilo de notícias que falava de estudos de cloroquina que embasariam sua suposta eficácia na cura de covid. O processo de difusão no WhatsApp apresentou redes com papéis mais distintos, na medida em que o WhatsApp se apresenta muito importante no espalhamento da desinformação, mas não tanto na sua validação. O processo de difusão e de legitimação envolvia uma informação que era postada em vários grupos públicos de WhatsApp, então era repassada para grupos mais privados, laços mais íntimos, família.[18]

No WhatsApp privado, geralmente constituído de pessoas mais próximas, dá uma sensação de credibilidade, acredita-se que veio de alguém confiável. Recuero[19] comenta teorias conspiratórias criadas dez anos atrás, que haviam caído no esquecimento, e antes restritas à deep web, e que ressurgiram mobilizadas pela emoção, pelo medo, pela estratégia do *call to action*. A estratégia foi bem-sucedida, pois, quando passada para os grupos privados, ela legitimava a mentira, quem recebia considerava crível por confiar em quem enviou. Isto motivava a manipulação das emoções, a mobilização do medo e a tendência a, nesse estado afetivo, responder mais rapidamente sem grandes reflexões.

Na pandemia, a todo momento aparecia no WhatsApp um áudio em que alguém se dizia médico, personificava essa autoridade,

---

17 Síntese baseada nas apresentações de Recuero no YouTube, 24 ago. 2021, 15 set. 2020, 06 ago. 2020 e 05 jun. 2020.

18 Síntese baseada nas apresentações de Recuero no YouTube, 24 ago. 2021, 15 set. 2020, 06 ago. 2020 e 05 jun. 2020.

19 Síntese baseada nas apresentações de Recuero no YouTube, 24 ago. 2021, 15 set. 2020, 06 ago. 2020 e 05 jun. 2020

para autorizar a mentira que dizia como verdade. Recuero cita o exemplo do áudio em que um suposto médico declarava que era fake news que tinha gente morrendo de covid-19, porque ele estava num hospital e via tudo vazio. A linguagem utilizada no áudio sempre mobilizava as emoções, com um tom de urgência para produzir o sentimento de medo. O que a pesquisadora salienta é que quando a pessoa recebe da sua rede aquela mensagem duzentas vezes ao dia, e isso vai sendo repetido muitas vezes, as pessoas começam a acreditar em coisas fantasiosas, citando a máxima de que "um boato repetido mil vezes vira uma verdade".[20]

Dado o padrão de circulação mais privado das informações, o que se notou nas pesquisas é que o WhatsApp era particularmente propício para a circulação de teorias conspiratórias ou do que chamamos de "ideia sem pé nem cabeça". Nesse âmbito, a pesquisa comenta a força de uma mensagem que dizia que o tratamento mais indicado para covid-19 era beber água quente. Quando se chega a um grau tão alto de polarização, desvalida-se todo o discurso do outro polo, pois mesmo a invalidação de uma fake, muitas vezes depende de uma validação dentro da própria bolha. Onde circula de modo intenso a desinformação, dificilmente circula a verdade, e mesmo quando ela circula não tem a mesma viralização.

O Facebook ainda é uma das mais importantes fontes de informação no Brasil e, como salienta Recuero,[21] as pessoas o concebem como algo oficial, e muitas não entendem que aquilo que circula no Facebook, em certa medida, é igual à conversa que se tem com qualquer pessoa enquanto cruzam a rua. Ou seja, não é verdade só porque está no Facebook. Nessa plataforma, é diferente a

---

[20] Cf. vídeo "Desinformação, Mídia Social e Covid-19", de Recuero. Disponível em: https://www.youtube.com/watch?v=xd8g8441YgQ.

[21] Cf. vídeo "Desinformação, Mídia Social e Covid-19", de Recuero. Disponível em: https://www.youtube.com/watch?v=xd8g8441YgQ.

circulação da desinformação, porque geralmente a manchete da notícia é acompanhada de link, mas quase ninguém clica no link para ler a notícia e contestar sua veracidade. Enquanto é gratuito navegar nas redes sociais, ir no site de notícias consome dados da franquia, além das barreiras de paywall de cada site, que pode exigir uma assinatura para que se tenha acesso à informação. Há também um bias de confirmação, pois se o título já confirma algo em que se acredita, a pessoa fica menos suscetível a receber algo que vai despolarizá-lo.[22]

Outro elemento que precisa ser sublinhado é quanto esse cenário de desinformação ocorre em um enquadramento político em que se colocam em ação estratégias deliberadas de espalhamento de fake news. E nessas campanhas de desinformação, trata-se de todo um ecossistema em que são utilizadas estratégias específicas para cada tipo de plataforma de mídia digital. E não é possível combater a desinformação originada de campanhas deliberadas e com grande financiamento sem levar em conta todo o ecossistema de desinformação circulando diferente em cada rede. É preciso também considerar o papel da mídia tradicional. Recuero[23] cita o exemplo de um jornal que publicou uma foto de Zeca Pagodinho noticiando que ele pegou covid-19; a foto da reportagem é uma do artista tomando vacina. A imagem funciona como *clickbait*, atrai o público; por outro lado, a imagem enviesa, pois dá a entender que a vacina não o protegeu.

Nesse ecossistema de espalhamento de desinformação, predomina a informação oriunda da mídia não tradicional, hiperpartidária, que não segue as normas tradicionais, por exemplo, as

---

22 Síntese baseada nas apresentações de Recuero no YouTube, 24 ago. 2021, 15 set. 2020 e 05 jun. 2020.

23 Síntese baseada nas apresentações de Recuero no YouTube, 24 ago. 2021, 15 set. 2020 e 05 jun. 2020.

mídias de *fact-checking*. Cada bolha filtra o conteúdo que entra, permeável a um tipo de informação. Mesmo quando uma notícia de jornal chega em alguém que participa de um grupo negacionista, a pessoa não compartilha, e se compartilha o resto do grupo não dá continuidade e a informação não ganha visibilidade. Em um cenário polarizado, Recuero[24] comenta o ressurgimento do poster de político, típico de clube de fãs apaixonados. Assim, a extremização avança e se torna mais favorável à emergência de teorias conspiratórias que circulavam nas sombras da internet e que ganham força nas câmaras de eco.

Considerando que a desinformação é todo esse ecossistema, a argumentação de Recuero[25] é de que também precisamos pensar no combate à desinformação considerando estratégias para todo o ecossistema. Isso envolve incluir responsabilidade da mídia de massa, das redes digitais, dos influenciadores, das empresas que investem em quem financia fake news.

Em relação ao espalhamento da desinformação inserido no esforço de pensar os impactos das redes sociais na internet nas formas de fazer massa e multidão, a análise estrutural das redes me parece trazer interessantes elementos para investigar como se dão as dinâmicas nas redes sociais – tanto em termos de estrutura quanto dinamicidade e fluxos. Além disso, penso que ao considerar os atores sociais como proposto – ou seja, um nó pode ser uma pessoa, pode ser um perfil, um blog, um grupo etc. – isso permitiria apreender melhor que um perfil falso pode se relacionar com outros, tanto quanto um verdadeiro; que um bot pode produzir

---

24 Síntese baseada nas apresentações de Recuero no YouTube, 24 ago. 2021, 15 set. 2020 e 05 jun. 2020.

25 Cf. vídeo "Desinformação, Mídia Social e Covid-19", de Recuero. Disponível em: https://www.youtube.com/watch?v=xd8g8441YgQ.

efeitos na rede, inclusive produzindo relações, como um influenciador humano pode estabelecer relações. E, assim, minha aposta é de que podemos nos aproximar de maneiras de compreender o compartilhamento das fake news na pandemia, de uma forma que dê conta dessa massa em rede em um cotidiano no qual cada vez mais estamos hibridizados com as tecnologias digitais.

Psicologia das massas & multidões digitais

Enquanto eu relia uma das últimas versões deste livro, me dei conta de que o termo "papagaios' usado para falar do cercadinho de Bolsonaro, em que reproduzia-se tudo o que ele dizia, mesmo que fossem os maiores absurdos e atrocidades, era um termo que eu já havia utilizado em outro texto para expressar uma fala sem responsabilização pelo que se diz. Na ocasião, eu comentava um artigo redigido pelo linguista Buzato (2010) em que ele discutia os chatbots. Retomo a seguir aquela discussão:[26] no texto, Buzato analisa suas interações com um agente computacional *rob* com quem se relaciona em uma conversação em chatbots,[27] debatendo que tipo de conversa era possível estabelecer com chatterbots. A

---

[26] Parte desta descrição comentada do estudo de Buzato foi realizada anteriormente em artigo escrito em conjunto com Rinaldo Voltolini. Cf. Bialer, M & Voltolini, R. (2017). Internet e subjetividade contemporânea: entre o fascínio e o horror. In N. L. Lima. *Juventude e cultura digital: diálogos interdisciplinares*. Artesã.

[27] Chatbot é a abreviação de chatterbot que se origina da junção das palavras em inglês para designar a pessoa falante na conversa "*the chatter*" e a abreviatura de robô "*robot/bot*" e designa um programa de computador que interage com as pessoas tentando simular o que um ser humano falaria. Esse programa inventado e estruturado por humanos viabiliza a criação de uma base de conhecimento cumulativa a partir da qual surgem as respostas do chatbot, tentando se aproximar do comportamento e da linguagem humanas na conversa.

questão inicial de Buzato e que precipitou a motivação para tal artigo foi sua participação em duas palestras de um seminário sobre linguagem e tecnologia. Na primeira palestra, uma psicóloga demonstrava práticas de treinamento de profissionais de telemarketing que ficavam o dia inteiro sendo moldados a se comportarem de acordo com scripts que apareciam nas telas de seus computadores, suas falas vigiadas por controles de áudio, treinados a agir como máquinas ao interagir com os clientes. Uma pessoa na plateia levantou uma questão que tocou profundamente o linguista: "o que é mais perturbador, que os computadores agora estão sendo programados para agir como humanos, ou que os humanos estão sendo pressionados, por práticas gerenciais e sistemas de computador, a se comportar como robôs?" (Buzato, 2010, p. 362). Na segunda palestra, foi apresetado um software, desenvolvido em conjunto por um grupo de engenheiros e linguistas, que buscava retirar o sotaque estrangeiro de programas de voz computadorizada. Buzato comenta que o nome dado ao programa foi *Aiuruetê*, palavra de origem tupi-guarani que significa "papagaio", já que a habilidade do sistema era repetir o que escutava sem compreender de fato o que dizia.

Achei interessante retomar as minhas reflexões acerca desse tema, pois me parece que o artigo descrevia o "social" que vivíamos quando as redes iam se tornando os polvos que tudo englobam, com destaque para sua observação dessa confusão entre tecnologia-humano, em uma época histórica que já se notava esse apagamento do singular humano e a adoção da voz universal maquinal. Neste livro, em vários trechos em que abordo as redes sociais e a hibridez entre agentes humanos e robôs, voltou-me a ideia de que nessa arquitetura de rede não importa se quem fala (quem posta etc.) é humano ou não. Quer seja uma pessoa, um grupo, um robô, o impacto na rede é o mesmo. E é nesse estofo híbrido que se observa seja a voz de papagaio emitida por humanos seja humanos que navegam de modo anônimo, usufruindo das contingências de uma rede em que nunca se sabe com quem se fala, tampouco se tem certeza de que se trata de um ser humano. E é nesse cenário que notamos as manifestações de ódio, de cancelamento, de perseguição virtual, serem realizadas na penumbra do anonimato, muitas vezes por pessoas que performam como papagaios manipulados por algoritmos.

Quando discuto a psicologia das massas em tempos digitais, inúmeras vezes retomo indagações acerca do efeito de bolha – em grande parte impulsionado pela estrutura da rede – que faz com que estejam todos só escutando a própria voz em eco, sendo governados pelos algoritmos, sem se dar conta disso. Mas me parece que ainda precisamos explorar muito mais as interfaces dessa hibridez humano-tecnologia para podermos dar conta desses novos fenômenos sociais.

Recentemente me inscrevi em um curso intitulado "Inteligência artificial para quem escreve: somos sujeitos ou objetos?". O tema do ChatGTP entrou no nosso dia a dia e a ideia de tentar compreender como se redige algo por meio do recurso da inteligência artificial me pareceu um modo de experimentar em carne e osso o lado de lá, de tentar apreender como "pensa" o robô. Curiosamente tratava-se de um curso oferecido pelo mesmo centro literário em que escutei Mia Couto falar durante a pandemia ou no qual participei online de um curso dado por Julian Fuks sobre o narrar o eu e a autoficção. Digo isso, pois acho interessante que seja no mesmo centro cultural que se esteja em contato com os chatbots e os romances literários. Ainda estou engatinhando nos meus diálogos com chatbots, nessa busca de explorar de dentro como eles estruturam um texto e como organizam a linguagem, partindo da biblioteca de saberes da humanidade. Mas me parece que somente ao aprofundar essas imersões e o diálogo com linguistas e outros pesquisadores que buscam compreender essa estrutura do algoritmo é que poderemos avançar ainda mais as nuanças da psicologia das massas em tempos digitais.

A meu ver, uma importante questão que se colocou no transcorrer do presente livro é se a psicologia das massas (e aqui incluo *o encadeamento* que vai da psicologia das multidões de Le Bon à psicologia das massas de Canetti) dá conta de fenômenos sociais como os que presenciamos do espalhamento das fake news e também dos net-ativismos que culminam em fenômenos sociais, como as manifestações de junho de 2013. Ou quanto precisamos recorrer a novas teorizações do coletivo, do aglomerado social ou do rizoma – um clássico para se pensar a arquitetura da rede – mas também recorrer à perspectiva de uma "metapsicologia" das redes digitais (aqui estou pensando quanto a análise estrutural das redes sociais me ensinou sobre o espalhamento das fake news e os modos de se relacionar em tempos digitais).

Quando penso no espalhamento viral das fake news e quanto isso se articula ao movimento bolsonarista, me parece que temos uma manipulação das massas e das multidões pautada em estratégias distintas. Há uma dinâmica que se assemelha àquela caracterizada por Freud, tendo como pilares a figura do líder e todas as estratégias de manipulação centrada na lógica da massa. Além dos estudos freudianos, discuti alguns outros estudos da massa centrados no líder autoritário – na vertente fascista – pertinentes para pensar a manipulação em massa e seus impactos para o enfrentamento da pandemia. Cenário em que Bolsonaro maneja o tempo todo sua bolha para endossar a narrativa bolsonarista, negacionista, e para acreditar que a "massa" está com ele, que ele é a voz do povo. A eleição de Bolsonaro, que desde a campanha eleitoral explicitava seu alinhamento com a extrema direita, com uma inclinação fascista, com declarações a favor da tortura, do racismo, da misoginia, do machismo e da homofobia, deixou visível essa atração do brasileiro por figuras autoritárias, especialmente as que representam o discurso da volta dos valores tradicionais, mas também que personificam a violência estatal no território brasileiro.

De outra parte, temos um outro movimento bolsonarista de manipulação da multidão, atingindo um a um por meio das possibilidades abertas pelas tecnologias digitais. Nele entram incontáveis influenciadores que manipulam os seguidores. E que, por vezes, podem ser *influencers* de áreas externas (não necessariamente é contratado somente o *influencer* que tem uma bolha negacionista intitulada "sou a favor de cloroquina ou penso que o vírus não existe"). Recorrendo aos dados e algoritmos são contratados influenciadores digitais que a análise indicou que teriam um grupo de influenciados sugestionáveis a favor da pauta negacionista. Ou melhor, interpretou que os seguidores daquele youtuber, instagrammer, tiktoker etc., estavam aptos a serem influenciados quando os dados fossem apresentados de uma certa forma, reforçando o discurso da bolha negacionista. Desse modo, há um efeito massivo pela reverberação das fake news, de acordo com o modo de funcionamento interconectado e hiper-rápido propiciado pelas atuais tecnologias digitais.

O famoso "cercadinho" que é como foi apelidado o grupo de apoiadores que escuta cegamente e de modo fanático aos discursos de Bolsonaro em Brasília, e acabou se expandindo para outros locais, é um retrato de como ele manipula a sua bolha, seguindo então as estratégias tradicionais da psicologia das massas. Mas de modo sobredeterminado, ele e a equipe bolsonarista utilizam as estratégias do marketing digital, produzem engajamento de seus seguidores, direcionam mensagens por meio do *dog whistle,* e assim se pulveriza o espalhamento das fake news e do clima pró-negacionismo em todos esses nós descentralizados (aqui acho que os estudos de Recuero são bem elucidativos da dinâmica desse espalhamento).

Nesse sentido, vale mencionar o trabalho de Rainie e Wellman (2012), no qual os autores comentam a diferença de uma abordagem que pense que os limites do grupo sejam fixos, de uma abordagem que pensa as pessoas em rede, e constatam que essas redes não são restritas a um grupo. Retomo brevemente a hipótese de que nessa nova forma de fazer política há um direcionamento individual que permite ultrapassar certas fronteiras do que seria um grupo com potencial eleitoral que repercute em efeitos globais, macro, para detectar traços manipuláveis no nível micro. Inclusive, isso é potencializado quando não existe mais o critério, por exemplo, de se estar fisicamente no mesmo lugar de um grupo para fazer parte dessa multidão digital influenciável, pois o que importa para essa manipulação é identificar certos traços a serem manipulados.

A seguir, apresento alguns resultados das pesquisas, detalhadas na Seção "Apêndice", sobre o compartilhamento das fake news na pandemia: as fake news são compartilhadas mais rapidamente. Nessa engenharia, a informação verdadeira não só não se espalha com essa velocidade, como entra no circuito por outras fontes, diferentes daquelas dos influenciados por aquele tipo de fake news. E assim recorro à bela metáfora de Buzato "é como jogar um polímero no mar pra coagular o petróleo vazado. Você faz uns coágulos, mas a mancha vai se espalhando indefinidamente" (comunicação pessoal). E na enxurrada de informações disponíveis, na sobrecarga de todo tipo de notificação, sugestão, anúncios, fica ainda mais fácil deixar de lado uma parte do que circula para nós diariamente. Nessa dinâmica complexa e sobredeterminada, o que "faz a fake news acontecer não é o post, nem o autor, nem o leitor, nem o algoritmo, mas o ecossistema que inclui todas essas agências" (comunicação pessoal).

Revisitando os capítulos iniciais, gostaria de retomar e avançar algumas linhas argumentativas que lá se delinearam:

> *A era das redes sociais começou com a promessa de libertação e empoderamento de minorias, mas parece estar nos levando para as trevas da desinformação. Algumas primaveras (árabes) depois, vivemos atolados em um mar de lama de fake news, em que acreditar que a Terra é plana, que o aquecimento global é invenção globalista e que não se deve vacinar os bebês são apenas os exemplos mais salientes. (Barbosa, M., 2021, p. 7)*

Ao comentar a emblemática capa da revista *The Economist* cujo título era "Arte das mentiras: política pós-verdade na era das mídias sociais", Santaella (2021a) enfatiza como na matéria, de 2016, estava em pauta não somente o papel das fake news no Brexit e nas eleições de Trump porque o âmago da questão não é mais o que é verdadeiro ou falso. Além disso, do pertinente título que une política, pós-verdade e mídias sociais em uma única frase, também acho digno de nota que se mencione a arte da mentira. Usa-se o que há de mais atual no campo tecnológico, de todo um campo inventivo das fake news em que se imbricam as contingências tecnológicas e a capacidade criativa que une a "mão humana" e os artefatos. Aliás, quem duvida de como a criatividade pode ser utilizada para os fins mais escusos, basta ver qualquer reportagem, pesquisa científica ou pesquisar no Google palavras-chave como tortura e escravidão (ou mesmo período medieval) para ver as atrocidades que já foram criativamente inventadas pela humanidade, usufruindo do saber tecnológico disponível em cada época – a nossa é a digital.

No transcorrer dos capítulos, analisou-se, em diferentes frentes, essa complexa e sobredeterminada relação falso/pós-verdade, que também se entrelaçou ao fenômeno câmara de ecos nas bolhas, desembocando em uma guerra de narrativas em torno da pandemia. A propagação viral das fake news impulsionada pelo gabinete do ódio[28] deu origem a um ecossistema digital centrado em uma narrativa negacionista determinante na recusa da adoção de inúmeras medidas de saúde pública necessárias para o combate eficaz do vírus. Grande parte dos estudos já mencionados assinalara um cenário de quebra de confiança nas instituições tradicionais e o fortalecimento da busca de informações em redes sociais como elementos-chave desse novo panorama.

O papel específico do WhatsApp para o compartilhamento das fake news (tanto em relação à pandemia quanto às eleições) foi abordado em várias dessas pesquisas: as mensagens eram selecionadas e direcionadas – microssegmentadas de acordo com o que os algoritmos traçavam do perfil de cada um. Esse direcionamento político não foi feito só em grupos públicos sobre política, mas nos organizados nas mais diversas categorias: "programas computacionais são usados para monitorar e distribuir conteúdo em grupos de diabéticos, de torcedores de times de futebol, de motoristas de Uber, de divulgação de vagas de emprego, de colegas de trabalho ou de vizinhos" (Bruno & Roque, 2019, p. 16).

Quando se pensa na pandemia, é nítido que se trata de um cenário complexo. Pode-se delimitar uma linha intransponível entre ciência (aqueles que acreditam no método científico, na

---

28 Gabinete do ódio designa um grupo de assessores e outros membros da equipe de Bolsonaro que realizava a gestão das redes sociais de um modo bastante violento, atacando opositores de Bolsonaro e/ou pontos de vista contrários ao que queriam endossar, utilizando muitas vezes a estratégia de espalhamento de fake news.

vacina, na existência da pandemia) e os negacionistas disso tudo. No entanto, logo presenciamos médicos negacionistas, o que fortalece a desconfiança da ciência (aliás, ciência anteriormente utilizada para tantos experimentos médicos nos campos nazistas) –, mas também revela como cada vez mais se descobre como a ciência não é uma, como há diversas leituras científicas, como há divergências dentro de cada campo. Aliás, na pandemia descobriu-se que enquanto alguns médicos negacionistas retrocediam diante das evidências, outros lucravam mantendo a posição[29] e sustentando o discurso negacionista. Na esteira antissistema, anti-instituição, houve também todo o fortalecimento da imagem do político tradicional, em contraponto ao qual surgiram diversas figuras com discurso antipolítica, inclusive por alguém que tinha vivido grande parte da vida dentro desse mesmo sistema corrupto de uma política que não é feita em nome dos cidadãos. E no cenário pandêmico, a manipulação das emoções de modo a viralizar fake news se tornou moeda corrente nas redes sociais.

Gostaria ainda de reiterar o que foi minuciosamente abordado a partir dos estudos de Da Empoli, que diz respeito a essa nova maneira de fazer política em rede não mais centrada no consenso, mas na capacidade de direcionar, um a um, o aglomerado de um grande número de pessoas, de modo a obter certos resultados. No cenário favorável a todo tipo de antissistema e de volta aos valores "tradicionais" se aloca a extrema direita, oferecendo mitos forjados pelo que se descobriu por meio dos algoritmos.

Para entendermos melhor o mundo em que vivemos e como circulam ideias absurdas como a de que o vírus não existe,[30] que só

---

[29] Cf. "Médicos influenciadores cobram R$ 500 por atestado antivacina" (Intercept Brasil, 2022).

[30] Há toda uma gama de níveis de negacionismo: "'No Carnaval, ninguém tava de máscara': o dia depois da liberação no Rio" (UOL, 2022).

funcionam cloroquina e tratamento precoce, beirando o absurdo de uma bolha negacionista dizer que "vacinas não têm eficácia comprovada e modificam o DNA", penso que é cada vez mais imprescindível entender a dinâmica das redes sociais e, num sentido mais amplo, as tecnologias digitais. Buzato propõe o conceito letramento digital: "não como saber operar a máquina ou os aplicativos, mas compreender mais profundamente como funciona o discurso na internet e qual o papel dos algoritmos, dos dados, dos modelos de negócio etc." (comunicação pessoal). E, nesse sentido, o letramento crítico de dados é uma das facetas dessas práticas críticas necessárias para se pensar o compartilhamento das fake news na pandemia e seu efeito no negacionismo coletivo.

Em contrapartida, é também preciso ter no horizonte que os agrupamentos sociais digitais não são exclusivamente essa versão da massa obediente, se submetendo passiva e cegamente a um líder tirano. E justamente a internet traz formas de subversão, modalidades de se agrupar que expressam arquiteturas de participação, de criação e mesmo de resistência democrática.

Em livro dedicado ao centenário do *Psicologia das massas*, Moreira e Silva (2021) assinalam como há uma diversidade que pode ser despertada pelo coletivo: é nessa mesma rede de redes em que estão ocorrendo desmantelamentos das bases da democracia que pode surgir a resistência. O livro, publicado em plena pandemia, realça que encontramos num mesmo ecossistema tanto a barbárie, o negacionismo coletivo, a cegueira perante as fake news e um líder tirano, quanto invenções, aberturas democráticas. Já abordei diversos estudos sobre como os algoritmos impactam a maneira como as paixões e os ódios são submetidos a manipulações e são elementos-chave para compreendermos o negacionismo diante da pandemia. No entanto, gostaria de abordar também como as redes sociais trouxeram para os holofotes novas formas de participação social, novos modos de criar rede, de se conectar, de reinventar a democracia no cotidiano. Nesse âmbito, para continuar a discussão acerca das especificidades das massas digitais gostaria de fazer algumas observações acerca do net-ativismo.

Para enfocar o net-ativismo, como as Jornadas de junho, o modelo de multidões (de Hardt e Negri) é mais acurado do que o modelo freudiano das psicologias das massas? Ou mesmo que o do modelo das massas de Canetti? O que a análise estrutural da internet pode nos ensinar sobre esses novos fenômenos sociais?

Quando se pensa nas redes sociais mobilizando um net-ativismo podemos encontrar participantes de qualquer lugar do planeta que se ligam, por vezes, em torno de pautas múltiplas ou por motivações variadas que desembocam em algum eixo em comum. Não são movimentos sociais determinados por instituições (aqui me refiro ao estilo das manifestações de junho 2013), e mesmo na própria forma de se organizar é geralmente algo espontâneo e mutante. Predomina uma forma de fazer laço que é associativa e que ocorre de modo fluido pela conexão de redes (Danziato *et al.*, 2020).

Ao realizar uma investigação acerca das manifestações de 2013, Danziato *et al.* (2020), levantam a hipótese que haveria uma topologia mais próxima das multidões do que das massas:

> *Há algum tempo que a emergência de manifestações sociais contemporâneas vem surpreendendo o mundo, não só pelos efeitos políticos e sociais que desencadeiam, mas também pela forma singular como se organizam e encaminham seus funcionamentos e reivindicações. O efeito de surpresa se origina da constatação de que a lógica de organização e a topologia políticas e sociológicas tradicionais, com as quais tempos trabalho no*

> *estudo e na pesquisa dos movimentos sociais, assim como no campo das relações entre política e processos de subjetivação, tornando-se assim, um curioso enigma a ser investigado. (2020, p. 273)*

O movimento das manifestações de junho de 2013 no Brasil fez parte de uma corrente global de inúmeros ativismos que começaram com agitações online, redes em que o tópico se fortalecia até tomar as ruas. Mesmo quando esses protestos ocorriam nas ruas de todo o país, continuavam tendo forte presença nas redes digitais, eram divulgados por grupos de jornalismo alternativo – como o independente Mídia NINJA.

Além de terem uma genealogia online, esses movimentos são sobretudo, de acordo com Di Felice, Pereira e Roza (2017), "agregações espontâneas de indivíduos conectados" (p. 8) que mantêm uma arquitetura em rede e com um funcionamento sem um único centro, sem um líder e sem a busca de líderes futuros, sem uma hierarquia formal, sem uma bandeira política, sindical ou ideológica. Esse agrupamento emergente temporário descentralizado retrata justamente como, nas manifestações de junho de 2013, juntaram-se pessoas diversas, inicialmente para contestar o aumento anunciado dos preços de tarifas de transporte público. No entanto, de modo imprevisto, os protestos obtiveram a adesão de milhares de brasileiros de muitos municípios, e passaram a englobar uma série de reivindicações dos mais diversos grupos sociais. Conforme já foi assinalado anteriormente, as jornadas foram consideradas por muitos pesquisadores um exemplo de rizoma midiático (Rego, 2016), com o papel marcante das transmissões digitais alternativas desse evento, dando lugar a vozes plurais, a múltiplas narrativas. Essa coexistência de vozes não constituíam um centro único, mas se aglomeraram de modo espontâneo e efêmero, mobilizadas por esse movimento marcado pela dinâmica das redes.

O fato de o movimento ser precipitado, permeado, dinamizado e estruturado por meio das tecnologias digitais fez com que alguns pensadores assinalassem o quanto falava da relação fusionada humanos e não humanos. Assim, a manifestação seria um exemplo de sinergia e hibridez dos humanos com suas tecnologias, perdendo relevância na ideia do ser humano como o agente que tudo determina, que é o centro do universo, para um enfoque mais ecológico, marcado por conexões colaborativas entre humanos e não humanos. Acho interessante que esse prisma (Di Felice, 2017) permita enfocar como o ineditismo desse movimento – e de outros net-ativismos – tem como pilar não somente os humanos que dele fazem parte ativamente, mas toda uma ecologia mais ampla, inclusive as tecnologias. Nesse enfoque ecológico, abarca-se uma cooperação social que envolve humanos, tecnologia, ambiente, outros animais, objetos etc., em direção de uma cognição relacional, de invenções coletivas híbridas que surgem do enredamento de todos os fluxos.

Todas essas manifestações mobilizadas por meio da internet, com destaque para o papel das redes sociais, reverberam na perspectiva de novas maneiras de se construir uma ciberdemocracia (Lévy, 2017). Inegavelmente, a internet amplificou quem podia falar e de quais maneiras, ampliando as possibilidades de se expressar publicamente, o que também pode desembocar em um "alargamento da liberdade de escuta" (Lévy, 2017, p. 31). Todavia, ao contrário de ser cegamente conduzido pelos algoritmos, aqui a liberdade precisa ser atrelada a um certo letramento digital crítico.

Esse tipo de net-ativismo coloca em perspectiva essa modalidade de rede, das pessoas se conectarem, fazerem laço e se mobilizarem.

Em um nível de análise, podemos pensar aqui a lógica da massa freudiana, ainda centrada nos processos identificatórios em jogo. No entanto, em outro nível de análise, a psicologia coletiva em rede tem uma arquitetura centrada na "lógica associativa" (Danziato *et al.*, 2020, p. 277) em fluxos que se estabelecem por associação – hipótese que pode ser derivada dos estudos estruturais das redes digitais (como o modelo de análise de Recuero), mas também dos modelos rizomático e negrihardtiano.

Ao contrário da consistência da massa freudiana, Danziato *et al.* (2020) propõem que estamos perante uma nova topologia das massas, mesmo que possamos encontrar nelas alguns elementos descritos na psicologia das massas de Le Bon e Freud, ou mesmo na de Canetti. É nesse sentido que os autores argumentam que estaríamos diante de uma topologia de massa oriunda da contemporaneidade, da pós-modernidade. Com isso, eles aproximam os fenômenos das manifestações de junho 2013 do conceito de Hardt e Negri de uma multidão que tem uma topologia sem um único centro, mas que é composta de singularidades que não se dissolvem na massa.

Nesse sentido, eles sustentam que "a multidão é uma formação social própria de uma sociedade em rede, caracterizada não mais pela dominância da lógica disciplinar, mas pelos mecanismos de controle que implicam o triunfo do capitalismo global e as novas tecnologias" (p. 289). Outro aspecto salientado pelos autores é que, desse modo, os mecanismos de poder e dominação assumem "uma estrutura mais flutuante e flexível já que estão por toda a parte" (p. 290) desembocando nas "redes da sociedade de controle" (p. 290).

Baseando-se em Hardt e Negri, a tese dos autores é a de que nessa sociedade de controle não é mais marcante o vínculo identitário, pois "a sociedade do controle determina a produção de subjetividades mais flexíveis, não fixadas em identidade, subjetividades híbridas e moduladas" (Danziato *et al.*, 2020, p. 290). Essa nova forma de se relacionar e de existir é mais fragmentada, propiciando a configuração de "subjetividades cujas reivindicações se manifestam em formas horizontalizadas, através de redes sociais" (p. 293). E é nesse ponto que os autores articulam as manifestações de 2013 a essa modalidade de poder horizontal, sem a figura central de um líder, dando voz a singularidades (inclusive identitárias como raça, gênero etc.).

> *as redes sociais parecem guardar relações patentes com a topologia encontrada nas manifestações de junho de 2013 no Brasil, posto que tais espaços virtuais são orientados por uma lógica associativa que não trabalha com uma perspectiva hierárquica, mas estabelece conexões através de uma orientação voltada para o campo da multiplicidade quantitativa e qualitativa dos laços. Portanto, o que vemos novamente aqui é a assumpção de um modelo de relações que considere a horizontalidade como um valor essencial. (Danziato* et al., *2020, p. 293)*

Para alguns autores (Oliveira, Ferrari & Machado, 2019), as manifestações de 2013 e outros ciberativismo são retratos de novas modalidades de resistência, de renovação das lutas pela democracia. As manifestações de 2013 são exemplos de um net-ativismo que foi às ruas. Todavia, já escutei e li inúmeras críticas ao designado ativismo de sofá em contraponto ao verdadeiro ativismo democrático, que seria concretizado quando se sai do online para o offline. O valor da internet acaba sendo o de ajudar a conectar as pessoas, mas o valor democrático é quando se vai em carne e osso às ruas. Nessa lógica, a internet potencializa o antigo ativismo, mas não muda substancialmente o âmago dessa forma de participação política, pública. Usando um termo ao qual nos habituamos em tempos pandêmicos, o online é importante para ajudar a viralizar o ativismo de outrora.

Em outra perspectiva, destaca-se quanto o "ativismo relâmpago" (Earl, 2017, p. 57) funciona como uma rápida enxurrada imprevista. Assim, ressalta-se não se tratar de uma participação social maciça ou planejada, mas uma rede descentralizada, muitas vezes em torno de movimentos reivindicatórios que se fazem escutar pelo uso massivo das redes sociais, e que desse modo obtêm impactos e alicerçam uma estrutura de rede distinta da anterior. Ou seja, não é tanto que se usa a internet para se divulgar a causa de outrora, mas que surge um movimento emergente, indissociável da própria arquitetura das redes digitais. Ao contrário da desconfiança diante do ciberativismo, a distinção do offline/online não tem mais sentido hoje, uma época em que quando se está na rua se está igualmente conectado digitalmente com sua tecnologia móvel. De outro ponto de vista, a multidão que se forma nas redes é pensada como potencializadora da democracia: "a multidão encontra na rede um meio privilegiado de exprimir sua potência de ação, fazendo seus movimentos de luta através da construção de rede" (Antoun, 2013, p. 211). Mas essa mesma arquitetura descentralizada colaborativa das redes digitais também dá voz a todos os movimentos conservadores e não democráticos, como acompanhamos diariamente durante a pandemia.

De todo modo, incomoda-me quando escuto a crítica ao net-ativismo[31] como se ele fosse exclusivamente os primeiros

---

[31] Vale mencionar uma modalidade recente de ativismo que circulou na internet, a transmissão da invasão da Ucrânia pela Rússia. Enquanto o governo russo insistia na narrativa de que realizava um exercício militar e/ou que não havia invasão, o TikTok foi inundado por vídeos mostrando os primeiros passos da

degraus da escada para chegar ao verdadeiro ativismo democrático. Pego o exemplo da pandemia, não somente quando pensamos todos os movimentos antibolsonaro e antinegacionismo que foram criados de modo mais deliberado e planejado. Incluo todos os memes e outras produções remix que expressaram narrativas alternativas que elaborei como formas discursivas de resistência. E também englobo criações no YouTube que abordei ao mencionar o canal *Porta Dos Fundos*, mas o mesmo valeria para um canal que adoro, o *Tempero Drag*, e que dá voz ao que há de melhor na democracia. Aqui me parece que falar de ciberdemocracia é sinônimo de democracia. O poder de transformação social, do meu ponto de vista, existe nas várias produções que surgem do/no digital e que não precisam ser acompanhadas de um complemento offline. As produções do YouTube são espaços abertos de debate público, de circulação da palavra. E o que vimos na pandemia, aliás, foi que vários movimentos sociais reivindicatórios que carregavam pautas de modo separado se conectaram em prol dos valores democráticos e em nome da vida contra a necropolítica em voga.

É interessante como desde os primeiros estudos da multidão encontramos um fio em comum de que as massas têm algo de imprevisível. Que por vezes se tenta controlar, enfocando em seu fechamento, na delimitação de rituais, de objetivos, ou mesmo que se foca na construção de um líder que deve saber conduzir a massa pelo amor ou pelo medo. Quando abordo as massas digitais, estamos novamente falando de como há uma dimensão imprevisível na maneira como se organizam os net-ativismos ou que se propagam as fake news e os memes. É nesse cenário de imprevisibilidade das massas digitais que precisamos pensar como grande parte da vida social, inclusive política, ocorre nas redes. E, assim, como

---

guerra. Cf. "Por que a invasão da Ucrânia pela Rússia ganhou o apelido de 'guerra TikTok'" (CNN Brasil, 2022).

é impossível pensar na democracia do nosso século sem levar em conta a internet.

Hoje a política se faz na rede (o que a extrema direita percebeu com muito mais sagacidade e rapidez do que os partidos democráticos); rede que atravessa fronteiras dos estados-nações, fronteiras já bem frouxas com a globalização. Se a pandemia, especialmente em seu primeiro ano, fez com que as fronteiras nacionais voltassem a ser preponderantes, a rede internética nos manteve ligados uns aos outros.

No artigo "Ninguém solta a mão de ninguém: conectados/as em rede, resistimos",[32] Oliveira, Ferrari e Machado (2019) abordavam os fenômenos sociais em rede. O título remetia à inventividade que surgiu de modo espontâneo em reação à eleição de Bolsonaro e como forma de resistência ao discurso de ódio proferido e incitado em suas falas misóginas, preconceituosas, homofóbicas, machistas. Um ponto levantado nesse texto é como a internet potencializa ativismos que já existiam antes: inclusive a frase que serve de mote à escrita e ao movimento teria surgido no curso noturno de Ciências Sociais da USP durante a Ditadura Militar. Essa frase era dita quando se apagavam as luzes da sala, momento em que muitas vezes os estudantes podiam desaparecer, retrato do movimento espontâneo de resistência e solidariedade em nome da democracia e da colaboração horizontal. Por outro lado, esse tipo de ativismo, a partir do momento que mobilizado na internet, em uma configuração social marcada pela topologia das redes, terá

[32] E o mesmo valeria para o movimento espontâneo de hashtags EleNunca, Elejamais etc., que por sua vez potencializaram e retroalimentaram os outros movimentos contra o bolsonarismo. Ou incontáveis manifestações de oposição como na versão meme – cf. "Os 26 eventos contra Bolsonaro mais inusitados que já foram criados na web" (UOL, 2018).

como características singulares uma maior descentralização, efemeridade, imprevisibilidade:

> *é impossível demarcar com segurança se eles [movimentos] irão ocorrer, como acontecerão, quem irá tomar as iniciativas das discussões e conduzirá as manifestações . . . essa característica de fluidez e ausência de rigidez no controle desse tipo de ação demonstra o caráter volátil a que estamos expostas/os. (Oliveira, Ferrari & Machado, 2019, p. 667)*

E essa nova discursividade internética, essa dinâmica em rede, altera substancialmente as formas de se agrupar e de como transcorrerá o movimento. Uma tese interessante levantada nesse artigo é a de que, em contraponto ao discurso padronizado bolsonarista, com o lema do "Brasil de volta", levantava-se a bandeira de um único modelo de cidadão, de família brasileira e, em última instância, do que seria o povo brasileiro – equivalente ao eleitorado bolsonarista –, a coletividade ativista de oposição teria essa característica de incluir as mais variadas pessoas que não se incluíam nessa identidade brasileira bolsonarista: nesses movimentos "somos muitas/os alguéns que juntas/os seguimos! Assim, os movimentos surgem, difundem-se e ganham proporções de forma rápida e exponencial".(Oliveira, Ferrari & Machado, 2019, p. 667). É interessante que aqui os autores abordam por meio do "tod@s junt@s sem soltar a mão de ninguém" a possibilidade de um comum que não seja um traço idêntico que una todos. De pessoas que em suas singularidades se unem em torno da manifestação em prol dos valores democráticos.

Quando penso nas narrativas meméticas da pandemia, penso como há apropriações criativas na internet e como nesse espaço de improvisação surgem vozes plurais e democráticas. Que a própria estrutura aberta do meme convida à participação, à livre autoria, favorecendo essa abertura democrática. Aliás, retomo que, mais do que uma colagem automática, o meme é uma criação híbrida (remix). E é uma invenção coletiva em rede, pois um meme deve ser sempre lido em série, e é sempre uma criação em diálogo aberto com os demais memes. Uma produção feita de diversas vozes, uma forma de tessitura de uma narrativa coletiva. Nesse sentido, uma imagem justaposta com um texto, um *mashup* não é isoladamente um meme, mas somente em conexão[33] com os outros.

Memes, canais do YouTube como *Porta dos Fundos* e *Tempero Drag*, ou mesmo intelectuais youtubers que divulgaram uma leitura crítica do negacionismo governamental como Atila e Dunker, instagrammers como Lilia Schwarcz, retrataram formas de ocupação do espaço público, de convite democrático à participação social, à fala e à escuta de vozes plurais, e uma forma ativa de cidadania sintonizada com nossos tempos, expressando de modo criativo algumas das inúmeras possibilidades de apropriação democrática da internet.

---

[33] Nesse âmbito, um grande especialista em memes, Shifman (2014), sugere que essa modalidade de recriação popular retrata um "individualismo networked" (p. 34) que permite a todos poderem participar da cultura, expressando quem são, como pensam, sentem, veem o mundo etc. Esse termo é muito utilizado por Wellman (Rainie & Wellman, 2012) em seus estudos sobre a análise estrutural das redes justamente para caracterizar a configuração social em rede, com redes mais fragmentadas, e que rompe com a dicotomia indivíduo-grupo, pensando que estamos sempre em rede: segundo essa perspectiva, as pessoas gostam de se crer autônomas, que pensam sozinhas, que estão sozinhas, quando de fato estão sempre em redes sociais.

Mais algumas interfaces

Hoje, pensar o ser humano é pensá-lo junto com as tecnologias digitais. Ou ainda, é impossível conceber o humano dissociado da dadificação e da lógica algorítmica. E quando falamos em algoritmo estamos também tratando de vigilância digital: os rastros digitais praticamente impossíveis de desaparecerem da rede, o monitoramento invisível, mas ininterrupto, pulverizado, global. Vigilância líquida foi o termo proposto por Bauman e Lyon (2013) para nomear essa forma de controle dos dados, dos rastros, dos fragmentos digitais.

A partir do que vivemos na pandemia, Preciado (2020) propôs um brevíssimo panorama da gestão política das epidemias na história da humanidade, em que acentuou como entraram em ação várias técnicas biopolíticas que buscavam controlar o cidadão. Não adentrarei toda a argumentação de Preciado, mas gostaria de frisar a pertinência e atualidade de sua observação de que: "O vírus atua à nossa imagem e semelhança, apenas reproduz e estende a toda a população as formas dominantes de manejo biopolítico e necropolítico que já estavam trabalhando no território nacional". Sob essa perspectiva, é enfatizado como o ideal do homem moderno se baseia no padrão homem branco heterossexual que se afirma em contraposição aos excluídos, às minorias, aos migrantes, aos deficientes etc. Isso é extrapolado pelo autor para pensar que, nesse modelo liberal, o corpo do homem ideal é imune aos outros (excluídos) e não deve nada à comunidade. Em uma leitura foucaultiana da gestão política das epidemias, Preciado teoriza que a maneira pela qual historicamente a humanidade lida com os estrangeiros – e que tem sido problemático para os excluídos, imigrantes – foi com a pandemia estendido para os outros cidadãos de modo intensificado. Além disso, Preciado acentua formas de repressão e de exclusão social que já existiam e que retratam uma sociedade digital que migra para um controle muito mais da ordem da mídia-cibernética do que disciplinar: em vez da repressão da sexualidade, ele enfatiza como o controle se dá pelo empuxo ao consumo.

A lógica argumentativa do autor é de que, diante de cada epidemia, em cada momento histórico foram estabelecidas distintas estratégias de poder (e realizados o que designa serem laboratórios de inovação social). Diante da hanseníase, foram adotadas "medidas estritamente necropolíticas" centradas em excluir o leproso da comunidade. Já diante da peste, foram adotadas as técnicas disciplinares modernas, em que cada corpo era confinado/disciplinado em sua casa.

Diante da covid-19, Preciado enfatiza que surge a problemática de quais vidas são pensadas como perdíveis, de acordo com as estratégias políticas de gestão da pandemia que forem escolhidas, não só em cada país, mas globalmente, nessa configuração política planetária. Assim, ele propõe uma distinção entre duas principais abordagens biopolíticas da pandemia: um modelo baseado no controle disciplinar é aquele do confinamento no lar, similar ao utilizado em relação à peste (e eventual hospitalização de casos mais graves), foi o adotado por países europeus como Itália, França e Espanha. O outro modelo se pauta em "técnicas de biovigilância" em que se detecta a presença do vírus por meio da testagem, ao mesmo tempo em que se utiliza das tecnologias digitais móveis para vigiar e monitorar os cidadãos: corpos são assim "observados em tempo real pelo olho digital de um Estado ciber-autoritário para o qual a comunidade é uma comunidade de usuários cibernéticos e a soberania é acima de tudo transparência digital e gerenciamento de big data".

Preciado menciona que já havia em países como Taiwan, Coréia do Sul, Japão, Israel, Cingapura e Hong Kong formas legais de realizar o exercício do controle digital do cidadão feito pelo Estado cibernético, de modo a controlar a disseminação de certas doenças. No entanto, em ambas as linhas, instaurou-se novas formas de vigilância digital do cidadão em seu lar e de monitoramento dos corpos confinados, intensificando a hiperconexão do cidadão com as tecnologias digitais para viver socialmente, trabalhar etc., as quais serviram para ampliar o espectro de controle.

As medidas de controle impostas para gerenciar os riscos de contágio pelo vírus se centraram, portanto, na imposição de um "gesto imunológico negativo de afastamento do social, de fechamento da comunidade"; ao que Preciado contrapõe a possibilidade de uma transformação política que possa advir do enfrentamento da covid-19 e que permitiria à sociedade utilizar desse laboratório social para se curar, para se cuidar, para repensar a relação predatória que a humanidade tem estabelecido com a natureza, com o ecossistema, e "inventar uma nova comunidade além das políticas de identidade e fronteira com as quais até agora produzimos soberania, mas também além da redução da vida à sua biovigilância cibernética". Assim, ao enfatizar a urgência de uma cooperação planetária para o enfrentamento do vírus, Preciado pondera que, como o vírus sofre mutações, essa mesma metáfora pode descrever as mutações que a humanidade precisa sofrer para não mais se submeter passivamente, de modo alienado ao controle exercido cotidianamente pelas tecnologias digitais em sua faceta de biovigilância.

No atual estágio das tecnologias digitais em rede, a vigilância digital massiva tem produzido incontáveis efeitos visíveis e invisíveis. Vários autores têm procurado ilustrar essa vigilância pervasiva pela ideia foucaultiana do panóptico – termo utilizado para designar uma forma de controle calcada no modelo de uma penitenciária ideal que permitiria a um único vigilante fiscalizar ininterruptamente todos os prisioneiros o tempo todo, sendo que eles se sentiam o tempo todo observados, mas sem saber quando (e se) estavam sendo observados.

No entanto, ao contrário da arquitetura panóptica, Bauman e Lyon (2013) sustentam que é preciso pensar em um modelo pós-panóptico condizente com os fluxos da internet e da mobilidade contemporânea. Desse prisma, não há mais uma vigilância centralizada, e sim mais disseminada, flexível, infiltrando-se em todos os meandros da existência.[34] Assim, os autores argumentam que o modelo panóptico (lugar de onde tudo se vê) continua presente na era digital, principalmente em um cerceamento da liberdade de certos grupos marginais, mas a vigilância pulverizada dos dados se fortalece cada vez mais. No modelo panóptico de uma prisão, o vigia fica no centro, mesmo que não visível aos prisioneiros por estar escondido. O argumento dos autores é que, com as atuais tecnologias, essa figura central de controle desaparece e a vigilância se mistura insidiosamente ao entretenimento e ao consumo. Cada vez se detecta menos a vigilância e cada vez mais todos se tornam transparentes, transformáveis em dados. Nesse contexto, Bauman enfatiza que é uma atualização da tendência à servidão voluntária, dessa vez camuflada pelo usuário que disponibiliza todos os seus dados na rede.

Essa vigilância digital pauta um "capitalismo de vigilância" (Zuboff, 2020) centrado no poder em jogo na vigilância algorítmica. Em vez do observador externo personificado pela polícia, pela justiça, pela ideia do olhar *Big Brother,* agora tudo na internet transcorre no público e pode desembocar no *self-surveillance* (Turkle, 2016), o estado em que se publica coisas íntimas sabendo que de fato elas são observáveis, repertoriadas.

---

[34] Os autores mencionam brevemente que, ao contrário da estrutura panóptica, é possível recorrer ao modelo de ervas daninhas como nova forma de vigilância nesse tipo de sociedade de controle.

É nesse cenário que surge o fenômeno de Edward Snowden, com suas revelações *insider* de como o governo coleta dados dos cidadãos e espiona as suas vidas offline por meio das tecnologias digitais. A psicanalista Turkle relata ter sido surpreendida ao receber um e-mail que alertava quão fácil era o governo dos Estados Unidos colocar uma tarja de alerta de segurança que justificasse rastrear e investigar toda a vida tecnológica de qualquer cidadão, não somente americano, mas do mundo. Turkle constata que as pessoas aceitam tais estratégias de invasão da privacidade se respaldando na crença de que por trás dos algoritmos existem humanos com bom senso.

A revelação das estratégias de vigilância digital aumentou a consciência acerca do que é registrado, dos *trackings* que são feitos, das estratégias de vigilância e de suas justificativas. Ao invés da crença cega de que somente terroristas são vigiados, cada vez mais o cidadão comum se inquieta acerca de quanto a internet conhece de cada um e dos usos do conhecimento dela obtido. Esse episódio, bem como o WikiLeaks, são escândalos contemporâneos de uma série de revelações de quanto as informações digitalizáveis de todos nós são rastreáveis e estão sendo coletadas, armazenadas e analisadas o tempo todo. A vastidão e a profundidade desse monitoramento é articulado por Sibilia (2015) ao impulso cotidiano que todos têm de buscar segurança e de desconfiar do outro (daquele que se cruza na rua, daquele que mora ao lado, de quem está na loja conosco, de quem trabalha no seu ambiente familiar); nesse âmbito coexiste o que autora designa ser uma obsessão pela (falta) de segurança, abrangendo o questionamento da confiabilidade dos outros e a necessidade de vigilância.

Uma das grandes referências no questionamento das relações entre as atuais tecnologias digitais e a política, Morozov (2018) enfatiza como as *big techs* que dominam o setor são sobretudo norte-americanas, e carregam a ideologia estadunidense, salientando os efeitos colaterais da dadificação, dos algoritmos, para a democracia: entram tanto o reiterado uso comercial das operações massivas de coleta de dados quanto seu uso com fins militares, com objetivo de controlar os cidadão por ditaduras – mas que Snowden revelou se aplicar a uma vigilância de todos os cidadãos mundiais. O ponto de vista do autor é que se deveria pensar as fake news como sintomas sociais de um modelo insustentável de capitalismo digital, o que ele articula ao lucro advindo do clique rápido, da viralização.

Em contrapartida a esse enfoque da vigilância digital como uma consequência quase irremediável de um modelo universal de tecnologia digital, um autor emblemático da revisitação crítica da maneira como pensamos a tecnologia é Hui (2020). Esse autor não somente aproxima as tecnologias do humano, da natureza, do cosmos, como aborda de que maneira o Oriente concebe as tecnologias para dar origem a um novo paradigma que contemple uma leitura de tecnologia que não seja nem universal e nem homogênea. Para ele, a revisitação da história das tecnologias e sua versão contemporânea deve ser situada dentro de um movimento mais amplo de decolonização que pode culminar em uma abertura para outros futuros possíveis, outras formas de pensar e de se relacionar com as tecnologias. O termo tecnodiversidade é utilizado pelo autor para abarcar a multiplicidade das tecnologias, inclusive a perspectiva de uma tecnologia que tenha em si o potencial decolonizador (e não um modelo de negócio e uma ferramenta capitalista). Assim, o autor contrapõe o que seria uma universalização pautada na padronização imposta pelo mais forte, para o paradigma da coexistência do múltiplo que engloba a relação com não humanos.

Uma das principais teses elaboradas por Hui é de que a tecnologia é sobretudo política; não é neutra e faz parte de um projeto político mais amplo, dando origem a formas específicas de conhecimento. Esse movimento de valorização da pluralidade pode ser assim cotejado pela própria engenharia das tecnologias e das possibilidades abertas por elas. Nesse sentido, em contraponto à formação de bolhas em que prevalece a homofilia, as tecnologias também podem ser o espaço de encontro com o diferente, de contaminação pelo outro/estrangeiro (Buzato, 2010). Isso em um paradigma de pós-humanismo que nos convoca a pensar questões éticas implicadas na desconstrução da fronteira ontológica entre humano e não humano. Nesse âmbito, Di Felice (2017) também argumenta que a pandemia de covid e a vida digital estão obrigando o homem a reconhecer que hoje temos uma arquitetura social que não se limita a organizações de humanos, como se estes fossem isolados dos outros seres e objetos com os quais coabita o mesmo mundo.

As redes sociais são complexas e heterogêneas e recorri ao aporte teórico e metodológico dos estudiosos do campo, com destaque para as investigações das relações entre linguagem e tecnologia, para avançar essa investigação em diálogo com a teorização psicanalítica. Me alicercei especialmente em estudos que procuram pensar o digital dentro da "lógica da proliferação da diferença que deriva, justamente, do aumento das conexões entre as culturas diferentes, assim como entre as diásporas e suas culturas tradicionais" (Buzato, 2018c, p. 30). Ou seja, trata-se de uma perspectiva que se opõe à ideia de que quando falamos de tecnologia, o que importaria seria encaixar o cidadão no *mainstream*, na cultura hegemônica, europeia, do branco padrão. Justamente, em contraponto, privilegiei a interação com autores que pensam como as tecnologias podem propiciar aberturas que não sejam calcadas em uma posição de submissão à autoridade cujo pilar é a exclusão da diferença, como preço pago para adentrar o "mundo tecnológico". Que no lugar da lógica da autoridade, seja privilegiada a lógica da alteridade. Essa perspectiva se opõe a um modelo de inclusão que alicerçaria um "multiculturalismo liberal" (Buzato, 2018c, p. 34) homogeneizante, revelando uma busca em pensar algo próximo da multidão de singularidades em que haja uma vida digital que seja âncora do hibridismo, da polifonia. Trata-se, portanto, de uma hibridização que calque apropriações críticas e criativas das tecnologias, que seja palco democrático, de cidadania. Afinal, falar de tecnologias é falar do social.

Há inúmeras perspectivas pós-humanistas que procuram pensar os vários fenômenos sociais contemporâneos não mais em uma leitura dicotômica que oporia humanos e tecnologias. Nesse sentido, Buzato (2018c, p. 30) se propõe a conceber como as fake news funcionam justamente na integração simétrica entre humano e não humano. Ao considerar o modo como a desinformação é produzida em rede, o autor destaca alguns elementos de extrema relevância para pensarmos o enfrentamento das fake news no Brasil: o uso das redes sociais não deve diminuir tão cedo; a extrema direita encontrou formas muito eficazes de manipulação, usando as redes para espalhar as fake news; com a potencialização propiciada pelas atuais tecnologias digitais bem como pela engenharia das redes sociais que promove essa viralização sem fiscalização ou responsabilidade editorial, há uma alteração qualitativa e quantitativa dessa disseminação das fake news.

As redes sociais são negócios pautados na inteligência artificial e na dadificação, sem grandes regulações, e que têm um direcionamento de mensagens – *microtargeting* – por meio de traços psicológicos identificados. Assim, a eficácia de uma desinformação (ou mesmo de uma informação com certa tendência manipulativa, procurando criar um estado emocional no público), direcionada a alguém específico é muito maior do que seria a de uma mensagem enviada ao acaso. Nesse contexto, Buzato (comunicação pessoal) salienta ser ingênua a ideia de que bastaria um *fact-checking* para impedir toda a circulação das fake news. Não que essa medida não deva ser adotada pelas redes sociais – o que tem ocorrido incipientemente. A argumentação de Buzato é que as fake news não operam escondendo a verdade, mas tornando-a irrelevante. Assim, as fake news fazem parte de um cenário mais amplo em que impera a pós-verdade. E que só podemos combater as fake news de fato se considerarmos uma perspectiva sistema-ecológica mais ampla e complexa, que leve em conta essa imbricação entre humano e não humano (inclusive uma cognição que abarque o não humano).

Uma das teses de Buzato (comunicação pessoal) é que a dadificação das redes sociais captura (dentre inúmeros fatores) ansiedades e medos específicos de seus usuários. E assim, a fake news é direcionada ao que detectam ser suscetível àqueles argumentos irracionais. Essas narrativas desinformativas encontram usuários mais sugestionáveis em um cenário em que predomina a desconfiança da autoridade e a lógica da pós-verdade. Na arquitetura da pós-verdade, a ideia de um sistema de *fact-checking* que delimitaria, de acordo com uma autoridade oficial, o que é verdadeiro ou falso perde relevância para o próprio usuário das redes. Em tempos de pós-verdade, a lógica é outra.

Outra tese interessante de Buzato (no prelo) é de que devemos ter em mente, enquanto o conteúdo da narrativa desinformativa busca impactar o leitor, que seu design e sua forma têm o intuito de transmitir confiabilidade. Assim, aquele que lê a fake news é sugestionado tanto a confiar no que lê quanto a ter um impulso para compartilhar aquela mensagem. Nessa arquitetura digital tudo ocorre muito rápido e, antes mesmo de pensar duas vezes, o usuário já compartilhou a fake news. Muitas vezes, é tão imediato o compartilhamento que o usuário nem percebe que o conteúdo pode ser incoerente, contrastante inclusive com o título. As pessoas sentem o impulso para agir rapidamente, mobilizadas pelo título. E ao contrário do que consta no corpo do texto, o título parece com o que se encontra em jornais tradicionais. Não se trata de um estilo exclusivo das fake news, mas de toda a rede desinformativa, como vídeos e outros conteúdos associados em hiperlink que procuram assegurar essa aparente credibilidade da informação transmitida. Ao visitar um site e abrir um link sugerido por alguém oriundo de sua rede social, há uma confiabilidade de que aquela mensagem tem credibilidade. Na arquitetura das fake news, outro fator é a quantidade massiva de compartilhamento desinformativo – geralmente potencializado pelos bots (no caso brasileiro marcado pela atuação da milícia digital bolsonarista) – que inflama o número de mensagens, curtidas etc. E, desse modo, o fator quantitativo também sugere ao leitor uma ideia de confiabilidade – e de crença compartilhada.

Outro importante fator mencionado por Buzato é de que devemos levar em conta que os produtores das fake news podem recorrer a estratégias para "manipular" os próprios algoritmos das redes sociais. Isso se faz possível por um conhecimento da metalinguagem, metaestrutura das redes sociais, por exemplo, recorrendo a tags e hashtags que camuflam o que de fato se diz naquela mensagem. E, desse modo, pode ser enviesado o próprio sistema de recomendação e busca, oferecendo esse conteúdo para usuários que não estariam de antemão inclinados a receber aquela fake news. Que se não tivesse feito essa camuflagem, o próprio algoritmo da rede não teria recomendado/mostrado aquela mensagem para o usuário. Assim, as fake news enganam não somente os humanos como os não humanos, dando origem a esse ecossistema desinformativo que perpassa as redes sociais.

E, na arquitetura das redes sociais, é muito mais eficaz o compartilhamento da fake news do que de uma verdadeira, ou mesmo do desmentido de uma fake news. Além do fato de que o desmentido que circula numa bolha, dificilmente penetra na bolha que propagou a fake news. E mesmo o usuário que compartilha uma fake news – muitas vezes de modo impulsivo, de boa-fé, impactado emocionalmente pelo título – se sente menos inclinado a enviar a todos uma informação que demonstra que o que ele tinha enviado era falso. Assim, perdura uma dinâmica em que o usuário recebe um certo tipo de informação que é a que ele mais curte, compartilha – o que vem da sua bolha, que reitera sua crença anterior. E o que ele recebe em seu feed é sempre enviesado pela leitura algorítmica, aquilo que mais o leva a ser impactado, a reverberar a notícia. Isso entra no mecanismo do que o algoritmo interpreta como seus recôncavos emocionais mais suscetíveis a serem impactados – o que inclui, com frequência, emoções como ódio, medo, ojeriza –, cada vez mais favorecendo ações irracionais. E assim as fake news se tornam uma produção em rede de agentes humanos e não humanos. Esse modelo de investigação exige percursos inter e transdisciplinares, dada a natureza mutável e híbrida das tecnologias digitais, como das práticas sociodiscursivas organizadas nelas e em torno delas. A abordagem de tais práticas sociais híbridas demanda uma abordagem igualmente flexível, transdisciplinar.

É nesse hibridismo entre o humano e as tecnologias digitais que vários autores têm proposto a relevância das Humanidades Digitais como uma área transdisciplinar que não seja tecnofóbica, mas que pense as questões éticas envolvidas nesse debate. Nesse cenário, o ponto de vista antropocêntrico é problematizado; pondera-se dentre várias pressuposições a de que somente humanos teriam a capacidade de cognição complexa. Enfatiza-se um viés em que o humano é apreendido separadamente do meio que o circunda, assinalando, ao contrário, a interação constitutiva relacional não somente de humanos e tecnologias, como de vários outros não humanos.

Hayles (Hayles & Potzsch, 2014) menciona que o uso de smartphones fez com que os seres humanos desenvolvessem a hipervigilância com mais intensidade, comentando como isso exigiu uma adaptação que tem implicações técnicas, mas também socioculturais e biológicas. No campo neurológico, a autora assinala possíveis mudanças neurológicas acarretadas pelo uso das atuais tecnologias digitais: uma de suas teses é de que, quanto mais crianças pequenas têm livre acesso a smartphones e outros aparatos digitais, mais é estimulada sua hiperatenção, dentre outros aspectos que alteram o funcionamento cerebral, dada a plasticidade do cérebro humano. A argumentação de Hayles é a de que todas as ferramentas que o homem inventa, inclusive os mais recentemente objetos tecnológicos, também são objetos transformativos que criam quem é o humano, como ele pensa, como pode inventar objetos complexos, como se desenvolve sua linguagem e cultura. A autora propõe que, ao contrário de se aferrar a todo custo em uma fantasia de autonomia, a humanidade teria muito a ganhar ao reconhecer sua relação imbricada com os outros seres, propõe que podemos falar de relação simbiótica entre humanos e o computacional. Para a autora, o pós-humano é "um termo contingente e específico historicamente, mais do que uma ontologia estável" (Hayles, 2006, p. 160). Isso pode ser associado a um paradigma do homem que se distancia do ideal de uma identidade estável, racional, com primazia do consciente e do valor da autonomia liberal. Desse ponto de vista, a autora concebe que é possível dizer que o homem sempre foi pós-humano, mutável e híbrido com as tecnologias que cria e com os outros seres não humanos. Enfatiza sua concepção de cognição não consciente como presente tanto nos seres humanos quanto nas tecnologias, dando origem à cognosfera – os sistemas cognitivos interconectados nos quais estão cada vez mais imbricados os humanos. Assim, Hayles assinala a existência de uma cognição cada vez mais articulada em rede, menciona o smartphone, a nanotecnologia, as *tags* e vários outros dispositivos interconectados no fluxo constante de dados. É então que se situa a perspectiva de um ser humano flexível, cuja definição é mutável; e de tentativas de delimitar um binarismo natureza-cultura, ou mesmo humanos e não humanos, é sempre forçado.

De minha parte, ainda que corrobore com a crítica ao dogmatismo de delimitar de modo unívoco tais binarismos, penso ser relevante considerar que as tecnologias digitais contemporâneas são um ponto de corte, o qual pode funcionar de alicerce para superarmos essa tendência de engessar o que no fundo é muito mais fluído e com estruturas muito mais híbridas. E me parece que levar em consideração as modificações trazidas por essas tecnologias pode alicerçar um posicionamento crítico sobre seus efeitos que, por sua vez, possibilite uma "responsabilidade comunitária" (Ribas, 2019, p. 619). A pandemia trouxe para o nosso dia a dia a ponderação acerca de novas formas possíveis de vivermos em sociedade, de uma maneira mais respeitosa com outros seres que habitam a terra conosco.

No prefácio à edição brasileira do seu livro *Diante de Gaia*, Latour (2020) frisa a relevância do momento histórico em que seu livro chegava ao público – em plena pandemia. Utilizando a metáfora da tempestade perfeita, terminologia criada pelos meteorologistas para designar a sobreposição de todas as crises, ele frisa como no Brasil vivemos "uma crise moral, política, sanitária, ecológica e religiosa de tamanha proporção" (Latour, 2020, p. 9). O autor estabelece um paralelo entre a atual crise e uma tempestade perfeita que estaria à espreita da humanidade em decorrência da denegação política da crise ecológica em escala planetária. Há o negacionismo no que tange a forma que a humanidade como um todo ignorou a ciência e todos os sinais de alerta para cuidar da sobrevivência do planeta, preferindo dar continuidade a um modo exploratório de habitar o mundo, em conjunto com um escapismo, fingindo que não se estava destruindo o planeta, ou caindo em depressão e inércia igualmente ineficazes para interromper a destruição climática, quando ainda era possível.

Não bastasse a relação exploratória com finalidades econômicas, Latour (2020) salienta como surgiu um perigoso escapismo, em que por meio de um desvio da religião cristã, fortaleceu-se um modelo de igrejas evangélicas que apregoa uma "fuga do mundo e um abandono de todos aqueles que podem ser 'deixados para trás' (*left behind*)" (p. 10). Ao enfatizar quão pouco evangélicas são essas posturas, o que ele procura assinalar é o risco de uma postura de "abandono do mundo material vivo e dos seres humanos excedentes, cruelmente enfatizado pela gestão da crise sanitária atual" (p. 10). Nesse cenário catastrófico de vidas perdidas e da força do negacionismo e do escapismo, o autor recorre à metáfora de Roma em chamas sendo contemplada por Nero – a civilização – queimar, e à expressão das Cruzadas: "Matem todos. Deus reconhecerá os seus" (p. 10).

Diante dos efeitos catastróficos que a humanidade e o planeta Terra enfrentam devido as transformações produzidas pelo modelo exploratório de existir, Latour (2020) insiste que: "Ou mantemos as condições que tornam a vida habitável para todos os que chamo de terrestres, ou então não merecemos continuar vivendo" (p. 11). Realizo esse desvio pela ecologia para assinalar quanto a questão ecológica está dominada pelo âmbito de disputas políticas-econômicas, em detrimento de um projeto coletivo que asseguraria a sobrevivência da humanidade. Além disso, o autor assinala o risco do estoicismo em gerações que deviam ter modificado seus modos de vida em prol da humanidade e não o fizeram, impactando o destino das futuras gerações. Latour argumenta que, seja ao se afogar em antidepressivos, seja na conduta de fuga para uma realidade paralela que nega a ciência ou crê cegamente que, como fiéis, basta confiar em Deus, até em estapafúrdias teorias conspiratórias de que se tentaria impor o socialismo por meio da pauta ecológica, o homem continua caminhando em direção à própria destruição, incapaz de escutar a sabedoria dos outros seres ou conviver uns com os outros ou com outras bases de relação que não sejam uma dominação predatória contra outros seres. É nesse cenário que o enfrentamento da pandemia pode ser situado dentro de um paradigma de políticas globais autodestrutivas e destrutivas, com destaque para a produção capitalista predatória, a eliminação dos excluídos/elimináveis/matáveis, a devastação ecológica.

Logo no começo da pandemia, assisti a uma palestra de Mia Couto em um centro literário. A realização desse evento virtual, que conectou brasileiros e um escritor que fala de Moçambique, só foi possível graças às tecnologias digitais. Dentre os vários assuntos conversados, gostaria de mencionar como o escritor, que possui formação em ciências biológicas, comentava que seu país estava conseguindo combater com êxito o vírus, aliando os conhecimentos científicos com diálogo com as especificidades culturais locais. Assinalando uma posição de empatia e humildade dos líderes comunitários, ele relatou como foi possível que coexistissem as tradições (como a crença de que os deuses provocam fenômenos da natureza, por exemplo, as chuvas) e o respeito à medicina moderna para definir as medidas sanitárias.

Em outro momento, li um texto na internet em que Mia Couto salientava como o homem insiste em uma posição antropocêntrica e comentava como se poderia, por exemplo, tentar descobrir como morcegos podem ser hospedeiros de grande parte dos coronavírus, mas conseguem desenvolver mecanismos eficazes de defesa imunológica. A humanidade tem tendência a ver os vírus como algo que invade e destrói, quando, na realidade, eles já existem profundamente em nós, nos nossos códigos genéticos, o que poderia demonstrar o valor de relações de reciprocidade que podem ser estabelecidas entre humanos e os outros seres, em prol do cuidado da "casa" que compartilhamos. Mais ainda, o escritor nos lembra que quase 70% do ser humano é constituído por células não humanas, como vírus e bactérias.

Autores como Hayles (2021) destacam o quanto todo o movimento antivacina, que ganhou amplitude na atual pandemia, é um retrato de como a humanidade não compreende como as tecnologias são utilizadas para criar vacinas, o que leva as pessoas a ansiedades e a se apegarem a crenças erradas que as colocam em risco. Embora ela saliente ser necessário que o debate público das consequências éticas do uso das tecnologias seja retomado, inclusive nas manipulações genéticas que podem produzir excelente vacinas – além de outros tantos usos –, Hayles faz uma crítica muito contundente à arrogância humana: os humanos deveriam ser mais responsáveis por todas as intervenções que podem realizar na evolução do planeta, impactando a vida tanto de seres humanos quanto não humanos. Desse ponto de vista, há uma vilanização do vírus, mas a vacina mostra justamente como o vírus pode ser utilizado para curar – para o bem-estar humano –, que os vírus podem assim ser encarregados por inúmeros outros processos de cura e cuidado do organismo.

Sob essa lógica de crítica aos pressupostos antropomórficos, tanto a crise pandêmica quanto a tecnologia são constructos sociais (Lemos, 2021) e a pandemia poderia possibilitar à humanidade rever as relações entre humanos e não humanos de uma perspectiva não antropocêntrica. Sob esse prisma, tanto a crise ecológica climática quanto a pandêmica seriam uma oportunidade para a humanidade deixar de achar que é o centro da Terra e acolher outras formas de existência, outras cognições não humanas;[35]

---

[35] Além das cognições animais, autores como Di Felice (2020) propõem que o atual nível de inteligência artificial e de dadificação mostrou ao ser humano a existência de redes de inteligência não humanas, determinantes na construção da realidade humana, e da qual o ser humano está em rede de codependência, como parte complementar. Nesse sentido, "o processo de digitalização produz uma alteração ontológica da matéria e do estatuto da realidade; um mundo e uma realidade que não são mais dados e objetivos, mas que estão como eventos

e, assim, romper com o paradigma de se pensar como uma ilha separada dos outros seres. Ao contrário: o homem está sempre em relação, em rede com um planeta que não é dominado por ele, mas o qual coabita junto com todos os outros seres. O ser humano depende dos outros seres humanos, mas também de outros seres vivos, como depende de todos os aparatos tecnológicos.

Voltando a Mia Couto, poder reconhecer que 70% de si é feito de material não humano poderia ser uma abertura para acolher melhor a diversidade no mundo, não somente a genética, mas a racial, a cultural etc. Ou seja, ele enfatiza a relevância de se olhar para si reconhecendo o quanto se é feito também de todas essas outras diversidades.

---

e em eterno devir; sobretudo, um mundo e uma realidade a serem construídos pelo diálogo com dados, com as arquiteturas digitais interagentes e por meio das conexões a redes inteligentes maiores, por extensão e eficiência, do que aquelas humanas" (p. 20). De modo cada vez mais preciso e rápido, a dadificação transforma as coisas, muda a "realidade", e estabelece uma relação simbiótica e em sinergia com os outros seres, inclusive humanos. Objetos da natureza que eram tidos como inanimados geram dados e se comunicam com outros dados: Di Felice (2020) comenta o exemplo das geleiras que comunicam sua espessura e isso interage com outras informações, como as provindas da movimentação de baleias; tudo vira bits e um código binário que favorece que tudo se hibridize. E tudo isso dá origem a um mundo de fluxos informativos, de dados que se conectam uns aos outros, dando origem a um novo tipo de conexão planetária. Já Santaella (2021b) comenta como, além do corpo ciborgue, da cidade inteligente, a atual internet das coisas tornou "os objetos sencientes, ou seja, transformados em seres sensíveis interconectados, objetos quase falantes . . . O humano habitando espaços hiperconectados e, consequentemente, hiper-híbridos" (p. 12).

6. Apontamentos finais

Não bastassem os efeitos que a infodemia teve no enfrentamento da covid-19, o que se viu foi se enrijecerem ataques contra pessoas vulneráveis, discursos de ódio, xenofobias, e, no caso brasileiro, aquilo que se designou por uma necropolítica.[1] Ao invés de unir os cidadãos contra o vírus a ser combatido, pautando-se na divulgação de comportamentos de proteção que deveriam ser adotados em nome do coletivo, efetivou-se uma política de ameaça aos

---

1 Vale assinalar que cada vez mais encontramos autores que argumentam que, mais do que desgoverno, seria preciso pensar essa forma de administração governamental como tendo objetivos destrutivos. Nesse sentido, encontramos a argumentação de autores como Safatle (2021) que sustenta presenciarmos um "estado suicidário" (p. 45): "engana-se quem acredita que isto é apenas a já tradicional figura do necroestado nacional. Caminhamos em direção a um para além da temática necropolítica do estado como gestor da morte e do desaparecimento. Um estado como o nosso não é apenas gestor da morte . . . ele é a mistura de administração de morte de setores de sua própria população e do flerte contínuo e arriscado com sua própria destruição" (p. 45). Assim, o distanciamento do cuidado com o outro, de uma solidariedade generalizada em prol do coletivo foi deixada de escanteio, enquanto o autor assinala o fortalecimento do discurso do fascismo bolsonarista.

direitos humanos e o ataque aos valores democráticos. Isso em um cenário internacional de crise na confiança na autoridade, inclusive nas expertises científicas e nas mídias tradicionais. O que notamos em um primeiro momento foi uma vitória avassaladora do discurso anticiência propagado pelas fake news, fortalecido pelo funcionamento de bolha. Por outro lado, merece destaque o valor dos influenciadores digitais oriundos do campo científico e/ou intelectuais críticos, que, no transcorrer da pandemia, se aventuraram nas redes sociais, muitos dos quais saíam pela primeira vez dos muros da universidade para divulgar o saber científico, com destaque para os trabalhos de Atila Iamarino, Miguel Nicolelis, Margareth Dalcolmo e Lilia Schwarcz.

Falando do papel ativo que "cientistas" têm exercido como novos influenciadores digitais, gostaria de destacar a postagem da antropóloga Lilia Schwarcz[2] comentando como a covid é uma doença comunitária e salientando o papel de não se escutar passivamente o negacionismo, não somente o dessa pandemia, mas também aquele divulgado em vários outros discursos de ódio. A autora problematiza a ideia de que se pode dizer qualquer coisa estapafúrdia acerca do vírus em nome da liberdade de expressão, incorrendo em condutas de risco comunitário.

Na véspera de completar cem anos de vida, Edgar Morin (2021) escreveu um livro dedicado a pensar a pandemia, inserindo-a na História, remetendo essa pandemia a outras, ancestrais, que acometeram sua família e ele. Procurando pensar como essa crise sanitária se articula a outras e suas interpelações sociais, políticas, econômicas e psíquicas, o autor elenca quinze lições que vão desde aprendizados sobre nossa própria existência, sobre a morte, sobre

---

2 Instagram, jun. 2021.

a condição humana, sobre as incertezas na vida, até lições de esperança de que essa crise poderia renovar a capacidade de solidariedade e permitir que a quebra do cotidiano pudesse abrir reflexões sobre o modo de habitar o planeta, do cuidado ecológico e também inter-relacional. Enfim, o autor nos convida para que não sejamos os mesmos após a pandemia, para que essa experiência seja transformadora da forma como vivemos, como nos relacionamos uns com os outros e com o mundo.

Penso que este livro é um precipitado da minha relação com a pandemia. Se o interesse pelas questões tecnológicas antecede esse episódio, a ideia de escrevê-lo foi centrada na minha urgência de pensar os efeitos de câmaras de eco no enfrentamento da pandemia. Ao formarem bolhas, calcadas na cultura do algoritmo, as redes sociais respaldaram a nova cultura do cancelamento e dos ataques virtuais. Nessa exclusão da heterogeneidade de pensamentos e da diversidade de pessoas, vive-se em mundos em que se escuta somente a própria voz ecoada. Assim, retomo o desafio de pensar o que fez com que se transformassem cidadãos em influenciados dogmáticos. E mais: o quanto me parece indispensável pensar como se formaram os dogmas no transcorrer da humanidade,[3] mas levando em conta as especificidades das redes sociais. A partir disso, busquei que ao menos a pandemia nos ensinasse acerca dos riscos de uma narrativa única quando se permanece imerso na própria bolha, em contraponto à riqueza da diversidade no âmago do movimento democrático.

---

3 O psicanalista Theodor Reik (1951) se dedicou a estudar os dogmas demonstrando como a formação do dogma se articula à luta incansável por certezas inabaláveis. Na batalha contra a coexistência dos polos conflitivos e de ambivalência, no dogma se busca anular qualquer indício de contradição e de inconsistência do pensamento.

> *o diálogo é a complexa aventura no desconhecido. Ele é o ato político real entre diferenças que evoluem na busca do conhecimento e da ação que dele deriva. O diálogo sempre supõe o alcance de um patamar que transcende o que estava dado. Por isso, em Platão, o diálogo é o acontecimento que leva ao conhecimento como aquilo que não estava previamente estabelecido. E nesse sentido que podemos colocar diálogo e democracia no mesmo patamar . . . . O que proponho é que retiremos o discurso de ódio da cena para a chegada do diálogo. É preciso abrir espaço para o diálogo, abrir espaço para a abertura. Quanto à alteridade, devemos pensar na urgência de uma relação hospitaleira, de acolhimento e de aceitação para com o diferente . . . A abertura é produtora de mais abertura, assim como as democracias tendem a produzir mais democracia. (Tiburi, 2020, p. 180)*

Ou ainda, como afirma Chimamanda Adichie (2019) em sua palestra no TED que virou o livro *O perigo de uma história única*, toda versão única e totalizante de uma história é empobrecedora, redutora da experiência. Na escrita deste livro, tive a ideia de utilizar o termo *Psicologia das massas digitais* – que encontrei pela primeira vez em um texto do psicanalista Dunker em uma coletânea intitulada *Democracia em risco.* Considero que a perspectiva de uma psicologia das massas digitais ainda esteja somente começando a ser explorada por todos nós, e procurei, a partir da investigação do compartilhamento das fake news na pandemia e da formação das bolhas digitais, trazer alguns elementos adicionais para esse debate que está longe de terminar. Penso que ainda teremos muito o que estudar acerca das bolhas digitais e das fake news na pandemia. E talvez isso possa nos ensinar sobre como a dinâmica de isolamento social foi potencializada – já que, em certa medida, ela ocorria antes da pandemia, quando cada um já ficava imerso na própria bolha.

Em um trabalho anterior (Bialer, 2021), eu comentava que, na época instagramável (como paradigma atual das redes sociais), o tempo é outro, assim como as narrativas que se arquitetam. No tempo das redes sociais "contar histórias é narrar o nosso tempo, nosso lugar no mundo, quem somos" (Dalethese, 2017, p. 29). E quando discutimos psicologia das massas na atualidade me pareceu indispensável revisitar muito do que teorizamos a esse respeito – como mencionei a partir do estudo da relevância da associatividade, da reverberação e do contágio, como alicerces do coletivo.

Ao salientar, há mais de duas décadas, acerca da relevância da materialidade tecnológica, Derrida (2001) dizia que se o e-mail – a então grande novidade tecnológica dos meios de comunicação – existisse nos tempos de Freud e dos primeiros psicanalistas, a psicanálise poderia ter sido outra. Ao mencionar esse livro de Derrida, a psicanalista Jô Gondar (2020) sintetizou que:

> *se Freud e Fliess, ou se Freud e Ferenczi tivessem se comunicado por e-mails e não por cartas manuscritas, o que eles escreviam um ao outro teria outro tempo de elaboração, outra velocidade de resposta, outro modo de dispor o corpo na atividade da escrita, outra forma de leitura, outro tipo de letra, mais impessoal do que na correspondência à mão. O resultado disso, escreve Derrida, é que nós provavelmente teríamos outra teoria psicanalítica. A psicanálise não teria sido o que ela é se o e-mail tivesse existido há um século. (p. 42)*

> *Se no passado a psicanálise não teria sido o que foi se determinadas tecnologias tivessem existido, no futuro ela não será mais o que Freud e tantos psicanalistas anteciparam desde que essas tecnologias se tornaram possíveis. (p. 44)*

Tomando como paradigma o modelo de funcionamento psíquico do Bloco mágico freudiano, Derrida comenta quanto precisamos problematizar esse e outros modelos clássicos do aparelho psíquico, tendo em vista justamente tudo o que as tecnologias impactaram nossa relação com a memória, o tempo, a morte, a técnica, o arquivo. Vale lembrar quando o autor comenta o impacto das tecnologias (e seus dispositivos de rememoração, reprodução, arquivamento) na própria estrutura do aparelho psíquico, nas relações público/privado, no que é registrável, no que é segredo, no que é autoridade, no que é apagável ou rememorável (e como): "não se vive mais da mesma maneira aquilo que não se arquiva da mesma maneira" (Derrida, 2001, p. 31). Neste livro, esbocei algumas primeiras ideias a esse respeito no que tange à psicologia das massas digitais, mas penso que ainda precisamos avançar (e muito) nossa compreensão da subjetividade em tempos digitais – tanto no campo da psicologia das massas quanto de todo o arcabouço psicanalítico.

O psicanalista Quinet (2021) comenta como estamos em um momento da história que se assemelha em termos de devastação, de crueldade, de força da pulsão de morte, com as vivências de Freud na Primeira Guerra Mundial e sua desilusão com a humanidade. Não que o autor faça uma equivalência rasa, mas alerta para o devastador efeito da perda de confiança no ser humano, na constatação do fracasso da civilização humana diante da destrutividade, do ódio dirigido ao outro. Em um cenário necropolítico de anti-intelectualismo em que o livre pensar é uma ameaça "à narrativa fascista do pensamento único" (Quinet, 2021, p. 123), considero que devemos insistir em refletir acerca do que essa pandemia pode nos ensinar. Ou, como afirma a psicanalista Jô Gondar (2022): "um psicanalista deve ser capaz de ouvir as vozes do seu tempo. É preciso que ele reconheça a subjetividade de sua época, ao mesmo tempo em que a interpela e a analisa". Procurei abarcar os movimentos pelos quais as tecnologias digitais têm sido utilizadas para a vigilância algorítmica e como modalidades de manipulação coletiva – na deteção dos desejos, no direcionamento de escolhas políticas –, mas também me debrucei sobre formas de resistência, com destaque para o papel da narrativa memética, tendo como objetivo investigar a pandemia de covid-19 e de fake news em diálogo com outros saberes.

Para terminar, gostaria de mencionar um pequeno "acontecimento" que transcorreu enquanto eu selecionava as leituras que serviriam de base para minha argumentação neste livro. Enquanto procurava no Google por textos com as palavras-chave em torno das quais realizei essa investigação pessoal, cruzei com o Editorial da *Revista de Filosofia Moderna e Contemporânea*,[4] cujo título é "Você deseja excluir a sua liberdade? Clique aqui". Achei muito instigante a provocação. Em vez de simplesmente virar mais um título que teria sido esquecido em alguns segundos, fiquei inquieta com aquele convite ao clique. Nos primeiros instantes cheguei a hesitar se era para eu clicar em algo que me levaria a algum link, até perceber que aquele era o experimento social: o ato de demonstrar como somos reiteradamente convidados a clicar sem nos darmos conta do que estamos fazendo. Já que me propus, mais do que tudo, a redigir um livro que falasse sobre as questões que o

---

4 *Revista de Filosofia Moderna e Contemporânea*, 2020, *8*(1), 7-19.

modo de enfrentamento da pandemia despertaram em mim e de como isso me fez pensar nos modos de produção de subjetividade nas redes sociais, me permito encerrar este texto reproduzindo a provocação que me foi feita pelo título:

Você deseja excluir a sua liberdade? Clique aqui.

Referências

Ab'Saber, T. (2021, mar. 30). *A morte é festa no Brasil de Bolsonaro*. Revista Cult. https://revistacult.uol.com.br/home/bolsonaro-morte-e-festa-no-brasil/.

Adichie, C. N. (2019). *O perigo de uma história única* (J. Romeu Trad.). Companhia das Letras.

Adorno, T. (2015). *Ensaios sobre psicologia social e psicanálise* (V. Freitas Trad.). Editora Unesp.

Adorno, T. (1951/2018). A teoria freudiana e o padrão da propaganda fascista (G. Pedroso Trad.). In *Adorno: A psicanálise da adesão ao fascismo.* Blog da Boitempo. https://blogdaboitempo.com.br/2018/10/25/adorno-a-psicanalise-da-adesao-ao-fascismo/.

Adorno, T. (2020). *Aspectos do novo radicalismo de direita* (F. Catalani Trad.). Editora Unesp.

Antoun, H. (2013). Democracia, multidão e guerra no ciberespaço. In A. Parente (Org.), *Tramas da rede: novas dimensões filosóficas, estéticas e políticas da comunicação* (pp. 209-237). Sulina.

Araújo, A. K. C. P., & Teixeira, J. F. (2020). *Humor em tempos de pandemia: a circulação informativa sobre a COVID-19 através dos memes em redes sociais digitais*. 10º Encontro Nacional de Jovens Pesquisadores em Jornalismo (JPJOR), UFPI.

Arendt, H. (1998). *Origens do totalitarismo*. (R. Raposo Trad.). Companhia das Letras.

Barbosa, M. (2021). "Isso a imprensa não mostra". In M. Barbosa (Org.), *Pós-verdade e fake news: reflexões sobre a guerra de narrativas* (pp. 1-11). Cobogó.

Barros, D. L. P. (2020). As fake news e as "anomalias". *Verbum*, *9*(2), 26-41.

Barros, M. L. P. (2021). Notas semióticas sobre memes. *Fórum Linguístico, 18*(Esp.). https://doi.org/10.5007/1984-8412.2021.e79656.

Bauman, Z. (2008). *Vida para consumo: a transformação das pessoas em mercadorias*. (A. C. Medeiros Trad.). Zahar.

Bauman, Z., & Lyon, D. (2013). *Vigilância Líquida* (C. A. Medeiros Trad.). Zahar.

Beiguelman, G. (2020). *Coronavida: pandemia, cidade e cultura urbana*. Escola da Cidade.

Benjamin, W. (1985). Sobre o conceito de história. In *Obras Escolhidas, vol 1. Magia e técnica, arte e política*. Brasiliense. (Trabalho original publicado em 1940.)

Birman, J. (2014). O sujeito da diferença e a multidão. *IDE SÃO PAULO*, *36*(57), 25-40.

Bolsonaro exibe caixa de cloroquina para emas no Palácio da Alvorada. (2020, jul. 23). *Uol*. https://noticias.uol.com.br/politica/ultimas-noticias/2020/07/23/bolsonaro-exibe-caixa-de-cloroquina-para-emas-no-palacio-da-alvorada.htm.

Braga, E. C. (2009). As redes sociais e suas propriedades emergentes como a inteligência coletiva: a criação do comum e da subjetividade. *TECCOGS – Revista Digital de Tecnologias Cognitivas*, (2). https://revistas.pucsp.br/teccogs/article/view/53145.

Bruno, F., & Roque, T. (2019). A ponta de um iceberg de desconfiança. In M. Barbosa (Org.), *Pós-verdade e fake news: reflexões sobre a guerra de narrativas* (pp. 13-23). Cobogó.

Burnham, C. (2020). *Does the internet have an unconscious? Slavoj Zizek and Digital Culture*. Bloomsbury.

Buzato, M. El K. (2010). Cultura digital e apropriação ascendente: apontamentos para uma educação 2.0. *Educação em Revista, 26*(3), 283-304.

Buzato, M. El K. (2018a) Dadificação, visualização e leitura do mundo: quem fala por nós quando os números falam por si? *Revista Linguagem em Foco, 10*(1), 83-92. https://revistas.uece.br/index.php/linguagememfoco/article/view/1191/1007.

Buzato, M. El. K. (2018b). Data storytelling e a dadificação de tudo: um gênero bastardo de mãe narrativa e pai banco de dados. In R. E. L. Lopes & M. El K. Buzato (Orgs.), *Gênero Reloading* (pp. 95-123). Pontes.

Buzato, M. El K. (2018c). *Linguagem e tecnologia: da inclusão social à condição pós-humana.* [Tese cumulativa de livre docência]. Universidade Estadual de Campinas.

Buzato, M. El K. (2019). O pós-humano é agora: uma apresentação. *Trabalhos em Linguística Aplicada, 58*(2), 478-495. https://periodicos.sbu.unicamp.br/ojs/index.php/tla/article/view/8656692/21332.

Buzato M. El K. (no prelo). *Three Systematic tools to Fight Fake News from a Posthumanist Perspective.*

Buzato, M. El K., Silva, D. P., Coser, D. S. Barros, N. N., & Sachs, R. S. (2013). Remix, mashup, paródia e companhia por uma taxonomia multidimensional da transtextualidade na cultura digital. *Revista Brasileira de Linguística Aplicada*, *13*(4), 1191-1221. https://doi.org/10.1590/S1984-63982013000400011.

Calvo, R., D'Mello, S., Gratch, J., & Kappas, A. (2018). Introduction to Affective Computing. In R. Calvo, S. D'Mello., J. Gratch & A. Kappas (Org.), *The Oxford Handbook of Affective Computing* [Printed form Oxford Handbooks Online].

Canetti, E. (1995). *Massa e poder* (S. Tellaroli Trad.). Companhia das Letras.

Castells, M. (2013). *Redes de indignação e esperança: movimentos sociais na era da internet* (C. A. Medeiros Trad.). Zahar.

Chagas, V. (2020). Da memética aos estudos sobre os memes: uma revisão da literatura concernente ao campo nas últimas cinco décadas (1976-2019). In V. Chagas (Org.), *A cultura dos memes: aspectos sociológicos e dimensões políticas de um fenômeno do mundo digital* (pp. 23-78). EDUFBA.

Chu, Z., Gianvecchio, S., & Wang, H. (2010). Who is tweeting on Twitter: human, bot, or cyborg? *'CSAC '10: Proceedings of the 26th Annual Computer Security Applications Conference December 2010*, 21-30. https://doi.org/10.1145/1920261.1920265.

Da Empoli, G. (2019). *Os engenheiros do caos* (A. Bloch Trad.). Vestígio.

Dalethese, T. R. (2017). *Faz de conta que todos nós somos youtubers: crianças e narrativas contemporâneas.* (Dissertação de mestrado). Universidade Federal do Estado do Rio de Janeiro, Rio de Janeiro.

Damasceno, H. L. C. (2020). Memes e narrativas em tempos de pandemia da Covid-19: um estudo analítico. *Folha De Rosto*, *6*(2), 119-135. https://doi.org/10.46902/2020n2p119-135.

Danziato, L. B., Arruda, P. H. O., Carvalho. R. G. J. & Leite, T. C. (2020). Da psicologia das massas à multidão: uma nova topologia das manifestações sociais. *Revista Affectio Societatis, 17*(33), 270-297. https://doi.org/10.17533/udea.affs.v17n33a11.

Dardot, P., & Laval, C. (2016). *A nova razão do mundo: ensaio sobre a sociedade liberal* (M. Echalar Trad.). Boitempo.

Daum, M., & Haidt, J. (2022, maio 29). *How we lost our collective minds.* [Vídeo]. YouTube. https://www.youtube.com/watch?v=CWZnTc_4U8o.

De Souza, C. N. A. (2020). "Memes pandêmicos": alternativa *soft way* à crise do jornalismo institucional e ao alastramento de *fake news* sobre a Covid-19. In *Simpósio Nacional da ABCiber*.

Deleuze, G., & Guattari, F. (1995). *Mil platôs: capitalismo e esquizofrenia* (A. G. Neto & C. P. Costa Trad.). Editora 34.

Derrida, J. (2001). *Mal de arquivo: uma impressão freudiana*. Relume Dumará.

Di Felice, M. (2017). Net-ativismo e ecologia da ação em contextos reticulares. In M. Di Felice, E., Pereira, E., & Roza, E. (Orgs.), *Net-ativismo: redes digitais e novas práticas de participação* (pp. 13-28). Papirus.

Di Felice, M. (2020). *A cidadania digital: a crise da ideia ocidental de democracia e a participação nas redes sociais*. Paulus.

Di Felice, M., Pereira, E., & Roza, E. (2017). Apresentação In M. Di Felice, E. Pereira, & E. Roza (Orgs.), *Net-ativismo: redes digitais e novas práticas de participação* (pp. 7-9). Papirus.

Dias, A. M. (2021a, set. 29). *Veja a IA que está na nossa vida para evitar que ela faça algo errado*. UOL. https://www.uol.com.br/tilt/colunas/alvaro-machado-dias/2021/09/29/vieses-da-ia--compreensao-sem-mistificacao.htm.

Dias, A. M. (2021b, nov. 30). *Esqueça o Facebook: é o avanço destas tecnologias que cria o metaverso.* UOL. https://www.uol.com.br/tilt/colunas/alvaro-machado-dias/2021/11/30/tudo-o-que--voce-gostaria-de-saber-sobre-o-metaverso.htm.

Dickerson, J. P., Kagan, V., & Subrahmanian, V. S. (2014). Using sentiment to detect bots on Twitter: are humans more opinionated than bots? *IEEE/ACM International Conference on Advances in Social Networks Analysis and Mining. ASONAM.* https://ieeexplore.ieee.org/document/6921650.

Dunker, C. (2017). Intoxicação digital infantil. In A. Baptista, J. Jerusalinksy (Orgs.), *Intoxicações eletrônicas: o sujeito na era das relações digitais.* (pp. 117-145). Ágalma.

Dunker, C. (2019). Psicologia das massas digitais e análise do sujeito democrático. In *Democracia em risco?: 22 ensaios sobre o Brasil hoje* (pp. 116-135). Companhia das Letras.

Dunker, C. (2021). Apresentação. In L. Goldberg, & C. Akimoto. *O sujeito na era digital: ensaios sobre psicanálise, pandemia e história* (pp. 5-39). Edições 70.

Dunker, C. (2022). *Lacan e a democracia: clínica e crítica em tempos sombrios.* Boitempo.

Dunker, C. I. L. (2015). Apresentação à edição brasileira In T. Adorno *Ensaios sobre psicologia social e psicanálise* (V. Freitas Trad.) (pp. 11-39). Editora Unesp.

Earl, J. (2017). Possibilitando digitalmente a mudança social: aproveitando *affordances* e promovendo a mudança. In M. Di Felice, E. Pereira & E. Roza (Orgs.). *Net-ativismo: redes digitais e novas práticas de participação* (pp. 53-64). Papirus.

Eco, U. (2019). *O fascismo eterno* (E. Aguiar Trad.). Record.

Fernandes, C. M., & Lima. P. C. (2017). O humor irônico dos contratempos políticos na websérie Porta dos Fundos. *Lumina, 11*(1). https://doi.org/10.34019/1981-4070.2017.v11.21377.

Ferrari, P. & Recuero, R. (2020, jul. 23). *Uso de redes sociais durante o distanciamento social.* [Vídeo]. YouTube. https://www.youtube.com/watch?v=ceekI3cLd5k.

Ferreira, F. T. (2008). Rizoma: um método para as redes? *Liinc em Revista, 4*(1), 28-40. https://doi.org/10.18617/liinc.v4i1.251.

Freud, S. (2010). O mal-estar na civilização. Tradução Paulo César de Souza. In Freud, S. *Obras Completas.* (Vol. 18, pp. 9-89). Companhia das Letras. (Trabalho original publicado em 1930).

Freud, S. (2011). Psicologia das massas e análise do Eu. Tradução Paulo César de Souza. In Freud, S. *Obras Completas.* (Vol. 15, pp. 13-113). Companhia das Letras. (Trabalho original publicado em 1921).

Freud, S. (2020). Psicologia das massas e análise do Eu. In S. Freud. *Cultura, sociedade, religião: o mal-estar na cultura e outros escritos* (M. R. S. Moraes Trad.) (pp. 137-232). Autêntica. (Trabalho original publicado em 1921).

Fuks, B. B. (2020, jun.). *Da linguagem do Terceiro Reich e da linguagem do bolsonarismo.* Psicanalista pela democracia. https://psicanalisedemocracia.com.br/2020/06/da-linguagem-do-terceiro-reich-e-da-linguagem-do-bolsonarismo-por-betty-bernardo-fuks/.

Gatti, M. A. (2020). Memes e o recorte cômico da pandemia de COVID-19 (Memes and the comic clipping of the COVID-19 pandemic). *Estudos da Língua(gem), 18*(3), 91-105. https://doi.org/10.22481/el.v18i3.7947.

Goldenberg, R. (2021). *Psicologia das massas e análise do eu: multidão e solidão.* Civilização Brasileira.

Gondar, J. (2020). Psicanálise on line e elasticidade da técnica. *Cadernos de psicanálise*, *42*(42), 37-45. http://pepsic.bvsalud.org/scielo.php?script=sci_arttext&pid=S1413-62952020000100003&lng=pt&tlng=pt.

Gondar, J. (2022). O inconsciente é capturável?. *Jornal de Psicanálise. 55*(102), 149-156.

González-Pureco, G., & Rivera-Magos, S. (2020). Virus y viralidad: los memes durante la pandemia por COVID-10. *Virtualis*, *11*(21), 27-51. https://doi.org/10.2123/virtualis.v11i21.347.

Guimarães, B. M. A., & Mafra, R. L. M. (2015). Politicamente (in) correto o humor de "Porta dos Fundos" como disparador de conversações políticas online. *Ação Midiática – Estudos em Comunicação, Sociedade e Cultura*, *10*, 309-332. http://dx.doi.org/10.5380/2238-0701.2015n10p309-332.

Gurgel, G. (2020, ago. 13). *Máscaras gigantes distribuídas pelo governo do Amazonas viram meme.* BHAZ. https://bhaz.com.br/noticias/variedades/mascaras-gigantes-amazonas-meme/.

Gurski, G., & Perrone, C. (2021). A psicologia das massas freudianas e as atuais massas digitais: totalitarismo, distopia e sonhos. In J. O. Moreira & A. C. D. Silva (Orgs.). *100 anos Psicologia das massas: atualizações e reflexões* (pp. 187-199). Editora CRV.

Haidt, J. (2022, maio 27). The Fracturing of The Human Mind with Jonathan Haidt and Guests. [Vídeo]. YouTube. https://www.youtube.com/watch?v=dvUNcr2C41E.

Haidt, J. (2022, jun. 25). The Death of Conversation with Jonathan Haidt. [Vídeo]. YouTube. https://www.youtube.com/watch?v=LsW7q12WJBs.

Haidt, J. (2023, abr. 28). UBC Phil Initiative 2023 Presents: Jonathan Haidt. [Vídeo]. YouTube. https://www.youtube.com/watch?v=7pefVM0aOfw.

Han, B-C. (2018). *No enxame: perspectivas do digital* (Trad. L. Machado). Vozes.

Hayles, N. K. (2006). Unfinished Work: from Cyborg to Cognisphere. *Theory, Culture & Society, 23*(7-8), 159-166. https://doi.org/10.1177/0263276406069229.

Hayles, N. K. (2021). *Fearing the wrong Boogeyman: COVID vaccines*. Fearing the Wrong Boogeyman: COVID Vaccines (nkhayles.com).

Hayles, N. K., & Potzsch, H. (2014). Posthumanism, Technogenesis, and Digital Technologies: a conversation with N. Katherine Hayles. *The Fiberculture Journal, 23*. https://twentythree.fibreculturejournal.org/wp-content/pdfs/FCJ-172PotzchHayles.pdf.

Hardt, M., & Negri, A. (2005). *Multidão* (trad. C. Marques). Record.

Hui, Y. (2020). *Tecnodiversidade* (H. do Amaral Trad.). Ubu Editora.

Indursky, A. C. (2020). Psicanálise, fascismo e populismo: notas sobre a emergência do bolsonarismo no Brasil. *Teoria y Critica de la Psicologia, 14*, 150-162.

Inocêncio, L. (2015). GIFs meméticos, cultura pop e reapropriação da imagem: uma análise dos memes no Tumblr "Como Eu me Sinto Quando" In *XXXVIII Congresso Brasileiro de Ciências da Comunicação*. Rio de Janeiro.

Janones, A., & Moreira, E. (2023, mar. 30). GUERRILHA DI–ITAL - Como as redes sociais estão moldando comportamentos e escolhas políticas. [Vídeo]. YouTube. https://www.youtube.com/watch?v=_czxJ0kxN3k.

Jenkins, H. (2015) *Invasores do texto: fãs e cultura participativa* (Trad. E. Assis). Marsupial Editora.

Jurno, A. C., & D'Andrea, C. F. B. (2017). (In)visibilidade algorítmica no "feed de notícias" do Facebook. *Contemporânea:*

comunicação e cultura, *15*(2), 463-484. https://doi.org/10.9771/contemporanea.v15i2.17796.

Lago, M. (2022). Como explicar a resiliência de Bolsonaro? In H. M. Starling; M. Lago & N. Bignotto. *Linguagem da destruição: a democracia brasileira em crise* (pp. 19-69). Companhia das Letras.

Latour, B. (2020). *Diante de Gaia: oito conferências sobre a natureza no Antropoceno.* (M. Meyer Trad). Ubu Editora.

Le Bon, G. (2018). *Psicologia das multidões* (M. S. da Cunha Trad). Martins Fontes. (Trabalho original publicado em 1895.)

Lee, H. O. (2021). A psicologia das massas e as técnicas de construção equivalência povo-líder no populismo digital. In J. O. Moreira & A. C. D. Silva (Orgs.). *100 anos Psicologia das massas: atualizações e reflexões* (pp. 165-183). CRV.

Lemos, A. (2021). *A tecnologia é um vírus: pandemia e cultura digital.* Sulina.

Lévy, P. (2017). A esfera pública do século XXI. In M. Di Felice, E. Pereira & E. Roza. *Net-ativismo: redes digitais e novas práticas de participação* (pp. 29-38). Papirus.

Lifton, R. J. (2018, abr. 10). The Assault on Reality. *Dissent.* https://www.dissentmagazine.org/online_articles/assault-on-reality--robert-lifton-trump/.

Lifton, R. J. (2019). *Losing reality: on cults, cultism, and the mindset of political and religious zealotry.* The New Press.

Lunardi, G. M., & Burgess, J. (2020). "É zoeira": as dinâmicas culturais do humor brasileiro na internet. In V. Chagas (Org.). *A cultura dos memes: aspectos sociológicos e dimensões políticas de um fenômeno do mundo digital* (pp. 427-457). EDUFBA.

Martinez, M. (2021, out. 20). Brazilians are challenging Bolsonaro's government using memes. *Rest of word*. https://restofworld.org/2021/brazil-memes/.

Mello, P. C. (2020). *A máquina do ódio: notas de uma repórter sobre fake news e violência digital*. Companhia das Letras.

Mello, P. C. (2019, out. 09). *WhatsApp admite envio maciço ilegal de mensagens nas eleições de 2018*. Folha de São Paulo. https://www1.folha.uol.com.br/poder/2019/10/whatsapp-admite-envio-massivo-ilegal-de-mensagens-nas-eleicoes-de-2018.shtml.

Milner, R. M. (2020). Polivocalidade pop: memes de internet, participação pública e o movimento Occupy Wall Street. In V. Chagas (Org.). *A cultura dos memes: aspectos sociológicos e dimensões políticas de um fenômeno do mundo digital* (pp. 179-219). EDUFBA.

Mina, A. X. (2014). Batman, Pandaman and the Blind Man: a case study in social change memes and internet censorship in China. *Journal of visual culture*, *13*(3), 359-375. https://doi.org/10.1177/1470412914546576.

Moon, R. M. B., & Rossi, D. C. (2020). Como era aquele meme mesmo? Uma análise do espírito de nossa época através dos memes que se reproduzem. *Razón y Palabra*, *24*(108), 208-267. https://www.revistarazonypalabra.org/index.php/ryp/article/view/1666.

Moreira, J. O., & Silva, A. C. D. (2021). Apresentação. In J. O. Moreira & A. C. D. Silva (Orgs.). *100 anos Psicologia das massas: atualizações e reflexões* (pp. 9-14). CRV.

Morin, E. (2021). *É hora de mudarmos de via: lições do coronavírus* (I. C. Benedetti Trad.). Bertrand Brasil.

Morozov, E. (2018). *Big Tech: a ascensão dos dados e a morte da política*. (C. Marcondes Trad.). Ubu Editora.

Oliveira, D., Ferrari, A., & Machado, N. N. (2019). "Ninguém solta a mão de ninguém": conectados/as em rede, resistimos. *Práxis Educativa, Ponta Grossa*, *14*(2), 659-677. https://doi.org/ 10.5212/ PraxEduc.v.14n2.014.

Oliveira, J. P. (2015). O Facebook e a Telemática ou o Meme como Linguagem. In *XXXVIII Congresso Brasileiro de Ciências da Comunicação*, *13*(6). https://doi.org/10.22478/ufpb.1807-8931. 2017v13n6.34831.

Penna, C. (2014). *Inconsciente social*. Casa do Psicólogo.

Perez, C. (2018) Os sentidos da cacofonia nas redes: desarmonia e ambiência criativa. In: L. Santaella (Org.). *Cacofonia nas redes* (pp. 37-62). EDUC.

Queiroga, C. S., Barone, L. M. C., & Costa, B. H. R. da (2016). Uma breve reflexão sobre a formação das massas nas redes sociais e a busca por um novo ideal do eu. *Jornal de Psicanálise*, *49*(31), 111-126.

Quinet, A. (2021). *A política do psicanalista: do divã para a pólis*. Atos e Divãs Edições.

Rainie, L., & Wellman, B. (2012). *Networked: the new social operating system*. MIT.

Recuero, R. (2012). *A conversação em rede: comunicação mediada pelo computador e redes sociais na internet*. Sulinas.

Recuero, R. (2015). À Guisa de Introdução: Problematizando Fãs e *Fan fictions* 20 anos Depois. In H. Jenkins. *Invasores do texto: fãs e cultura participativa* (Trad. E. Assis) (pp. 3-12). Marsupial Editora.

Recuero, R. (2020). *Redes sociais na internet*. Sulinas.

Recuero, R. (2020, ago. 06). Mídias sociais e desinformação. [Vídeo]. Youtube. https://www.youtube.com/live/rTd7S3OtX5M?si=OP-MJk0cNZFfmz0o.

Recuero, R. (2020, jun. 05). Qual o peso das redes sociais digitais na construção e destruição de opiniões? [Vídeo]. YouTube. https://www.youtube.com/watch?v=mfUM12XDrE8.

Recuero, R. (2021a). *Desinformação, mídia social e COVID-19 no Brasil* [livro eletrônico]: relatório, resultados e estratégias de combate. MIDIARS – Grupo de Pesquisa em Mídia, Discurso e Análise de Redes Sociais.

Recuero, R. (2021b). Framing Covid-19: how fact-checking circulates on political Facebook. *AoIR Selected Papers of Internet Research*. https://doi.org/10.5210/spir.v2021i0.12024.

Recuero, R. (2021, abr. 07). LêTECE. Redes sociais digitais e a pesquisa científica: métodos qualitativos e quantitativos. [Vídeo]. YouTube. https://www.youtube.com/watch?v=TZBDC0bqneU.

Recuero, R. (2021, ago. 24) LêTECE. Análise de Redes Sociais e Pesquisas em andamento. [Vídeo]. YouTube. https://www.youtube.com/watch?v=8Jr3zuVbmm0.

Recuero, R., & Barros, D. L. (2021, nov. 04). Ciclo de debates: processos interacionais e desinformação. [Vídeo]. YouTube. https://www.youtube.com/watch?v=M6LcPjrHbRg--.

Recuero, R., & Soares, F. (2021a). How the mainstream media help to spread disinformation about Covid-19. *M/C Journal*, *24*(1). https://doi.org/10.5204/mcj.2735.

Recuero, R., & Soares, F. (2021b). O discurso desinformativo sobre a cura do COVID-19 no Twitter. *E-Compós, 24.* https://doi.org/10.30962/ec.2127.

Recuero, R. da C. (2004). Webrings: as redes de sociabilidade e os weblogs. *Famecos/PUCRS*, (11), 19-27.

Recuero, R., Soares, F., & Zago, G. (2018). Political fandoms and superpaticipants in political conversation on Twitter. *AoIR Selected Papers of Internet Research.*. https://doi.org/10.5210/spir.v2018i0.10514.

Rees, A. (2020). O que isto significa em memes? Colecionando e curando memes em museus. In V. Chagas (Org.). *A cultura dos memes: aspectos sociológicos e dimensões políticas de um fenômeno do mundo digital* (pp. 487-508). EDUFBA.

Rego, A. V. B. (2016). Transformações nas práticas narrativas audiovisuais na era pós-mídia. *Comunicação & Inovação, 17*(33), 66-78. https://doi.org/10.13037/ci.vol17n33.3552.

Reik, T. (1951). *Dogma and compulsion: psychoanalytic studies of religion and myths.* (B. Miall Trad.). International Universal Press. Inc.

Reis, J. C., Melo, P., Garimella, V., & Benevenuto, F. (2020). *Detecting Misinformation on WhatsApp without Breaking Encryption.* https://www.arxiv-vanity.com/papers/2006.02471/.

Ribas, M. M. G. (2019). Repensando os letramentos pela perspectiva ver-humanista. *Rev. Trab. Ling. Aplic.* Campinas, *58*(2), 612-836. https://periodicos.sbu.unicamp.br/ojs/index.php/tla/article/view/8655577.

Safatle, V. (2021). Bem-vindo ao estado suicidário. In P. P. Pelbart & R. M. Fernandes. *Pandemia crítica outono 2020* (pp. 45-49). Edições SESC.

Salgado, M. M. (2019). Inteligência artificial: bolhas e polarização nas redes sociais. In L. Santaella (Org.). *Inteligência Artificial & Redes sociais* (pp. 27-42). EDUC.

Sampson, T. D. (2012). *Virality: contagion theory in the age of networks. Minneappolis.* University of Minnesota Press.

Santaella, L. (2019). A onipresença invisível da inteligência artificial. In L. Santaella (Org.). *Inteligência Artificial & Redes sociais* (pp. 11-26). EDUC.

Santaella, L. (2021a). *De onde vem o poder da mentira?* Estação das Letras e Cores Editora.

Santaella, L. (2021b). *Humanos hiper-híbridos: linguagem e cultura na segunda era da internet.* Paulus.

Santaella, L., & Lemos, R. (2010). *Redes sociais digitais: a cognição cognitiva do Twitter.* Paulus.

Santos, A. R. dos, & Oliveira, R. C. de (n.d.). Formação das massas e as redes sociais: análises das manifestações pela redução da tarifa na cidade de São Paulo. In *III SEMINÁRIO DE PESQUISA DA FESPSP.* https://www.fespsp.org.br/seminarios/anais4/GT1/4_FORMACAO_DAS_MASSAS.pdf.

Shifman, L. (2014). *Memes in Digital Culture.* MIT

Sibilia, P. (2015). *O homem pós-orgânico: a alquimia dos corpos e das almas à luz das tecnologias digitais.* Contraponto.

Silva, A. V. M. (2018). Memes, educação e cultura de compartilhamento nas redes sociais. *Artefactum, 10* (2).

Silva Júnior, N. (2020). O Brasil da barbárie à desumanização neoliberal: do "Pacto edípico, pacto social", de Hélio Pellegrino, ao "E daí?", de Jair Bolsonaro. In V. Safatle, N. Silva Júnior & C. Dunker (Orgs.). *Neoliberalismo como gestão do sofrimento* (pp. 355-282). Autêntica.

Smith, M. A. (2018). Prefácio: Conectando o poder das redes sociais. In R. Recuero, M. Bastos & G. Zago. *Análise de redes para mídia social* (pp. 9-19). Sulinas.

Starling, H. M., Lago, M., & Bignotto, N. (2022a). Introdução. In H. M. Starling, M. Lago & N. Bignotto. *Linguagem da destruição: a democracia brasileira em crise* (pp. 7-18). Companhia das Letras.

Starling, H. M., Lago, M., & Bignotto, N. (2022b). *Linguagem da destruição: a democracia brasileira em crise.* Companhia das Letras. E-book.

Sumpter, D. (2019). *Dominados pelos números: do Facebook e Google às Fake News: os algoritmos que controlam sua vida.* Bertrand Brasil.

Tárcia, L. (2017). A divulgação da ciência na era da pós-verdade, pós-especialista e da agnotologia 2.0. In V. Fagundes & M. G. Silva Jr (Orgs.). *Divulgação científica: novos horizontes* (pp. 107-115). MAZZA edições.

Teixeira, M. M., & Couto Júnior, D. R. (2020). Deu ruim na hashtag! Bots e pandemia de fake news em tempos de Covid-19: o caso #fechadocombolso(l)naro. *Revista Institucional Artes de educar,* 6(2), 328-347. https://www.researchgate.net/publication/347569160_Deu_ruim_na_hashtag_Bots_e_pandemia_de_fake_news_em_tempos_de_COVID-19_o_caso_FechadoComBolsoLnaro.

Teixeira, M. M., & Couto Júnior, D. R. (2021). Na pandemia brasileira, tá tendo boneco de neve no norte e no nordeste do país! Pós-verdade em debate. *Revista Prâksis, 18*(2), 129-145. https://doi.org/10.25112/rpr.v2i0.2554.

Tiburi, M. (2020). *Como derrotar o turbotecnomachonazifascismo ou seja lá o nome que se queira dar ao mal que devemos superar.* Record.

Turkle, S. (2016). *Reclaiming conversation: the power of talk in a digital age*. New Penguin.

Valente, R. (2018, out. 26). *Grupos de WhatsApp simulam organização militar e compartilham apoio a Bolsonaro*. Uol. https://www1.folha.uol.com.br/poder/2018/10/grupos-de-whatsapp-simulam-organizacao-militar-e-compartilham-apoio-a-bolsonaro.shtml.

Ventura, D. F. L., Aith, F. M. A., & Reis, R. R. (2021). A linha do tempo da estratégia federal de disseminação da Covid-19 um ataque sem precedentes aos direitos humanos no Brasil. In *Direitos na pandemia: mapeamento e análise das nomas jurídicas de resposta à covid no Brasil* (pp. 6-31). CEPEDISA. https://doi.org/10.5753/sbrc.2019.7375.

Vermeer, S. A. M., Kruikemeier, S., Trilling, D., & Vreese, C. H. (2020). WhatsApp with Politics?! Examining the effects of interpersonal political discussion in instant messaging apps. *The International Journal of Press/Politics*, *26*(2), 410-437. https://doi.org/10.1177/1940161220925020.

Zago, G. (2022, jan. 26). Possibilidades da Análise de Redes Sociais [Vídeo]. YouTube. https://www.youtube.com/watch?v=DSO_7HZHmWI.

Zuboff, S. (2020). *A era do capitalismo de vigilância: a luta por um futuro humano na nova fronteira do poder* (G. Schlesinger Trad.). Intrínseca.

Zuckerman, E. (2020). Gatos fofos ao resgate? Mídia participativa e expressão política. In V. Chagas (Org.), *A cultura dos memes: aspectos sociológicos e dimensões políticas de um fenômeno do mundo digital* (pp. 221-251). EDUFBA.

Apêndice

Pesquisas sobre o impacto da arquitetura das redes sociais na forma de espalhamento de desinformações

Meu intuito neste apêndice é apresentar com mais detalhes estudos científicos que nos auxiliam a compreender o funcionamento da rede e seus impactos no espalhamento das fake news, de modo a aprofundar a investigação acerca do que está levando as pessoas a adotarem crenças que as colocam em maior risco e a assumirem posições extremistas e o discurso de ódio. Para isso, me centrarei em especificidades das redes sociais, considerando o papel delas na propagação das fake news.

Mesmo na arena sanitária, que logo se provou acima de tudo política, emergiu o desafio de enfrentar fakes news, desinformação, pontos de vista científicos infundados ou errados adotados pelas bolhas, principalmente as que se posicionavam contra os argumentos embasados pela OMS. Nesse cenário complexo, somente uma pequena porção dos difusores das fake news fez isso com objetivos "malevolentes". A maior parte das pessoas compartilha rapidamente a fake news, muitas vezes contagiada pelo medo, pela insegurança, pelo efeito de bolha em que se recebe notícias que corroboram a crença que já se tinha. Essa dinâmica fortaleceu a infodemia, que se tornou elemento chave para a dificuldade do combate efetivo da covid-19. Em terras estadunidenses proliferaram teorias conspiratórias envolvendo o nome de Bill Gates, ou mesmo a teoria de que a pandemia havia sido produzida deliberadamente para que Trump perdesse as eleições. Por mais absurdas que fossem, essas teorias tiveram efeitos diretos na não adesão das prescrições de medidas sanitárias, além de resultarem na invasão do Capitólio por grupos que afirmavam que a covid-19 não existia (parte do movimento QAnon). Chegou-se a divulgar a teoria conspiratória de que a pandemia foi inventada para favorecer o tráfico internacional de crianças (Durand *et al.*, 2021). Não bastasse isso, dentro dos próprios órgãos governamentais surgiam acusações de países, teorias conspiratórias acerca de países não aliados, com embates entre Estados Unidos, Rússia e China, mas não somente. Foi nesse clima informacional bélico que a vacinação logo se tornou fonte de novas fake news que afirmavam que ela seria parte de um plano de controle da população mundial por meio da modificação genética.

Se em outras pandemias e situações de grande instabilidade foram propagadas crenças absurdas, o que pretendo destacar é a relevância das redes sociais para compreendermos esse novo modo de organização das massas e seus impactos na viralização das fake news. Em um contexto mundial, em que o vírus se difundiu amplamente muito mais rápido (e viral – também no mundo das redes digitais) do que se desenvolve o saber científico, pretendo analisar pesquisas que se dedicaram a pensar como as fake news, a desinformação e as teorias de conspiração serviram de substrato para bolhas manipuladas.

Um primeiro ponto que gostaria de destacar é que o brasileiro consome informações, inclusive sobre a pandemia, por meio de suas redes sociais. Em um cenário em que antes mesmo do isolamento e da pandemia a maior parte dos brasileiros já compartilhava e discutia notícias em grupos de WhatsApp (dados sugerem que, antes da pandemia, 48% da população brasileira se informava por meio dessa rede digital; e, em países como a Índia, pesquisas calculam esse número em torno de 94%) (Resende *et al.*, 2018). Isso já seria indicativo da relevância de se investigar a circulação das fake news/desinformação nessa rede digital.

O uso político das redes sociais da internet e seus impactos eleitorais têm sido respaldado desde as eleições de 2018. Embora meu foco seja as fake news relacionadas à pandemia, nesta seção farei um pequeno desvio para apresentar um modelo de pesquisa feito em redes sociais – grande parte tomando por base o modelo de análise das redes – para delimitar as modalidades de espalhamento de desinformações que encontramos desde as eleições de 2018, que se deram antes da pandemia, e que continuaram se manifestando durante ela. Vale também destacar que são essas bolhas que se fortaleceram nesse período pré-eleitoral, em um momento político muito polarizado, que serão ainda mais intensificadas na fratura do país diante da covid-19 e das bolhas ainda mais potencializadas. Em um clima em que as pessoas estavam suscetíveis a compartilhar para seus contatos o ponto de vista da sua bolha, em serem eles mesmos transmissores de desinformação.

Em artigo dedicado a investigar as estratégias utilizadas na propagação de fake news nas redes sociais, Recuero (2020) se debruçou sobre o Twitter no período das eleições de 2018 para analisar denúncias de fraudes que teriam ocorrido nas urnas eletrônicas nos dias anteriores à votação do segundo turno. Esse procedimento foi executado por meio da ferramenta Social Feed Manager[1] que coletou os tuites públicos com as palavras-chave (urna e urna eletrônica) selecionadas pela autora a partir de outro programa do Twitter – Application Programming Interface (API) –, que serviram de material de estudo para que ela delimitasse tuites inverídicos redigidos em português em torno da credibilidade da urna. É interessante marcar que atualmente essas ferramentas de pesquisa que coletam quantidades imensas de postagens, tuites etc. só funcionam em redes abertas como o Twitter, Instagram, Facebook e WhatsApp público, mas não têm acesso ao que circula num WhatsApp fechado, um grupo familiar privado, por exemplo, que não é objeto de pesquisa por questões éticas. Todavia, por meio dessas ferramentas de coleta e análise do conteúdo postado nas redes sociais é possível ter acesso ao espalhamento macro (em massa) para detectar quando há o compartilhamento para um grupo privado, para pessoas em particular.[2]

Na pesquisa supracitada foram selecionados 276.875 retuites e 84.577 tuites únicos com fake news, e dessa amostra, os 50 tuites mais retuitados. Para compreender as características da rede que favorecem esse potencial de difusão das notícias, inclusive das fake news, o artigo de Recuero (2020) frisa que:

> *são associados à mídia social elementos como a facilidade de publicação e reprodução do conteúdo, sua escalabilidade (facilidade de reprodução em larga escala),*

---

1 Social Feed Manager (SFM). Disponível em: https://gwu-libraries.github.io/sfm-ui/.

2 Cf. vídeo "Uso de redes sociais durante o distanciamento social", de Recuero. Disponível em: https://www.youtube.com/watch?v=ceekI3cLd5k.

> *alcance e permanência no espaço online (uma vez publicado, é difícil ser apagado por completo), que foram capazes de conferir ao fenômeno da desinformação um impacto ampliado. (p. 6)*

Recuero também afirma que a estrutura do Twitter faz com que tenha mais poder quem está mais conectado: com mais pessoas e/ou compartilhando mais, mas também quem conhece melhor a rede, de modo que alguns são mais capazes e eficientes na disseminação das notícias. Surge uma modalidade de legitimação horizontal "não é verdadeiro porque saiu no jornal, mas porque todos à minha volta estão falando disso", ou seja, se todo mundo diz que houve fraude, deve ter havido, mesmo que toda mídia tradicional discorde ou que especialistas e autoridades institucionais neguem. Entre as várias teorias conspiratórias que circularam no segundo turno, Recuero menciona a fake news que dizia que havia 73% de possibilidade de fraude na urna eletrônica, e várias teorias da conspiração como a de que as urnas haviam sido fabricadas na Venezuela para já terem programada a vitória do Partido dos Trabalhadores (PT). No entanto, a despeito de todo *fact-checking* efetuado pelas mídias tradicionais, a notícia ganhou força, sendo legitimada horizontalmente.

No caso das eleições de 2018, Recuero (2020) menciona uma série de tuites reforçadores de fake news. O mais retuitado foi "Prezados, em caso de problemas com a urna filme, de preferência gravem lives e falem o estado, zona e seção onde está [...]" (p. 392), com 13.397 retuites. Com 9.801 retuites: "Gente, olha que urna boazinha. Basta apertar o número 1 na urna e ela escolhe o candidato para você. Beleza, hein!" (p. 392). Outro exemplo muito reproduzido, com 4.878 retuites, foi "Todos os diversos vídeos de erros nas urnas, que ensejam fraudes, só prejudicam @jairbolsonaro" (p. 393). Com 1.835 retuites, "Denúncia sem parar de urna eletrônica votando sozinha pelo PT (sempre o mesmo defeito, por mera coincidência)" (p. 393). Com 1.622 retuites, temos "De uma amostra de 10 mil pessoas aqui no meu Twitter, 4% disseram que tiveram problemas na urna. Isso é gravíssimo" (p. 393). O artigo menciona em detalhe os tuites mais difundidos, mas me ative a dar uma amostra que me parece muito representativa do que ocorreu e que tão bem retrata um discurso similar ao que escutamos na pandemia.

Ao investigar as narrativas de fraudes eleitorais e/ou as hashtags #FraudenasUrnas nas eleições de 2018, Recuero revela estratégias discursivas de desinformação no Twitter, salienta se tratar de um movimento de manipulação da opinião pública por meio de intervenções nas redes sociais. A autora aproxima essa dinâmica daquela observada nas eleições presidenciais estadunidenses de 2016 e no Brexit, assinala tanto o uso de ferramentas de automatização na propagação de notícias quanto o estabelecimento de uma relação nos moldes de fãs que devem compartilhar notícias favoráveis a seu grupo, independente da sua veracidade. Ou seja, a difusão eficiente de notícias nesse contexto não é aquela que permite que o maior número de leitores tenha acesso à notícia verdadeira, mas que *a verdade* que se quer contar seja a mais difundida. Além disso, nessa dinâmica, a verdade não é outorgada por uma autoridade, mas pela visibilidade do tuite na rede. Somente de modo complementar era determinante quem propagou a mensagem, quando alguém influente/com autoridade é aquele que dá o ponta pé inicial para a forte disseminação das fake news. A pesquisa demonstra que a segunda fake news mais retuitada partiu de uma figura política que tinha 264 mil seguidores: "Gente, olha que urna mais boazinha. Basta apertar o número 1 na urna e ela escolhe o candidato para você. Beleza, hein!!! Nossas urnas são mesmo SUPER SEGURAS... para o PT" (p. 396). Essa mensagem continha o link de um vídeo igualmente falso em que haveria evidências do relato.

A partir de então soma-se o vídeo da suposta urna adulterada ao tuite da figura pública que seria aquela que asseguraria a veracidade da mensagem.

Com 3.691 retuites, a mensagem "A polícia foi chamada em São Paulo para essa seção eleitoral em que a urna finaliza o voto antes da pessoa escolher" (p. 392) não partiu de um influenciador ou celebridade, mas recorre ao tom jornalístico para produzir um sentimento de veracidade, de confiabilidade da informação. Outra estratégia detectada na pesquisa era utilizar da retórica para oferecer uma racionalização da fake news, por exemplo, argumentando que não dá para confiar no sistema de urnas por ser inauditável, o que é uma afirmação falsa utilizada para dar legitimidade à primeira fake news tuitada. No movimento do retuitar, a pesquisa evidencia que quanto mais são compartilhados os testemunhos daqueles que supostamente presenciaram a fraude, mais surgem expressões morais no estilo "#NãoAceitoFraude" (p. 398), que por sua vez incitam um maior engajamento.

Assim, Recuero sintetiza que as principais estratégias de legitimação (já mencionadas) são a moralizadora (não podemos aceitar fraude), a racionalizadora (a fraude ocorreu porque a urna é inauditável ou porque vem da Venezuela, fabricada pelo PT), ou a legitimação dada por um estilo de escrita mais jornalístico, com dados/evidências, ou pela validação por ser algo compartilhado por uma autoridade/celebridade na rede. Nesse ponto, a autora retoma a discussão que menciono no início da exposição dessa pesquisa, em que faz notar como a impressão de que todos à sua volta pensam igual reforça a mensagem tuitada, dá legitimidade a ela. Estamos novamente perante as consequências das câmaras de eco, das bolhas.

Uma tese relevante se centra no papel de superparticipantes na construção das bolhas. Em artigo científico sobre o tema, pesquisadores (Recuero, Bastos & Zago, 2018) analisam no cenário brasileiro como essas participações apaixonadas se assemelham a práticas de fãs. Nesse âmbito, os autores se perguntam se seria possível aproximar a conversa política em redes sociais e o modelo de *fandoms*.[3] Ou seja, se seria possível pensar essa dinâmica e estrutura em termos de *fandoms* políticos. A argumentação sustentada no artigo é de que, como o que ocorre com fãs, quando os eleitores de um certo nicho estão dentro do seu grupo, em um contexto polarizado, eles retuitam mensagens similares, daqueles que pensam da mesma forma, reforçando o que já pensavam. Nos *fandoms*, alicerçados em um certo objeto cultural de interesse comum, forma-se um forte sentimento coletivo e uma identidade compartilhada com base nessa afinidade, dando origem a um grande entusiasmo, ao sentimento de pertencimento grupal e à retroalimentação desse interesse comum.

---

[3] *Fandom* se refere à comunidade organizada em torno de *fanfictions* que "são narrativas e representações alternativas criadas por um fã de determinado universo ficcional, marca ou franquia de entretenimento a partir de elementos desta, como personagens, cenários ou mesmo alguns fragmentos e imagens extraídos de suas fontes" (Sachs, 2017, p. 130). Embora tenham surgido antes do advento da internet, seu crescimento exponencial globalmente se alicerçou nas tecnologias digitais. Essas narrativas ficcionais criadas por fãs, tomam por base uma história como *Harry Potter, Star Wars, Game of Thrones*, e com frequência têm origem em clubes de fãs (*fandom*) onde se criam e se propagam jargões específicos, modos de se vestir e de se comportar, até a invenção de objetos ficcionais e músicas relacionadas às narrativas híbridas cocriadas. Na cultura *fandom*, emerge uma expertise que não tem a validação oficial, acadêmica, mas que é outorgada horizontalmente, pelos pares (outros fãs) que reconhecem o valor daquele saber. Ou seja, na estrutura social do *fandom*, o lugar de cada um pode ser estabelecido com base nas produções *fanfiction*, em que um fã demonstra seu conhecimento e sua habilidade. Assim, muita da atribuição de saber depende da avaliação realizada por outros fãs, após a apreciação da produção – *fanfiction, fanart* etc. – tendo como parâmetros os valores compartilhados por aquela comunidade de fãs.

Isso estaria ocorrendo nas bolhas? Se sim, como? Para explorar tal questão, os pesquisadores estudaram e identificaram no Twitter quais eram os grupos que influenciavam a discussão, dando visibilidade a certas ideias compartilhadas com mais força nas redes. O tema escolhido foi o impeachment da ex-presidente Dilma Rousseff em 2016, foram selecionados doze superparticipantes – participantes muito ativos e/ou cujas postagens são muito compartilhadas, impactando a rede de modo rápido e/ou potente –, cuja análise embasou a afirmação do artigo, a de que esses participantes se comportavam e produziam o efeito similar ao dos fãs, podendo ser designados "fãs políticos": em média, retuitavam 300 tuites por dia, quase sempre ou sempre relacionados com sua posição política; em alguns casos era tão grande a quantidade de tuites e a persistência da mensagem retuitada que os autores elencam a hipótese de que pudesse ser uma conta automatizada. Em suma, o comportamento nas redes sociais desses superparticipantes – quer sejam humanos, quer sejam robôs – contribuiu para a polarização, reforçando tuites da sua bolha, atuando como fãs que intervêm ativamente para disseminar a ideia de seu grupo/*fandom*, independente de sua veracidade. Mesmo em termos das opções de escritas e redação, predominam pontos de exclamação em que parece que os participantes estão gritando e o uso de frases em letra maiúscula já expressando muito mais uma declaração apaixonada de um fã por seu ídolo do que um debate ideativo (Erikson, 2008).

Considerando quão público é o que se posta em redes abertas como o Facebook, Vermeer *et al.* (2020) assinalam um possível deslocamento do debate político para aplicativos que permitem o compartilhamento de ideias em um grupo mais circunscrito, "mais privado". Especialmente acerca de temas polêmicos e controversos, os autores sustentam que muitas pessoas prefeririam reservar suas opiniões sobre assuntos espinhosos para uma rede virtual em que não houvesse o olhar anônimo ameaçador do outro que não se conhece/que pode pensar o oposto de você/que está lá para vigiar o que você diz. Um primeiro ponto a ser destacado é o de que esses aplicativos de mensagens instantâneas, como o WhatsApp, delimitam grupos menores do que encontrados em outras redes da internet. A questão é como essa modalidade que propicia maior intimidade entre os membros influi na maneira como se discute notícias políticas e quais as modalidades conversacionais então favorecidas e quais seus impactos no espalhamento das fake news. Dada a amplitude de formatos disponibilizados hoje por essas plataformas, aborda-se tanto textos quanto mensagens de voz, vídeos. Enfim, quase tudo o que circula hoje na internet. A tese elaborada aqui é a de que a exposição seletiva em que se escolhe compartilhar as notícias que já combinam com suas posições ideológicas anteriores favorece o surgimento e a solidificação das bolhas. O efeito de *loop* é fortalecido ao se conversar quase exclusivamente com pessoas que pensam igual – os "*like-minded others*" (Vermeer *et al.*, 2020, p. 415) –, em contraponto ao desconforto, ao incômodo que se vivencia em grupos mais heterogêneos, com pessoas com ideias diferentes.

As redes sociais são um elemento-chave para o sucesso eleitoral de Bolsonaro, destaca-se o uso do *microtargeting*, das fake news e do uso massivo de grupos de WhatsApp como estratégia para atingir públicos de modo certeiro. O bolsonarismo não se restringiu de modo algum ao investimento no WhatsApp, também investiu nos canais de YouTube de extrema direita com um modelo de jornalismo amador; as páginas de Facebook e contas no Twitter e Instagram para divulgar postagens engajadas em seu posicionamento político. Contudo, de acordo com várias pesquisas aqui mencionadas, a plataforma fundamental para o desfecho das eleições de 2018 foi o WhatsApp. Evangelista e Bruno (2019) realçam o papel da bolha digital antipetista nessa estratégia de manipulação, salientando a arquitetura característica dessa rede na potencialidade do *microtargeting*. As mensagens criptografadas dificultam o acesso pelo público externo e a delimitação do grupo a um número não tão grande de membros favorecia o envio de mensagens direcionadas, segmentadas, dando origem a estratégias de manipulação invisíveis aos membros.

Os autores destacam como houve, antes mesmo das eleições, um episódio que dava indícios de que grande parte do embate eleitoral teria as redes sociais como um elemento-chave: a greve dos caminhoneiros de 2018, fez o Brasil parar, com interrupção da disponibilidade de combustível e alimentos. A paralisação foi organizada em grupos de WhatsApp; e nesse período houve uma estratégia de invasão desses grupos por membros da extrema direita que se infiltraram difundindo um discurso de que a solução era uma intervenção militar.

Analisando os grupos públicos de WhatsApp no período da greve dos caminhoneiros e no período pré-eleitoral, Resende *et al.* (2019) detectaram como era muito mais frequente o compartilhamento de uma imagem falsa do que uma verídica: estatisticamente, uma fake news tinha oito vezes mais chance de ser compartilhada do que uma notícia verdadeira. O estudo utilizou como amostra de pesquisa grupos de WhatsApp que eram abertos a novos membros, que podiam ingressar seja por links seja utilizando como palavras-chave o nome de políticos ou de partidos, além de palavras associadas ao extremismo político. Embora salientem que somente 1% das imagens coletadas fossem falsas, elas eram amplamente divulgadas, de modo que foram encontradas em 44% do total dos grupos estudados no período eleitoral. Outro aspecto observado é que geralmente a difusão tinha como ponto nodal, que promovia a propagação da fake news, somente uma parcela (grupo de pessoas). E detectaram um padrão específico: 35% das imagens falsas surgiam primeiro nos grupos de WhatsApp (e 45% surgiam primeiro na Web). Já 95% das notícias que não eram (deliberadamente) desinformativas eram postadas primeiro na Web e depois compartilhadas no WhatsApp, o que para autores como Evangelista e Bruno seria sugestivo de que a propagação das fake news nos grupos de WhatsApp ocorreu de modo deliberado.

Estudando esse mesmo material coletado, Marés *et al.* [4] detectaram que as imagens fake mais compartilhadas nesses grupos são pilares para a compreensão da vitória de Bolsonaro: nenhuma imagem fazia menção direta a Bolsonaro, mas todas propagavam as crenças que ele representava, os sentimentos que sua base ideológica endossava. A maior parte das fake news concernia mensagens antipetistas: a imagem mais compartilhada nos grupos de WhatsApp foi uma imagem de Dilma jovem adulta com Fidel Castro. No entanto, a fotografia é uma montagem de uma foto de Fidel de 1959, época em que Dilma tinha somente 11 anos de idade. Evangelista e Bruno[5] assinalam como essa fake news tinha intuito de associar o PT ao comunismo/castrismo (tema frequente na época da ditadura), enfatizando que essa seria uma das bandeiras bolsonaristas.

Depois do antipetismo, o segundo tema que mais deu origem às fake news era o de ataque aos direitos LGBTQIA+ e da mulher – outra bandeira endossada pelo "rival" político em que uma das imagens falsas mais compartilhadas era uma montagem de protestos realizados em igrejas, com a imagem de um casal performando uma cena de sexo em uma igreja em Oslo, em 2011, e uma mulher encenando uma defecação nas escadas de uma igreja em

---

4 Marés *et al.*, 2018.

5 Evangelista e Bruno, 2019.

Buenos Aires, em 2015, e que eram veiculadas como se fossem mulheres feministas brasileiras, o que mais uma vez endossa a batalha do grupo bolsonarista contra as bandeiras LGBTQIA+.

Algumas das imagens mais compartilhadas tinham relação com a sexualização excessiva de crianças e a falta de religiosidade: uma foto com uma cena de um homem vestido de Jesus beijando outro homem aparece intitulada como se fosse uma imagem veiculada pela TV Globo, e tem uma legenda de que a Globo não apoia Bolsonaro. No entanto, a imagem utilizada para atacar a Globo e a diversidade sexual foi na verdade retirada de um festival de música estadunidense de 2011, do qual a reportagem jornalística do jornal *O Globo* comentava. Ou seja, a imagem retirada de contexto é utilizada para atacar a mídia tradicional, contrapondo-a aos valores conservadores bolsonaristas. E assim se solidifica cada vez mais o WhatsApp como o grupo em que se poderia confiar, em contraponto à enviesada e amoral Globo/mídia tradicional que divulga imagens de conteúdo sexual e anticristão (Evangelista & Bruno, 2019).

Nesse cenário, uma reportagem da *Folha de São Paulo*, de Mello (2019), investigou o papel dos grupos de WhatsApp no desfecho da eleição presidencial de 2018, revelando que a divulgação em massa das mensagens pró-Bolsonaro foi financiada por parte do empresariado, que contratou empresas de marketing utilizando números internacionais para burlar restrições ao spam e dirigir as mensagens ao público-alvo, recorrendo ao uso de algoritmos que viabilizaram o direcionamento da mensagem de acordo com o perfil detectado. Já outra reportagem, do mesmo jornal, *Folha de São Paulo,* Valente (2018) apresenta evidências sobre o modo de funcionamento de estratégias de guerra, propõe que o grupo bolsonarista se comportou como uma organização militar, um exército virtual. Esse grupo de apoiadores mais radicais foi incentivado a criar mais grupos de WhatsApp e guerrear virtualmente de modo ativo em prol do candidato, trazendo fortes evidências de que os grupos de WhatsApp foram utilizados como armas de combate pelos bolsonaristas.

Para explanar a eficácia da estratégia eleitoral de divulgação das fake news pelas redes sociais, vale reiterar que o WhatsApp (e outras redes sociais) não consome dados de internet, enquanto um *fact-checking* já demandaria do usuário o trabalho e custo de dados de pesquisar fontes de informação alternativas. Assim, além do *microtargeting* efetuado pelas empresas de marketing contratadas pelos políticos, o consumo das imagens oferecidas por elas era gratuito. Na época das eleições de 2018, foram as empresas de marketing que traçaram o perfil do eleitorado por meio de *databases* como o censo e informações adquiridas de empresas privadas como a Vivo e a Serasa Experian. Isso acrescido de algoritmos que detectavam o humor e outras informações que permitissem identificar os momentos em que o público-alvo estaria mais suscetível a receber positivamente a mensagem no seu WhatsApp – em grupos que não eram formados necessariamente em torno de uma bandeira política, podendo incluir grupos de vizinhos, colegas de trabalhos, motoristas de Uber etc. (Evangelista & Bruno, 2019).

Uma das estratégias citadas era a de que seria mais eficaz compartilhar mensagens favoráveis a um candidato que se apoia (Evangelista & Bruno, 2019). Por exemplo, enviar mensagens em que o candidato se diz preocupado com a saúde da população quando o algoritmo detectava que determinada pessoa estava preocupada com questões de saúde. Ou, ainda, quando se detectava que aquele público tinha como valores morais significativos a família e a religião, enviam-se mensagens em que o candidato da oposição se apresenta contra esses valores, a ideia era favorecer a rejeição do eleitorado ao candidato. Em suma, a microssegmentação e o *microtargeting* são retratos de como as redes digitais funcionam e de como se faz política nelas. Contudo, a arquitetura do

WhatsApp (e das outras redes sociais) faz com que seus usuários nem percebam que foram alvo dessas estratégias. Desse modo, de maneira similar à estratégia utilizada na campanha de Trump, no Brasil, grupos variados foram manipulados por meio de mensagens personalizadas, fazendo com que pessoas diferentes comprassem o discurso de que era necessária uma alternativa a um sistema político corrupto e que a solução seria o mito forjado justamente nas redes.

Quando decidiram pesquisar o papel do WhatsApp nas eleições brasileiras, Evangelista e Bruno (2019) começaram um processo de observação científica em vários grupos de WhatsApp e Telegram. A primeira constatação dos autores foi que grupos virtuais dos caminhoneiros envolvidos no protesto também podiam ser ocupados pelo grupo político discursando a favor da ditadura. A segunda observação é a de que alguns membros do grupo eram aqueles que manejavam as discussões ou conduziam certo tipo de postagem. Em todos os grupos predominava pouco diálogo: se alguém se contrapusesse a algo do tema/lema pró-Bolsonaro era rapidamente excluído e acusado de ser comunista e petista, e de ter se infiltrado no grupo. Circulavam listas com nomes/telefones de pessoas rotuladas petistas, e os administradores do grupo deveriam fiscalizar e controlar possíveis inimigos que não poderiam entrar no grupo. Além disso, era frequente a circulação do discurso de que "não se deve confiar na mídia tradicional" (supostamente controlada pelos designados comunistas), sendo compartilhadas tão somente opiniões, informações e notícias produzidas por blogueiros, políticos, jornalistas, youtubers alinhados com o partido, e que, portanto, recebiam o "selo" de confiabilidade.

A utilização desse mesmo modelo de análise de rede em relação às fake espalhadas na pandemia fornece resultados que mostram um padrão de espalhamento que em muito se assemelha ao observado no período eleitoral de 2018.

Por meio de sistemas de *fact-checking* para o WhatsApp – como o WhatsApp Monitor (Reis *et al.*, 2020), que viabiliza analisar as mensagens criptografadas e detectar fake news –, durante março e abril de 2020, Soares *et al.*, (2021b) pesquisaram quinhentos grupos públicos de WhatsApp, foram selecionadas 802 mensagens que continham desinformação sobre a covid-19. Os dados da pesquisa demonstraram que a abordagem da pandemia no Brasil se jogou sobretudo na arena política, sendo influenciada pelo espalhamento de desinformação no WhatsApp: teorias de conspiração como complôs da esquerda, do STF e das mídias tradicionais. Os autores constataram não se tratar de um movimento aleatório, sendo possível identificar um padrão já que as desinformações eram ofertadas em relação (e reação) a debates políticos em andamento, com objetivo de favorecer a extrema direita.

Os resultados da pesquisa de Soares *et al.* (2021b) forneceram evidências similares: o apoio a figuras públicas, especialmente ao presidente Bolsonaro e sua base, foi um fator determinante na tendência a reproduzir desinformações. Embora as desinformações não se restringissem ao WhatsApp, é de especial relevância a reflexão acerca dos fatores envolvidos no compartilhamento da desinformação nessa rede, dado que é por ela que a maior parte dos brasileiros obtinha informações sobre a covid-19.

A tese que é sustentada nessas pesquisas é que, quanto mais se criticava a posição do presidente brasileiro no combate à pandemia, mais intensa se tornava a divulgação de desinformações nas redes sociais. Por exemplo, no dia 17 de março de 2020, grande parte dos brasileiros protestou no mesmo momento – o que penso equivaler a um *smart mob* – contra a posição presidencial no combate da pandemia. Quando saíram pesquisas afirmando que 65% da população reprovava a resposta à pandemia (e consequentemente aprovavam a condução proativa de estados e prefeitos, juntamente do então Ministro da Saúde Mandetta), no dia 24 seguinte, o presidente apareceu na televisão ao vivo para criticar o distanciamento social, minimizando o vírus, articulando pandemia e conspiração, propondo que as medidas de distanciamento provinham de políticos da esquerda e de comunistas.

Houve um padrão de distribuição da desinformação que se seguiu a cada um desses pronunciamentos de Bolsonaro, sendo que grande parte das desinformações sustentava que o isolamento social iria prejudicar a economia (42%), e por isso deveria ser combatido; o segundo maior tema de desinformação teorizava a agenda secreta dos governadores e prefeitos para apoiarem o isolamento; a seguir, vinham as teorias de conspiração de que seria a China que teria inventado o vírus para intencionalmente liberá-lo no mundo; e as outras desinformações giravam em torno de outras teorias conspiratórias – de que a pandemia havia sido inventada pelo STF, pelo Congresso, por Mandetta e/ou pela esquerda, que conspirariam para derrubar Bolsonaro. Qualquer político que se opunha ao presidente rapidamente se tornava alvo de fake news, acusado de golpista, comunista e/ou de esquerda. Isso fortaleceu uma polarização extremista entre nós/eles, ou o que os autores ressaltam ser, no fundo, o antagonismo bem/mal, com recurso à retórica religiosa (Durand *et al.*, 2021).

Comparando com pesquisas em outras redes sociais mais abertas/públicas, nos grupos de WhatsApp se detectou com muito mais frequência as teorias da conspiração, sempre levando a pandemia da esfera da saúde pública para a da política. Uma hipótese explicativa para esse fenômeno é de que se sentir falando em um âmbito privado era ainda mais profícuo para a desinformação pandêmica e para a amplificação do efeito bolha extremista (Soares *et al.*, 2021b).

Essa e outras pesquisas sinalizam como o enfrentamento à pandemia deve ser enquadrado como debate político, como se nota em outro artigo acerca da circulação de desinformação no WhatsApp, em que os mesmos autores (Soares *et al.*, 2021a) comentam a amostra de pesquisa supracitada, enfatizando o quanto, levando em conta o nível de organização na divulgação das fake news, a desinformação foi criada com intuito de enganar, reforçando a narrativa negacionista. Mais uma vez, o papel do WhatsApp é reiterado como um dos pilares do espalhamento da narrativa desinformativa sobre covid-19.

Para não repetir o que já foi explicitado acerca desses resultados da pesquisa, me centrarei em uma única discussão proposta nesse artigo: os diferentes tipos de desinformação. Os autores delimitam diferentes categorizações e me aterei a mencionar algumas características que me parecem pertinentes para o estudo das narrativas desinformativas e suas formas de espalhamento na pandemia. Há conteúdos fabricados que têm por base informações totalmente falsas, dando origem a áudios falsos, dados forjados sem qualquer evidência.

Há conteúdos reconfigurados, que utilizam informações parcialmente verdadeiras, que são distorcidas, criando conteúdos enganosos que incluem conteúdos manipulados, reconfigurados, enquadramentos enganosos, informações fora do lugar. Essas informações totalmente falsas ou distorcidas podem dar origem a narrativas conspiratórias, sendo que os autores assinalam como essas teorias ganham fôlego em um contexto de crise de confiança com instituições – jornalismo, ciência, instituições modernas. E é nesse contexto que os autores delimitam as várias estratégias de legitimação que são utilizadas para favorecer o enquadramento do discurso negacionista. Além das já mencionadas categorias, são citadas também a importância do uso da opinião em um grupo mais privado, como o WhatsApp, como um elemento de validação do discurso.[6] Outra estratégia prevalente é o "*call to action*", que gera um sentimento de urgência para compartilhar determinada mensagem/narrativa, intensificando determinada interpretação da pandemia, muitas vezes atrelada a teorias da conspiração, como a reproduzida a seguir:

> *Os bandidos verminosos pilantras comunistas Maia, Alcolumbre + Tofolli e Dória estão coordenando um plano macrabro para depor nosso presidente hoje!!! Estão se aproveitando da crise do coronavírus, manipulada pela mídia comunista, globolixo + cnn + band para causar o caos social e, assim, culpar o presidente. O presidente Bolsonaro precisa acionar o "Estado de Defesa", imediatamente, para salvar a nação da desgraça do caos econômico!! Querem nos transformar em uma nova e 1.000.000 de vezes pior Venezuela! A decretação do "Estado de Defesa" não depende da aprovação do maldito Congresso + STF. É prerrogativa exlusiva do Poder Executivo!! (Soares* et al., *2021a, p. 86)*

No WhatsApp, o conteúdo depende do compartilhamento para circular, e assim essa estratégia tem por foco justamente convocar o espalhamento das fake news – que, ao ser assim compartilhado, é legitimado por aquele que compartilha. E essa produção e circulação de desinformação é atrelada a uma narrativa favorável ao bolsonarismo e muitas vezes intensificada para combater

[6] No caso do WhatsApp há uma migração do compartilhamento do WhatsApp público para o WhatsApp mantidos com grupos micro como os familiares. Outras redes possuem outros movimentos de compartilhamento.

momentos de crise política governamental. Nesse cenário, a pandemia é significada como uma forma de prejudicar Bolsonaro.

Em uma pesquisa centrada na circulação da desinformação no Twitter, Santos (2021) estudou uma amostra de 135 mil tuites[7] com as hashtags #Bolsonarotemrazao e #OBrasilprecispararBolsonaro logo após o pronunciamento de Bolsonaro em que foi dito que a pandemia era uma gripezinha e a população foi incitada a voltar à vida normal. Em evidente oposição, essas hashtags acompanhavam os tuites consultados nos dias seguintes, demarcando posições divergentes em relação à pandemia. Na pesquisa, identificou-se que, na bolha bolsonarista, compartilhava-se somente links exclusivamente pró-Bolsonaro, principalmente aqueles produzidos pela mídia alternativa; na outra bolha, circulavam fontes diversas, com maior presença da mídia tradicional. Assim, destacando-se o papel das mídias alternativas no fenômeno de espalhamento viral das redes, é nítido seu papel no reforço da narrativa negacionista.

Analisando a propagação de desinformação no Twitter em relação à pandemia de covid-19, Recuero e Soares (2021) realçam uma disputa entre os discursos de desinformação e aqueles que procuram reforçar as medidas de proteção à saúde necessárias ao enfrentamento da pandemia. Como outros estudos acerca das fake news, os autores detectaram que a propagação delas aumentava nos dias que sucediam os pronunciamentos do presidente Bolsonaro, dando origem a uma infodemia em torno do tratamento precoce preconizado pelo Governo. Nessa pesquisa – que buscou compreender como ocorre o espalhamento de desinformações em que se fortalecem as bolhas – foram estudados 57.295 tuites de 20 a 29 de março de 2020 que continham as palavras coronavírus

---

[7] Utilizou-se do script GetTags.

e cura. No período da amostra coletada, há um pronunciamento presidencial afirmando que "a covid-19 era uma gripezinha e que o tratamento indicado era a cloroquina, que permitiria uma cura", enquanto já havia o discurso predominante mundialmente de que era necessário o isolamento social e que não se tinha evidências científicas de nenhum tratamento eficaz. O artigo se centra no debate entre a disputa discursiva no Twitter:

> *os discursos constituem-se em enunciados apoiados em formações discursivas específicas e diversas, que vão atuar em uma guerrilha informativa que busca uma hegemonia de sentido sobre outro discurso. . . . Como consequência, redes de discussão política no Twitter tendem a assumir a estrutura de dois grupos com posições antagônicas e que compartilham poucas conexões externas. (Recuero & Soares, 2021b)*

O trecho supracitado é uma interessante caracterização do funcionamento em bolha, ressaltando o quanto é possível notar no Twitter o embate entre posições discursivas polarizadas. No caso, os autores analisaram a contraposição entre discurso informativo, baseado em evidências e com respaldo de checagem de informações, e o discurso da desinformação apregoando a cura da doença com o uso de um medicamento sem comprovação científica. Em ambas as bolhas se utilizam estratégias discursivas para "moldar uma determinada realidade", legitimar seu discurso, e deslegitimar o outro (Soares *et al.*, 2021b). Uma das estratégias mais usuais no Twitter para dar maior visibilidade aos enunciados – tuites/retuites do seu polo narrativo – é retuitar e compartilhar mensagens condizentes com o seu discurso, podendo-se inclusive recorrer a bots para essa finalidade. A desinformação se torna uma arma dentro de uma estratégia política mais ampla que se assemelha a uma guerrilha,[8] com robôs, trolls e outras automatizações que objetivavam espalhar um dos polos discursivos.

Encontramos uma relevante contribuição para essa discussão na análise das redes sociais realizada por Recuero: em seu grupo de pesquisa investiga-se os influenciadores que exercem um papel essencial na dinâmica de espalhamento, constituindo os nós mais centrais dessa estrutura de rede:

> *influenciadores em conversações políticas nas mídias sociais são usuários que de alguma forma podem convencer outros usuários a mudarem suas opiniões ou afetar a estrutura da discussão política como um todo, dando maior visibilidade a certas mensagens. (Recuero & Soares, 2021, p. 7)*

Seja por serem mais ativos, seja pela reputação, esses usuários têm maior potencial para direcionar a conversão online e influenciar a maneira como os outros irão interpretar as informações, além de poder incitá-los a reproduzir e compartilhar essa perspectiva. Os resultados dessas pesquisas demonstram que os *trending topics* do Twitter costumam ser produzidos por um pequeno número de usuários muito ativos, engajados na sua participação, no retuitar e na capacidade de afetar a circulação de mensagens no Twitter. Às vezes, os influenciadores são bots que reproduzem as mensagens de modo automatizado; mas, mesmo no caso em que é uma pessoa que está ativamente engajada em uma posição discursiva, o próprio algoritmo do Twitter intervém e, ao identificar uma

---

8 Encontramos em Mello (2020) uma análise de como os aliados de Bolsonaro se tornaram influenciadores digitais e como eles souberam transformar as redes sociais em armas, parte de seus exércitos digitais.

maior circulação daquele tema, irá impulsionar para outros usuários uma temática aproximada.

Utilizando-se do modelo de ARS, Recuero se centra nos nós, naqueles influenciadores que têm maior impacto no espalhamento da informação. A pesquisadora detectou que, enquanto a produção de conteúdo informativo advinha predominantemente de jornalistas, a produção de conteúdo desinformativo provinha de políticos, comentadores e ativistas políticos apoiadores do presidente. Após cada pronunciamento de Bolsonaro, aumentava significativamente a atuação dos influenciadores dedicados à desinformação, sendo que, dos dez nós de maior influência, oito espalhavam desinformação. E era cada vez mais frequente o usuário que, mais do que comentar, era um divulgador ativista da perspectiva que defendia, do polo partidário ao qual pertencia. Nesse cenário, as posições de cientistas críticos ou de outros usuários que sustentavam um discurso informativo foram cada vez mais invisibilizadas pelo ativismo do tuitar daqueles partidários do discurso desinformativo.

Uma das estratégias mais utilizadas pelo discurso desinformativo, conforme analisado na pesquisa, é o recurso a um fatual que será distorcido, transformado e reconstruído de modo a oferecer uma "realidade" condizente com sua perspectiva. Por exemplo, a bolha negacionista (incluso o presidente) mencionava que "uma pessoa tomando cloroquina foi curada de covid-19", sem explicitar que, uma vez que não há evidência científica de eficácia, a pessoa provavelmente tinha se curado sozinha ou pelos outros tratamentos, e não pela cloroquina. Esse material fatual, distorcido, será usado em contraposição aos fatos divulgados pela imprensa, ao discurso da mídia tradicional. Aqui prevalece a crença de que, se algo foi dito pelo presidente e se estou vendo essa informação reproduzida em todo lugar (aqui lembremos que é assim que funciona a bolha), então há de ser legítimo o que está sendo dito.

Em "Polarização, hiperpartidarismo e câmaras de eco: como circula a Desinformação sobre COVID-19 no Twitter", Recuero, Soares e Zago (2021) analisam os links no Twitter com as palavras-chave cloroquina e coronavírus. Eles recorrem ao termo câmaras de eco para se referir ao isolamento que notaram de um grupo político que se separava (ideologicamente) do resto da sociedade, formando um conjunto em que não se tem mais contato com as opiniões contrárias, em que se sente aversão ao diferente. Eles propõem definir câmaras de eco "como grupos que filtram o conteúdo que compartilham, dando preferência a informações que reforcem uma narrativa política em particular" (p. 4). Há a retroalimentação de um sistema no qual os vários membros da bolha compartilham informações que reforçam uma narrativa única, que muitas vezes se torna radical. Formam-se clusters em que se troca muita informação, mas não há circulação de links de um grupo para outro – entre bolhas.

Desse ponto de vista, no campo do enfrentamento da pandemia, a maneira de interpretar as informações que circulam no Twitter levou ao fortalecimento de uma narrativa negacionista, que podia ser acompanhada por um jornalismo hiperpartidário:

> *a ideia de veículos hiperpartidários se refere a mídias geralmente nativas digitais que se engajam em discussões políticas por meio da produção de conteúdo que não tem compromisso com as normas éticas do jornalismo, utilizando frequentemente informações falsas ou manipuladas com objetivos políticos. (Recuero, Soares & Zago, 2021, p. 6)*

É usual que essa mídia sustente que apresenta uma versão alternativa, mais confiável do que a da mídia tradicional, aderindo com frequência a campanhas de difamação da mídia tradicional.

Uma interessante análise do ataque às mídias tradicionais pode ser encontrada em Mello (2020) quando a autora debate o discurso antimídia de Trump e suas reverberações em outros políticos autoritários. Ela situa o bolsonarismo dentro de outros regimes autoritários que tentam controlar a narrativa que será "consumida" pelos cidadãos:

> *Na versão moderna do autoritarismo – em que governantes não rasgam a Constituição nem dão golpes de Estado clássicos, mas corroem as instituições por dentro –, não é necessário censurar a internet . . . basta inundar as redes sociais e os grupos de WhatsApp com a versão dos fatos que se quer emplacar, para que ela se torne verdade – e abafe as outras narrativas, inclusive e sobretudo as reais. (Mello, 2020, p. 23)*

A autora ainda destaca o discurso antielite intelectual e de ataque ao próprio pensamento e à verdade que surge com Trump e se propaga na era da pós-verdade. Nessa lógica, ao combater a mídia tradicional, o líder autoritário também elimina essa abertura a outros discursos, especialmente críticos. Há ainda nesse novo discurso autoritário, o que a autora assinala ser uma apropriação do próprio termo fake news, agora referenciado a toda informação ou notícia contrária ao discurso que querem promover. Ou seja, trata-se sobretudo de "fatofóbicos" (Mello, 2020, p. 177).

Além dos resultados da pesquisa demonstrarem como cada um fica na sua própria bolha, também permitem compreender como o grupo pró-cloroquina tem muito menos contato com informações que demonstram sua ineficácia; e o grupo contrário não obtém essas informações, por estar imerso em outra bolha. Sendo a cloroquina a bandeira do presidente para a cura da doença, esse antagonismo dos grupos dificulta em muito o enfrentamento coordenado e conjunto da pandemia.

> *Os resultados apontam para uma rede polarizada, em que links anti ou pró-cloroquina praticamente não circulam em vizinhança adversa. Este resultado contempla nosso primeiro objetivo, que era observar a estrutura da rede. Esse elemento sugere fortemente a presença de câmeras de eco, que atuam diante de uma polarização afetiva. A maior atividade no compartilhamento de links relacionados à desinformação e favorável ao uso de hidroxicloroquina também sugere uma ação coletiva no sentido de dar visibilidade a um determinado discurso desinformativo, que é sustentado por veículos alternativos ou hiperpartidários, onde há uma ausência de veículos jornalísticos tradicionais. Assim também, há evidências importantes da conexão desse tipo de veículo com o espalhamento de conteúdo falso ou enganoso . . . identificamos que grupos com sentimentos polarizados em relação à hidroxicloroquina só reproduzem (compartilham) URLs alinhadas com seus posicionamentos. (Recuero, Soares & Zago, 2021, p. 12)*

Pela própria arquitetura do Twitter, por somente permitir textos curtos, é usual a circulação de manchetes cujos títulos se tornam caça-cliques (*clickbaits*), o que pode favorecer a visibilidade da desinformação, sem que ela seja acompanhada de uma leitura crítica. E vale lembrar: o brasileiro consome notícias pelas redes sociais. Para ler a manchete, não consome dados. Para abrir um link de uma notícia, ele não somente consome dados, como em muitos casos pode necessitar de uma senha de acesso, de uma assinatura para uma mídia tradicional.

Em "Construção de uma narrativa paralela: os tuites de Bolsonaro durante a pandemia do Covid-19", Baptista, Hauber e Orlandini (2020) assinalam como os tuites do presidente revelam estratégias que subsidiam a posição de negacionismo da pandemia, ao mesmo tempo assegurando a manutenção dos seus apoiadores. Em termos de estratégia, são destacadas as duas linhas mais relevantes: a difusão de fake news e o ataque ao conhecimento científico. Adicionalmente, as pesquisadoras demonstram como esse discurso negava a pluralidade dos cidadãos, referindo-se a um modelo único de cidadão, homogêneo, partidário do presidente que se colocava como líder do nós contra os outros (inimigos) – representados pelo comunismo, violência, diversidade, corrupção, a mídia, a esquerda, os defensores dos direitos humanos – Bolsonaro-líder que luta pelo povo, pela economia. E com a piora da situação da pandemia, o presidente se atraca contra a ciência, contra os especialistas, contra as instituições, contra a OMS, ampliando a lista dos inimigos.

Nessa pesquisa, foram coletados 1.738 tuites entre os meses de dezembro de 2019 e agosto de 2020, dos quais foram selecionados 434 que continham uma das palavras-chave em referência à pandemia. No entanto, os autores salientam que nessa amostra não puderam ser contabilizados tuites que já haviam sido excluídos pela plataforma, aparecendo em seu lugar

> *"Este tweet não está mais disponível porque violou as regras do Twitter", o que os autores relacionam à política da plataforma de exclusão em caso de (cit.) "negação das recomendações de autoridades de saúde locais ou globais para diminuir a possível exposição*

> *do COVID-19 com a intenção de influenciar as pessoas a agir contra as orientações recomendadas" e "descrição de tratamentos ou medidas de proteção que não sejam diretamente prejudiciais, mas ineficazes; que não se aplicam ao contexto do COVID-19". (Baptista, Hauber & Orlandini, 2020, p. 9)*

Os resultados da pesquisa demonstram que, ao contrário das declarações barulhentas do presidente, em que fica evidente seu negacionismo, havia, na rede social, poucas mensagens explícitas desse tipo, sendo mais frequente postagens que minimizavam de modo mais sutil a pandemia, reforçando ações do governo federal. O lema "o Brasil não pode parar" (Baptista, Hauber & Orlandini, 2020, p. 11) e tuites afirmando, por exemplo: "O @govbr regularizou mais de 90.000 CPFs para a concessão do auxílio emergencial de R$ 600" (p. 13) eram enfatizados, enquanto em nenhum momento, nesses tuites, consta que a proposta governamental era de 200 reais. Outro aspecto assinalado pelos autores abarca tanto a retórica quanto a escolha de símbolos nas *lives* do presidente: se via com frequência uma caixinha de cloroquina em cima da mesa. Outra imagem recorrente eram retratos do presidente sem máscara, provocando aglomerações. Em suma, comentam os autores:

> *A comunicação de Bolsonaro pelo Twitter durante a pandemia, ainda que seja um contexto excepcional, segue um padrão comum ao que tem sido seu mandato. Ele se comunica, sobretudo, com seus seguidores fiéis, que não questionam a veracidade do que é postado, além de comprarem e reproduzirem, por exemplo, a ideia de uma mídia que dissemina notícias falsas para prejudicar o governo; que colocam ciência e OMS no*

> *pacote dos inimigos comunistas; que acreditam que as fake news são aquelas contrárias ao governo, que o Twitter de Bolsonaro é a fonte de informação mais confiável que se pode ter. É quase como a construção de um universo paralelo, que contribui para a dificuldade de diálogo entre bolsonaristas e cidadão com pontos de vista que, em alguma medida, questionam o atual governo. (Baptista, Hauber & Orlandini, 2020, p. 17)*

Em pesquisa sobre a circulação de desinformação durante a pandemia de covid-19, Recuero (2021) traz outras constatações relevantes. Uma vez que o brasileiro consumiu notícias sobre a pandemia principalmente por meio das suas redes sociais, e dado que o combate à covid-19 migrou para o debate político polarizado, medidas de controle à propagação do vírus foram identificadas como ações ideológicas. Desse modo, usar máscara poderia ser rapidamente traduzido como pertencer a um grupo (partidário) e não usar representaria pertencer ao outro, favorecendo um deslocamento do âmbito da saúde pública para o político-partidário.

As bolhas negacionistas geravam grupos em que não penetravam conteúdos que tivessem sido verificados e checados por agências de *fact-checking*, sendo marcante nos grupos de extrema direita uma filtragem excludente das notícias de saúde pública que consideravam ser contrárias à sua posição política. Assim, a polarização política continuava predominante, prejudicando a circulação das informações pertinentes para o combate da covid, muitas vezes rotuladas dentro da bolha negacionista como fake news.

Além disso, os resultados da pesquisa de Recuero (2021) demonstram que a desinformação circula mais do que as postagens que não são fake news, em grande parte pela ação ativa de alguns usuários que são mais engajados nessa propagação. E vale sublinhar: a circulação massiva de desinformação diminui a possibilidade de circulação das informações verificadas.

Geralmente, essas bolhas negacionistas rejeitam as notícias advindas do jornalismo tradicional. Muitas fake news eram oriundas de sites que proviam conteúdo do qual não se sabia a autoria, designados sites apócrifos,[9] que tiveram grande impacto na desconfiança em relação à vacinação, que é então interpretada pelo crivo sobretudo ideológico-político: na amostra estudada, quase 90% dos links desinformativos sobre o uso de cloroquina no tratamento de covid no Facebook e no Twitter tinham origem nesses sites apócrifos.

Esses links com desinformações dão origem a outras narrativas alternativas que ganham destaque no cenário pandêmico, como teorias da conspiração, várias envolvendo as origens chinesas do vírus. Rapidamente se uniu desinformação com um discurso de ódio culpando a China, identificada então como um país comunista, de esquerda. Assim, a "vacina chinesa" seria combatida pelos representantes do governo federal, mas isso desemboca na campanha antivacina descrita como parte de um complô chinês

---

[9] "Os veículos apócrifos, em particular o que chamamos de hiperpartidários, também possuem um papel importante na produção e circulação de desinformação sobre Covid-19. Os sites ou veículos apócrifos e hiperpartidários são mídias nativas digitais que possuem a aparência de veículos informativos, mas produzem conteúdo que favorece uma ideologia política específica, frequentemente com estratégias como sensacionalismo, anonimato e *clickbaits* para potencializar a circulação do que publicam. Esse tipo de veículo está diretamente relacionado com a desinformação, pois costumam distorcer acontecimentos, criar conexões entre gatos não relacionados e até mesmo fabricar conteúdo para favorecer a narrativa política que defendem. . . . Assim, os veículos apócrifos hierpartidários são parte de um ecossistema (junto com políticos, ativistas, bots, trolls, entre outros) que favorece 'narrativas alternativas' e impulsiona a circulação de desinformação" (Recuero, 2021, p. 27).

para dominar o mundo. E assim cada vez mais o ato de combate à vacina e às medidas de isolamento se tornam bandeira de um posicionamento de adesão ao partido de Bolsonaro (Recuero, 2021).

O cenário de polarização política, no qual já era marcante a constituição de bolhas em que se conversava somente com pessoas com ideias semelhantes, se ampliou e se intensificou na pandemia, tendo por efeito a exclusão da diversidade informacional. A crença no próprio ponto de vista era reiterada pelo compartilhamento entre os membros da bolha que reforçavam a unicidade, a homogenia grupal. Assim, cada bolha tinha a tendência a compartilhar certos padrões de informações sobre a pandemia, geralmente excluindo informações divergentes. Em relação ao Brasil, as pesquisas mencionadas assinalam que a polarização não é simétrica: um grupo é bem mais extremista e radical do que os outros em sua recusa dos conteúdos divergentes. Essa disputa discursiva foi observada tanto em uma ferramenta mais pública como o Twitter, quanto em uma ferramenta mais privada como o WhatsApp.

Nesse contexto de bolhas ideológicas, mais importante do que compartilhar a informação que protege a vida era compartilhar o ponto de vista do seu grupo ideológico. Detectou-se que links que podiam oferecer informações elucidativas não circulavam se favorecessem o outro lado da polarização (Recuero, 2021), sendo mais relevante a circulação da desinformação nos grupos de apoio a Bolsonaro, que poderiam inclusive desembocar em narrativas de que a pandemia era uma conspiração, e as medidas propostas um ataque contra o presidente. Na amostra de 4.256 páginas e grupos no Facebook em que se compartilhavam as fake news, somente 10% compartilhavam um link para *fact-checking*. E vale reiterar que abrir o link custa dados do usuário – o que, no caso brasileiro, é um fator adicional para maior compartilhamento das fake news, cujo consumo sem *fact-checking* não exige consumo dos dados de internet.

Outra observação relevante dessa pesquisa (Recuero, 2021) foi a de que as informações oriundas da mídia tradicional eram compartilhadas somente quando estavam de acordo com a ideologia da bolha, o que retroalimentava as bolhas ideológicas. Se uma manchete fosse ambígua, por exemplo, afirmando que X especialista dizia que cloroquina funcionava, mesmo que o corpo do texto fosse crítico a esse posicionamento, a notícia poderia ser compartilhada, sinalizando que a circulação de informação nas redes privilegia, acima de tudo, o título.[10] Por exemplo, circulou a manchete de um jornal que afirma que a Agência Nacional de Vigilância Sanitária (Anvisa) interrompeu os estudos clínicos da CoronaVac após um evento adverso grave, reforçando a narrativa dos riscos das vacinas. Mas, depois, não foram compartilhados o texto e os esclarecimentos necessários acerca dos procedimentos científicos de validação de uma vacina, ou o desfecho favorável à CoronaVac em que se provava sua eficácia e segurança.

Em outra pesquisa (Recuero *et al.*, 2022) centrada na circulação de desinformação sobre a pandemia no Facebook (com destaque para links desinformativos), analisou-se como há uma polarização assimétrica, com maior compartilhamento das fake news pelo grupo de extrema direita, bolsonarista, reiterando os achados de outras pesquisas de que as formas de conceber a pandemia e os comportamentos diante dela foram altamente impactados por grupos ideológicos de base. Detectou-se que uma desinformação era três vezes mais compartilhada do que o link para o *fact-checking*, o que cada vez mais fortalecia a polarização, dando origem a câmeras de eco.

---

10 Em outro artigo, Recuero e Soares (2021) assinalam como mesmo que involuntariamente algumas imprensas tradicionais podem contribuir para a desinformação quando uma manchete é muito tendenciosa, sensacionalista ou mal redigida.

Ainda no âmbito da investigação do papel de políticos no espalhamento das desinformações sobre a pandemia, Recuero e Soares (2022) analisaram 250 das mensagens[11] mais compartilhadas/retuitadas no Facebook e no Twitter no período entre julho de 2020 e abril de 2021 com os termos vacina + chinesa/China, analisando estratégias utilizadas para a legitimação da narrativa fake news. Especial destaque é dado à "Vachina" nomeação que foi dada pelo bolsonarismo à vacina criada pelo laboratório chinês, Sinovac, e produzida no Brasil em colaboração com o Instituto Butantã. Inegavelmente, o fato de a vacina não somente ser apoiada, mas se tornar carro-chefe do João Doria, um adversário político de Bolsonaro, que adotava um discurso mais alinhado com a OMS, foi uma peça-chave propulsora dessa narrativa de que a vacina seria chinesa e não funcionaria. A principal forma de desinformação dessa fake news foi utilizar as redes sociais, burlando assim – principalmente nos primórdios – uma possível contraposição com argumentos científicos e racionais que provavelmente teria ocorrido se essa informação estivesse circulando nas mídias mais tradicionais. Os autores situam as estratégias bolsonaristas em torno do espalhamento da versão "Vachina", dentro de um movimento populista global mais amplo no qual se utilizavam as redes sociais, em vários países, para fortalecer uma narrativa negacionista. É enfatizado o quanto esse populismo ganhou força com um discurso anti-establishment, e nesse sentido usar a informalidade da rede social seria alinhado com essa imagem que vendem de si. A relação entre as redes sociais e o discurso desinformativo em relação à covid-19 é assim destacada, sublinhando-se o papel dessas redes ao potencializar essa circulação, especialmente pela topologia de bolhas e câmaras de eco em que

---

11 A amostra das mensagens foi realizada por meio do CrowdTangle e do Twitter API.

rapidamente são viralizadas as fake news, em grande parte incentivadas, propulsionadas pela ação de influenciadores.

Nessa pesquisa, Recuero e Soares (2022), além das categorias de legitimação caracterizadas na pesquisa anterior – legitimação por autoridade/autorização, avaliação moral, racionalização e narrativa (mitopoética) –, são mencionadas como outras estratégias para a legitimação de um discurso (no caso, desinformativo) o uso das emoções, especialmente o medo, muitas vezes personificado nos outros (oponentes); o discurso em torno de uma ameaça iminente que exige que se unam em torno daquilo que propõem como forma de se proteger. Mencionam também o discurso de aparência altruísta do tipo "não digo para vocês fazerem isso por mim, não tenho nenhum interesse pessoal nisso". E o recurso ao humor como estratégia para manipular e legitimar certa narrativa. Embora não seja algo aprofundado, os autores comentam que algumas pesquisas se dedicaram a discutir as especificidades de cada plataforma, ou seja, quais estratégias eram mais utilizadas em cada rede social. Nesse embate entre narrativas fake e narrativas embasadas pela OMS, foram reiterados os resultados obtidos em várias outras investigações científicas: as fake news eram muito mais compartilhadas do que as verdadeiras; há alguns influenciadores extremamente relevantes que atuam para potencializar o espalhamento das fake news sobre a pandemia. Uma das principais estratégias de legitimação verificada na amostra foi a denúncia de que a vacina oriunda da China não seria confiável e não teria sido testada de modo confiável cientificamente. E a denúncia (que podia ser acompanhada de teorias conspiratórias) era respaldada por estratégias de racionalização por meio de argumentos (pseudo)científicos, o que podia ser articulado a material provido por médicos pró-cloroquina e ivermectina, ou citando artigos científicos que poderiam ser apropriados nessa narrativa pró-tratamento precoce.

Muitos dos argumentos utilizados para criar essa narrativa desinformativa provinham do discurso de Bolsonaro. Assim, se partia da denúncia bolsonarista de uma (suposta) falta de eficácia da vacina para uma narrativa de que os chineses haviam criado o vírus para vender a vacina. Outra narrativa recorrente era a de que os patriotas que lutavam contra o corrupto STF e outras instituições corruptas deviam batalhar para preservar o direito individual de não se vacinar (de não se confinar, de não usar máscara etc.), enfrentando a ditadura que seria imposta por Doria e governadores pró-vacina. O ataque a outras instituições brasileiras democráticas, como a Anvisa (que autorizou o uso das vacinas), também era amparado por falas de Bolsonaro que davam origem a uma retórica anti-establishment, reforçando a imagem dele como aquele que fala a verdade e luta contra os interesses corrutos das instituições. Por outro lado, quando se queria usar um argumento favorável à narrativa da "Vachina" ineficaz, era possível utilizar da autoridade da Anvisa, por exemplo compartilhando notícias de que a agência havia suspendido os testes com a CoronaVac devido à morte de um voluntário – que depois se soube ter sido um suicídio; mas, nesse caso, para validar a narrativa negacionista, nunca era compartilhada a informação complementar elucidativa. Outra constatação feita pelos autores é a de que havia uma tendência a enquadrar conteúdos, de modo que eles suportassem a narrativa desinformativa: principalmente pela mídia partidária, era compartilhada a fala de Bolsonaro de que o seu governo não compraria vacinas não testadas e aprovadas. Isso não é uma desinformação. No entanto, no contexto mais amplo, está subentendido que ele se referia a não comprar a vacina chinesa, que não teria sido testada de modo confiável, mas também, de modo geral, essa informação era utilizada para questionar a credibilidade de todas as vacinas.

Na pesquisa, detectou-se que, no espalhamento de desinformação sobre a vacina, era mais forte a presença de estratégias de racionalização no Twitter e de denúncia no Facebook, embora todas as estratégias já mencionadas fossem usadas em ambas as redes. Além disso, os autores constataram que, enquanto era comum o polo negacionista tentar validar sua posição por meio da estratégia de racionalização e denúncia, o polo que se baseava em informações confiáveis e adotava uma postura não negacionista costumava adotar o humor e comentários triviais para falar com outros pró-vacina e antinegacionistas, além de recorrer à estratégia de racionalização, reproduzindo, por exemplo, notícias das mídias tradicionais para validar sua posição. Assim, os autores assinalam o papel de tirar sarro do discurso antivacina como uma importante estratégia dos grupos favoráveis à vacina e alinhados com a OMS.

No mesmo sentido das pesquisas anteriores, em novo estudo, Bonoto *et al.*, (2021), dessa vez centrado na circulação de URL desinformativas no Facebook, o grupo de Recuero analisou mais de 70 mil publicações de páginas e grupos públicos – coletadas por meio do CrowdTangle no período entre 1º de março e 30 de julho – que continham os termos cloroquina/hidroxicloroquina + coronavírus/covid. Alguns exemplos de URL desinformativas identificados foram: "E viva a Cloroquina! A cura em casa sem sequer utilizar a rede hospitalar"; "A militância médica esquerdista por trás da pesquisa com alta dosagem de cloroquina em Manaus". O resultado da análise das 400 URL mais compartilhadas mostrou como o compartilhamento nas redes digitais favorece a construção polarizada da interpretação da pandemia, sendo especialmente marcante o impacto de grupos partidários do bolsonarismo na construção da narrativa pró-cloroquina.

Um dos termos utilizados pelos pesquisadores para descrever o efeito da bolha em relação à cloroquina mencionava como cada bolha tinha acesso a repertórios midiáticos distintos, sendo predominante mídias hiperpartidárias – muitas das quais nativas digitais, em uma posição de oposição à mídia tradicional – na promoção da perspectiva ideológica pró-cloroquina. Assim como em outras pesquisas mencionadas, detectou-se uma polarização assimétrica, pois a bolha negacionista quase só compartilhava desinformação, enquanto a outra bolha compartilha informações mais variadas. Outro fator salientado é o quanto a própria engenharia das redes sociais favorece um estilo de circulação de informações que propicia o efeito bolha, reproduzindo somente aquilo em que já se acreditava de antemão. E, assim, o que circula em uma bolha era distinto do que circula na outra. Os algoritmos e a dadificação filtram os conteúdos, dando preferência por aqueles alinhados com cada bolha. E a lógica econômica das plataformas era produzir e incentivar mais engajamento.

Nas redes sociais, a circulação da desinformação acerca da pandemia foi muito superior às informações verídicas: um post defendendo o tratamento com cloroquina tinha quase três vezes mais chance de ser compartilhado do que a informação de que esse tratamento não era eficaz. No Facebook, a desinformação em relação à cloroquina era 1,5 vez mais divulgada do que a informação verdadeira. Além disso, os usuários que compartilhavam desinformações eram muito mais ativos do que os que compartilhavam informações verificadas. Mesmo que bots automatizados possam ser personagens nesse maior espalhamento das fake news, de todo modo o resultado é que as desinformações se disseminam mais, com mais rapidez e para um público mais amplo. Outro fator propulsor da divulgação da desinformação era a autoridade do emissor, sendo uma desinformação dita por um político 1,5 vez mais compartilhada no Twitter do que uma desinformação dita por outra autoridade, como educadores e mídia tradicional. Na amostra coletada, 47% das desinformações sobre a pandemia provinham de políticos e 91% delas de políticos do governo federal e do legislativo, sendo detectados picos de desinformação no WhatsApp após cada pronunciamento de Bolsonaro. Assim, a pesquisa pondera como é possível furar as bolhas das redes sociais quando a desinformação é incitada e legitimada pelas autoridades oficiais. Uma relevante orientação assinalada é justamente a importância do letramento digital, que propicie que o cidadão seja capaz de pensar criticamente as informações obtidas nas redes, frisando o papel de escolas, universidades e outras instituições de formação (Recuero, 2021).

Em "Infodemia e Instagram: como a plataforma é apropriada para a produção de desinformação sobre a hidroxicloroquina?", de Bonoto *et al.*, (2021), procurou-se investigar o papel do Instagram no espalhamento das fake news na pandemia. Embora não seja uma plataforma usualmente tida como fonte de informações, os pesquisadores comentam que dados estimam que cerca de um terço dos brasileiros se utiliza do Instagram para obter informações. Nessa pesquisa, dentre as publicações que preconizavam esse medicamento para o tratamento de covid-19, foram selecionadas as 67 postagens desinformativas com maior repercussão[12] (no período de 1º de março a 31 de julho de 2020) de modo a elucidar mais algumas facetas do impacto das fake news na maneira do brasileiro lidar com a pandemia. Um aspecto abordado nesse texto é pertinente para pensarmos todas as outras redes sociais: "os artefatos tecnológicos e as práticas sociais se alimentam mutuamente" (Bonoto *et al.*, 2021, p. 91). Se pensarmos no Instagram, as ferramentas da plataforma – como o "curtir", "compartilhar", "comentar" etc. – determinam certas possibilidades de apropriação, que por seu turno podem dar origem a práticas sociais previstas e imprevistas. De qualquer forma, há algo nas ferramentas ofertadas por cada plataforma que impacta, moldando em

---

[12] Pesquisadores utilizaram para a coleta de dados o CrowdTangle, ferramenta do próprio Facebook para consulta de postagens de perfil público.

parte o comportamento dos usuários, o que será abordado no caso específico do comportamento diante da pandemia.

O Instagram, como as outras plataformas de redes sociais, depende em grande parte do que seus usuários postam, inclusive no âmbito da divulgação de informações. Em um contexto polarizado como o que presenciamos no enfrentamento da pandemia, grupos distintos têm acesso a conteúdos distintos (narrativas) pelo fenômeno que abordamos como câmara de eco. E, nesse contexto, mais importante do que se falar a verdade é fortalecer sua versão da pandemia, sua narrativa, mesmo que isso implique no respaldar das desinformações (Bonoto *et al.*, 2021).

No artigo supracitado, as pesquisadoras investigaram as estratégias discursivas a que se recorria para legitimar as fake news: a estratégia de autorização foi notada em cerca de 40% das postagens, quando se referiam a autoridades, especialistas, influenciadores que promovem o uso da cloroquina (por exemplo, reiterando que o governo aprovava o tratamento precoce, que tal estado havia adotado o medicamento como parte do protocolo, ou que o Ministro da Saúde havia incorporado o medicamento a um novo protocolo). Além do argumento da autoridade, outra estratégia detectada foi a racionalização – presente em quase 12% das desinformações – por meio da qual se tentava forjar argumentos racionais, lógicos, para justificar o uso do medicamento. Nesse quesito, eram utilizados relatos de pesquisas, dados que comprovariam a eficácia, o recurso a pesquisas descontextualizadas. Já a estratégia moral se referia aos valores de bem/mal para reiterar crenças, regras de um grupo social, e apareciam em cerca de 28% das desinformações. A polarização era incitada pela retórica em que nós (os do bem) éramos os favoráveis à cloroquina, e eles (os maus) eram a OMS, a imprensa, os cientistas, os profissionais da saúde ou qualquer um que levanta objeções ao uso do medicamento. Além disso, aqueles que não incluíam cloroquina eram rapidamente avaliados negativamente em termos morais, sendo associados ao comunismo. Outro recurso – presente em cerca de 19% das desinformações – era o de criar a narrativa de pessoas curadas com o uso da cloroquina (chamados no artigo de "*cases* de sucesso", dando o exemplo do próprio Bolsonaro, que afirma ter usado o medicamento quando doente e ter sido curado), o que muitas vezes era articulado a uma versão de recompensa por ter sido bom ou punição pela conduta moral.

Outro elemento interessante analisado no artigo é a multimodalidade, que favorecia essas formas de compartilhamento da desinformação unindo vídeos, imagens, textos etc. nas publicações. Vale consultar direto no artigo os inúmeros exemplos em que são destrinchadas as produções de desinformação a nível textual, imagético, audiovisual etc. Mais do que manipulação dos vídeos, a pesquisa identificou que era comum sobrepor um texto com os dizeres de que a cloroquina cura a uma imagem de uma reportagem de um comentarista ou entrevistado favorável a Bolsonaro, mencionando inclusive reportagens jornalísticas da Record e CNN. Assim, era o recurso a uma reportagem que existia de fato, ou mesmo de algum conteúdo que podia não ser favorável ao tratamento com cloroquina, mas que era enviesado a partir da inclusão de legendas. Nesse estudo, argumenta-se que:

> *a produção da desinformação tem a ver principalmente com a forma como elementos são enquadrados pelo discurso tanto na reprodução de vídeos e interpretação destes, quanto na produção do texto da legenda, das sobreposições textuais nas imagens e nas reproduções de materiais textuais como tweets e manchetes. (Bonoto* et al., *2021, p. 96)*

E é essa interação de estratégias que solidifica a câmara de eco negacionista, reiterada pela bolha e seus influenciadores. Nessa pesquisa, detectou-se que um quarto das desinformações eram produzidas por políticos alinhados a Bolsonaro, dando origem a uma polarização assimétrica, com um impulso maior para as fake news daqueles partidários da extrema direita bolsonarista. E, assim, esses políticos/influenciadores utilizavam da rede para manipular certas crenças e os comportamentos correlatos. Nesse cenário complexo, é digno de nota que, das 67 postagens desinformativas, somente duas haviam sido marcadas pelo Instagram como fake (uma dizia que a publicação era falsa; a outra, parcialmente falsa).

Em "Deu ruim na hashtag! Bots e pandemia de fake news em tempos de Covid-19: o caso #fechadocombolso(l)naro", os pesquisadores, Teixeira e Couto Jr. (2020), investigaram uma das hashtags mais disseminadas em abril de 2020, logo após a saída de Sérgio Moro do Ministério da Justiça, que para muitos, naquele momento, personificava um grande risco para a popularidade do presidente. Tanto pelo padrão de disseminação virótica quanto pelo erro ortográfico, suspeitou-se que a propagação foi efetivada por meio de bots responsáveis pelo compartilhamento automatizado da mensagem, e investigou-se como esse espalhamento da hashtag tinha o objetivo de influenciar o público, replicando uma mensagem de apoio ao então presidente Bolsonaro. De maneira similar, os autores citam outras pesquisas que detectaram o mesmo padrão de propagação robotizada a favor do presidente em março de 2020, no começo da pandemia, quando se divulgou o #bolsonaroday. Os autores concluem afirmando que no campo político sempre foram colocadas em ato estratégias de manipulação da opinião pública, recomendando que sejam pensadas alternativas de resistência colocadas em ato na mesma arena na qual se criam as fake news: na internet.

Quando se debruçaram a investigar algumas especificidades linguísticas da infodemia que acompanhou a pandemia do coronavírus, Di Domenico, Tuan e Visentin (2021) estudaram minuciosamente os tuites que respaldaram a teoria da conspiração de que a China teria criado uma arma biológica, propagada pela tecnologia 5G, especialmente quando utilizada por companhias tecnológicas asiáticas como a Huawei. Primeiro ponto assinalado na pesquisa: os usuários do Twitter leem um tuite sem necessariamente compreendê-lo ou fazer uma leitura crítica antes de retuitá-lo ou compartilhá-lo em outras redes sociais. Segundo: a probabilidade de uma fake news ser reproduzida é muito maior do que a de uma informação verdadeira ser. Terceiro: a linguagem com a qual se comunica nas redes sociais é um elemento-chave para a compreensão do espalhamento de desinformações. A escolha de uma certa retórica facilita muito a visibilidade do conteúdo e determina uma probabilidade maior de uma desinformação ser compartilhada nas redes de iguais (*like-minded*), a origem de bolhas que confirmam o sistema de crenças que já se tinha antes. Na pesquisa, parte-se do conceito de desinformação – englobando as fake news, mas também teorias de conspiração, propaganda e *hoaxes* – para efetuar o estudo linguístico das características textuais que fizeram com que essa fake news se tornasse viral, assinalando a importância do estilo e da retórica linguísticas.

Em pesquisa realizada antes da pandemia (Quattrociocchi, Scala & Sunstein, 2016), explora-se a contraposição de duas narrativas – científica e conspiratória –, investigou-se possíveis efeitos de bolhas no Facebook e suas consequências em termos de polarização e disseminação de fake news. Os autores demonstraram como cada grupo compartilhava informações que reforçavam o sistema prévio de crenças. Mais ainda, eles detectaram que, quando confrontado com informações que invalidavam sua crença, especialmente o grupo afiliado a tendências conspiratórias, surge um ímpeto para perseverar e compartilhar informações adicionais que confirmassem sua crença. Ou seja, não somente a nova informação não o levava a procurar um sistema de *fact-checking* como produzia um movimento de maior propagação da desinformação. E o grupo que já era alinhado a teorias de conspiração era aquele que mais facilmente adotava outras tantas teorias desinformativas. De modo geral, cada grupo tendia a ficar dentro de sua própria bolha, não interagindo com pessoas de outras bolhas, e, assim, predominava na plataforma uma narrativa única em cada bolha. Mesmo quando havia a oferta do *fact-checking*, utilizava-se de estratégias de enquadramento de modo a reiterar a crença inicial negacionista (Recuero, 2021b).

Houve uma forte cobrança para que as redes sociais como Twitter, Facebook, TikTok, YouTube, Reddit e Instagram adotassem políticas de responsabilização pelo que era publicado, notadamente durante a pandemia de coronavírus, coibindo a publicação de notícias declaradamente falsas e que prejudicassem a sobrevivência. Contudo, o que se viu foi que as bolhas migraram para redes que permitiram que se interagisse de modo mais privado, especificamente com a própria bolha, como o WhatsApp. E, além disso, também se fortaleceu a Gab, uma rede social em que se concentrava cada vez mais uma das bolhas – a da extrema direita. Ou seja, quanto mais se intensifica um discurso da necessidade de moderação, mais membros da rede migravam o discurso inflado para outra rede: a Gab. Assim, reúnem-se na Gab aqueles que lutam para manter o discurso de necropolítica e negacionista, criando uma rede de forte apelo político para aqueles que foram expulsos/bloqueados das outras redes sociais, e que encontram na Gab um grupo mais homogêneo, com quem compartilhar seu posicionamento, fortalecer extremismos e ampliar a polarização contra os exteriores à bolha.

Pela apologia à violência e/ou pelo não combate institucional ao discurso de ódio e extremista, Gab, inaugurada em 2016, foi excluída dos aplicativos disponíveis na Apple e na Google Play. Nos seus *guidelines*, Gab informa serem proibidos pornografia ilegal, a promoção de terrorismo e outras formas de violência, mas no dia a dia a prática é outra. A Gab, como um "sistema social sem moderação", foi estudada por Lima *et al.* (2018), que procuram elucidar algumas consequências de uma mídia social em que, mais do que as outras, os usuários permanecem em bolhas impermeáveis, e como isso reforça crenças extremistas. Em sua pesquisa, os autores detectaram que a maior parte dos usuários de Gab são homens brancos conservadores em busca de um espaço para se expressarem sem serem submetidos às novas regras que impõem limites ao discurso de ódio nas redes. De modo a analisar o perfil dos usuários, os pesquisadores cruzaram dados dessa rede de extrema direita com os dados desses usuários no Twitter. Embora um dos maiores momentos de adesão à rede Gab tenha sido no período da eleição presidencial estadunidense, os autores alertam que não se deve tentar reduzir o discurso extremista a um único grupo, mencionando que, mesmo nos Estados Unidos, os extremistas e apregoadores do discurso de ódio possuem diferentes ideologias de base. A maior parte das postagens na plataforma tinha como assunto notícias políticas ou de humor político. Na pesquisa foi utilizando um escore de toxicidade, baseado em modelos de *machine learning*, e detectou-se que, embora somente uma parcela das postagens tenha sido avaliada como tóxica, era usual um discurso racista e preconceituoso contra o diferente – origem étnica, religião, raça, orientação sexual e gênero –, expresso em comentários como "*F*Islam! Muhammad was a f*ggot pedophile*", disseminando ódio, reiterando a força dos slogans da campanha de Trump como o MAGA (*Make America Great Again*).

Enquanto era usual em plataformas como o Twitter encontrar uma recorrência de notícias mais visualizadas repercutindo algumas mídias tradicionais como o The New York Times, na Gab não há intersecções, ou seja, o que mais se lê, os links mais compartilhados, são únicos daquela bolha, o que aumenta o seu extremismo e, consequentemente, a polarização. Além das fake news, o que mais se compartilhava nessa rede eram links com notícias de Trump, vídeos do YouTube com perfil alinhado aos valores conservadores; mas também eram frequentes postagens em torno do WikiLeaks: não importava se a postagem divulgava algo falso ou verdadeiro, mas se era alinhado com as crenças da extrema direita (Lima *et al.*, 2018).

O paradigma Gab[13] também reverbera nas outras redes sociais: anonimato e liberdade de expressão, em uma dinâmica estrutural de conversas online em que se criam bolhas antidemocráticas e propagadoras de desinformações altamente nocivas, como no caso da pandemia de covid-19. Em "O Paradoxo da Viralização de Informação Criptografada no WhatsApp", Vieira *et al.* (2019) salientam como o WhatsApp emblema a disseminação de informação: a criptografia de dados, que assegura a privacidade dos usuários, também mascara o envio e o compartilhamento anônimo de todo tipo de atrocidade. Ou seja, é também em torno da questão da criptografia e de como o WhatsApp

---

[13] Tem surgido uma preocupação acadêmica em estudar canais de extrema direita no YouTube, como pode ser consultado em Ottoni *et al.* (2018), cuja amostra da pesquisa foi feita a partir do site InfoWars dedicado à divulgação de notícias da extrema direita, website cujo criador, Alex Jones, também possui um canal no YouTube com mesmo perfil e com dois milhões de inscritos. Os pesquisadores decidiram obter amostra de outros doze canais recomendados por esse youtuber e que eram dedicados à divulgação de notícias extremistas, enfatizando o discurso de ódio.

protege a privacidade do usuário, na bandeira da democracia e da liberdade de expressão, que está sendo explorada uma via antidemocrática e a divulgação de desinformação e/ou discurso de ódio.

As redes, os algoritmos, as tecnologias, são espelhos que devolvem um retrato da visão de mundo que já se possuía. E, atualmente, "impera a homofilia. Esta leva à aceitação automática apenas daquilo que funciona como espelho de nós mesmos" (Vieira *et al.*, 2019). Nesse sentido, os grupos em redes sociais "funcionavam como reforçadores de crenças", as quais são "reforçadas pelo vício algorítmico" (Cruz-Stefani, 2019, p. 85) que dificulta, cria obstáculos ao contato com a pluralidade de ideias.

> *Pois é a bolha a ambiência ideal para o crescimento da intolerância, do ódio, do conservadorismo moral, do fundamentalismo religioso, da desinformação no ciberespaço e da utilização de informações de usuários por empresas. Estão em risco real as liberdades e o discurso democrático. (Cruz-Stefani, 2019, p. 85)*

Nesse cenário, o professor e linguista Buzato (2018a, 2018b, 2018c), pesquisador dedicado a pensar criticamente as tecnologias digitais, destaca a relevância de pensarmos como o sujeito pode utilizar a internet para se colocar como cidadão, para se engajar democraticamente no mundo. No entanto, concordo com Buzato quando ele salienta como para isso precisamos compreender o que está ocorrendo e de que modo, em suas palavras, o cidadão racional é transformado num influenciado dogmático.

Referências

Baptista, E. A., Hauber, G., & Orlandini, M. (2020). Construção de uma narrativa paralela: os tweets de Bolsonaro durante a pandemia do Covid-19. *ANPOCS*.

Bonoto, C., Recuero, R., Salgueiro, I., Soares, F. B., & Viegas, P. (2021). Infodemia e Instagram: como a plataforma é apropriada para a produção de desinformação sobre a hidroxicloroquina? *Revista Fronteiras: estudos midiáticos*, *23*(2), 89-103. https://doi.org/10.4013/fem.2021.232.07.

Cruz-Stefani, K. (2019). Crenças, filtros-bolha e ódio na internet. In L. Santaella (Org.), *Inteligência Artificial & Redes sociais* (pp. 73-88). EDUC.

Di Domenico, G., Tuan, A., & Visentin, M. (2021). Linguistic drivers of misinformation diffusion on social media during the COVID-19 pandemic. *Italian Journal of Marketing*, 351-369. https://doi.org/10.1007/s43039-021-00026-9.

Durand, F., Gramaccia, J., Thiboutot, J., & Brin, C. (2021). Portrait d'une infódemie: retour sur la première vague de la COVID-19. *Centre d'études sur les médias*. https://www.researchgate.net/publication/351349226_Portrait_d'une_infodemie_Retour_sur_la_premiere_vague_de_la_COVID-19.

Erikson, E. (2008). "Hillary is my Friend": MySpace and Political Fandom. *Rocky Mountain Communication Review*, *5*(1), 3-16.

Evangelista, R., & Bruno, F. (2019). WhatsApp and political instability in Brazil: targeted messages and poltical radicalisation. *Internet Policy Review*, *8*(4). https://policyreview.info/articles/analysis/whatsapp-and-political-instability-brazil-targeted-messages-and-political.

Lima, L., Reis, J., Melo, P., Murai, F. Araújo, L., Vikatos, P., & Benevenuto, F. (2018). Inside the Right-Leaning Echo Chambers: Characterizing Gab, an Unmoderated Social System. In *IEEE/ACM International Conference on Advances in Social Networks Analysis and Mining (ASONAM)*, 515-522.

Marés, C., Becker, C., & Resende, L. (2018, out. 18). *Imagens falsas mais compartilhadas no WhatsApp não citam presidenciáveis, mas buscam ratificar ideologias.* Uol. https://lupa.uol.com.br/jornalismo/2018/10/18/imagens-falsas-whatsapp-presidenciaveis-lupa-ufmg-usp.

Mello, P. C. (2019, out. 09). *WhatsApp admite envio maciço ilegal de mensagens nas eleições de 2018.* Folha de São Paulo. https://www1.folha.uol.com.br/poder/2019/10/whatsapp-admite-envio-massivo-ilegal-de-mensagens-nas-eleicoes-de-2018.shtml.

Mello, P. C. (2020). *A máquina do ódio: notas de uma repórter sobre fake news e violência digital.* Companhia das Letras.

Ottoni, R., Cunha, E. L. T. P., Magno, G., Bernardina, P., Meira Jr. W., & Almeida, V. (2018). Analyzing right-wing YouTube channels: hate, violence and discrimination. In *ACM Conference on Web Science (WEBSCI)*, 323-332. https://doi.org/10.1145/3201064.3201081.

Quattrociocchi, W., Scala, A., & Sunstein, C. R. (2016). Echo Chambers on Facebook. *SSRN.* http://dx.doi.org/10.2139/ssrn.2795110.

Recuero, R. (2020). #FraudenasUrnas: estratégias discursivas de desinformação no Twitter nas eleições 2018. *Revista Brasileira de Lingística Aplicada, 20*(3), 383-406. https://doi.org/10.1590/1984-6398202014635.

Recuero, R. (2021). *Desinformação, mídia social e COVID-19 no Brasil* [livro eletrônico]: relatório, resultados e estratégias de combate. MIDIARS – Grupo de Pesquisa em Mídia, Discurso e Análise de Redes Sociais.

Recuero, R., Bastos, M., & Zago G. (2018). *Análise de redes para mídia social.* Sulinas.

Recuero, R., & Soares, F. (2021). O discurso desinformativo sobre a cura do COVID-19 no Twitter. *E-Compós, 24.* https://doi.org/10.30962/ec.2127.

Recuero, R., & Soares, F. (2022). #Vachina: how politicians help to spread disinformation about covid-19 vaccines. *Journal Digital Social Research, 4*(1), 73-97.

Recuero, R., Soares, F., & Zago, G. (2021). Polarização, hiperpartidarismo e câmaras de eco: como circula a Desinformação sobre COVID-19 no Twitter. *Contracampo, 40*(1). https://doi.org/10.22409/contracampo.v40i1.45611.

Recuero, R., Huttner, L. R. G., Silva, R., Soares, F. B., Vinhas, O., & Volcan, T. (2022). Bolsonaro and the far right: how disinformation about COVID-19 circulates on Facebook in Brazil. *International Journal of Communication, 16*, 148-171.

Resende, G., Melo, P., Sousa, H., Messias, J., Vasconcelos, M., Almeida, J., & Benevuto, F. (2019). (Mis)Information Dissemination in WhatsApp: Gathering, Analysing and Countermeasures. In *WWW 19: The World Wide Web Conference*, 818-828. https://doi.org/10.1145/3308558.3313688.

Resende, G., Messias, J., Silva, M., Almeida, J., Vasconcelos, M., & Benevenuto, F. (2018). A System for Monitoring Public Political Groups in WhatsApp. In *Anais do XXIV Simpósio Brasileiro de Multimídia e Web*, 387-390. SBC. https://doi.org/10.1145/3243082.3264662.

Rheingold, H. (2012). *Netsmart: how to thrive online*. MIT Press.

Sachs, R. S. (2017). As representações de gênero e sexualidade em paródias de fãs na internet: o caso das *fanfics slash*. *Cadernos de Letras UFF Niterói*, *27*(54), 129-151. Disponível em: http://dx.doi.org/10.22409/cadletrasuff.2017n54a407.

Santos, N. (2021). Fontes de informação nas redes pró e contra o discurso de Bolsonaro sobre o coronavírus. *Revista da Associação Nacional dos Programas de Pós-Graduação em Comunicação*, *24*, 1-19. https://doi.org/10.30962/ec.2210.

Soares, F. B., Recuero, R., Volcan, T., Fagundes, G., & Sodré, G. (2021a). Desinformação sobre o Covid-19 no WhatsApp: a pandemia enquadrada como debate político. *Ciência da Informação em Revista*, *8*(1), 74-94. https://doi.org/10.28998/cirev.2021v8n1e.

Soares, F. B., Recuero, R., Volcan, T., Fagundes, G., & Sodré, G. (2021b). Research note: Bolsonaro's firehose: How Covid-19 disinformation on WhatsApp was used to fight a government political crisis in Brazil. *The Harvard Kennedy School Misinformation Review*, *2*(1). https://doi.org/10.37016/mr-2020-54.

Teixeira, M. M., & Couto Júnior, D. R. (2020). Deu ruim na hashtag! Bots e pandemia de fake news em tempos de Covid-19: o caso #fechadocombolso(l)naro. *Revista Institucional Artes de educar*, *6*(2), 328-347.

Valente, R. (2018, out. 26). *Grupos de WhatsApp simulam organização militar e compartilham apoio a Bolsonaro*. Uol. https://www1.folha.uol.com.br/poder/2018/10/grupos-de-whatsapp-simulam-organizacao-militar-e-compartilham-apoio-a-bolsonaro.shtml.

Vieira, C., Melo, P., Vaz de Melo, P., & Benevenuto, F. (2019). O paradoxo da viralização de informação criptografada no WhatsApp. In *Anais do XXXVII Simpósio Brasileiro de Redes de Computadores e Sistemas Distribuídos* (pp. 403-416). SBC.

Vermeer, S. A. M., Kruikemeier, S., Trilling, D., & Vreese, C. H. (2020). WhatsApp with Politics?! Examining the effects of interpersonal political discussion in instant messaging apps. *The International Journal of Press/Politics*, *26*(2), 410-437. https://doi.org/10.1177/1940161220925020.

GRÁFICA PAYM
Tel. [11] 4392-3344
paym@graficapaym.com.br